エラスムスの人間学

エラスムスの人間学

キリスト教人文主義の巨匠

金子晴勇 著

知泉書館

目次

序　論　エラスムスとキリスト教人文主義　3
　1　エラスムス時代の歴史的状況　3
　2　15 世紀初頭の教会の一般的状況と宗教改革　5
　3　ルネサンスと宗教改革　6
　4　人文主義とキリスト教の統合　8
　5　エラスムス解釈の歴史　9
　6　エラスムス研究の視点　13

第1章　エラスムスの思想的境位──「新しい敬虔」運動と
　　　　ルネサンスの「人間の尊厳」　17
　はじめに　17
　1　「新しい敬虔」の神秘的霊性思想　18
　2　ルネサンスの「人間の尊厳」　22
　3　ペトラルカの人間論　25
　4　ロレンツォ・ヴァッラの聖書文献学　27
　5　ファーチョとマネッティの「人間の尊厳」　30
　6　新プラトン主義者フィチーノとピコ　34
　7　ルフェーヴルとコレット　40

第2章　青年時代の思想形成　45
　1　少年時代と勉学期の教育　45
　2　『現世の蔑視』　52
　3　『反野蛮人論』　57
　4　ヒューマニストから聖書人文学への転身　70

第3章 『エンキリディオン』の研究　77
1　『エンキリディオン』の成立　77
2　『エンキリディオン』の構成　80
3　思想の全体像と意義　81
4　人間学的区分法　85
5　哲学に対する基本姿勢　89
6　人間学的三区分法と霊の理解　91
7　哲学的神学の根本命題　96
8　キリスト観　98
9　霊的な宗教　101
10　時代批判　103
付論　「ウォルツ宛の手紙」について　105

第4章 『痴愚神礼讃』の研究　109
はじめに　109
1　著作の動機　110
2　格言を用いての叙述とパラドクシカルな方法　112
3　全体の構成　115
4　痴愚の第一形態としての健康な痴愚　118
5　第二形態としての純粋痴愚　120
6　宗教的な痴愚狂気　124
終わりに　130

第5章 『対話集』と『キケロ主義者』の研究　133
はじめに　133
1　作品の成立事情　134
2　「修道院長と教養ある女性」　137
3　「敬虔な午餐会」（宗教的饗宴）の研究　139
4　「魚売りと肉屋」　145
5　「エピクロス派」の研究　148
6　『キケロ主義者』（1528年）の研究　155

目次　vii

第6章　「キリストの哲学」の確立　161
　1　「キリストの哲学」の意味　162
　2　「キリスト教哲学」と「キリストの哲学」　167
　3　キリスト像とシレノス像　169
　4　模範としてのキリスト　172

第7章　神学方法論──『真の神学の方法』の研究　175
　1　『真の神学方法論』の著述意図　177
　2　神学方法論の特質とスコラ神学批判　179
　3　エラスムスの神秘神学　186

第8章　ルターとの「自由意志」論争　193
　1　宗教改革運動におけるエラスムスとルターとの協力　193
　2　分裂と論争　199
　3　『パウロのローマ書注解』の自由意志論　201
　4　『評論・自由意志』の出版とその内容　204
　5　ルター『奴隷意志論』に対するエラスムスの批判　224

第9章　政治思想と平和論　243
　はじめに　243
　1　『キリスト教君主の教育』の政治思想　245
　2　『平和の訴え』の平和論　256
　3　『戦争は体験しない者に快い』の平和論　264
　4　『ユリウス天国から閉め出される』　267

第10章　エラスムス人間学の問題点と後世への影響　273
　1　エラスムスの人間学の問題点　274
　2　ディルタイとグレートゥイゼンのエラスムス解釈　278
　3　意志規定の三類型　283
　4　エラスムスの啓蒙主義への影響　287

目　次

あとがき 291
初出一覧 293
エラスムス略年譜 294
参考文献 295
索引（人名・事項） 298

エラスムスの人間学
―― キリスト教人文主義の巨匠 ――

序　論
エラスムスとキリスト教人文主義

───────

　ヨーロッパの近代は16世紀からはじまる。この世紀の元年にエラスムスは古代的教養の結晶ともいうべき著作『格言集』を出版し，ヨーロッパ的教養世界に新時代が到来したことを告げている。ギリシア・ラテンの古典文学の復興によってこの教養世界は，ルネサンス以来進められて来たが，古典文学によるキリスト教の新しい展開となって成立した。したがって人文学の復興を目ざす人文主義運動は，宗教改革を先導し，エラスムスがその人文主義的な人間学を完成したころ，ルターが世界史の舞台に登場し，「エラスムスが卵を産んで，ルターがこれをふかした」とも言われる事態を生じさせた。ルネサンス時代の人文主義は古代ギリシア・ローマの人文学の復興運動として起こってきたが，その思想内容として「人間の尊厳」を主題とするヒューマニズム運動を促進させた[1]。この序論でわたしたちは，エラスムスの人間学を解明する際に予め理解しておくべき歴史的前提と研究状況について考察しておきたい。

1　エラスムス時代の歴史的状況

　エラスムスが活躍した時代は人文主義と宗教改革とが歩みをともにして発展し，やがてルターの出現によって両者の提携が分裂する時期に当たっている。たとえば1517年には注目すべき二つの出来事が同時に起

───────
1) 本書では人文学の復興運動は「人文主義」の訳語をもって表わすが，その思想内容が「人間の尊厳」を表明するときにはヒューマニズムの訳語を使用する。

こっている。すなわち，その年には世界的に有名になった「95カ条の提題」が発表され，宗教改革の火ぶたが切られたが，同じ年に人文主義運動も頂点に達しており，フランス王フランソワ1世は人文主義のアカデミーを創設するためエラスムスを招聘した。エラスムスはこれを辞退したものの，このような運動のなかに新しい人文学の開花を目前にみ，その実現を切に願いながら，ギョーム・ビュデ宛ての手紙で次のように叫んでいる。

　　不滅の神よ，なんという世紀が私の眼前に来たらんとしていることでしょう。
　　もう一度，若返ることができたら，なんとすばらしいことでしょう[*2]。

　ルネサンスはここでいう「若返り」としての「再生」を意味し，人文学の復興によっていまや新しい時代が近づいていることをエラスムスは述べている。同時代の人文主義者で桂冠詩人である騎士フッテンも「おお，世紀よ，おお，文芸よ，生きることは楽しい。」と，同じような叫び声を発している[*3]。
　このルネサンスの運動は中世世界の解体から発足する。中世的世界像は信仰と理性，神学と哲学，教会と国家という対立しているものの調和，つまり階層(ヒエラルヒー)による統一の土台に立って形成されていたが，14世紀にはそれが解体しはじめていた。この解体過程は15,16世紀を通じて進行し，宗教改革と対抗改革の時代を経て，17,18世紀に入ってから明瞭な輪郭をもつ近代的世界像が形づくられるにいたった。このようにルネサンスが古代文化の復興というかたちで中世統一文化からの解放を試みているのに対し，宗教改革は新約聖書に立ち返って中世教権組織と真正面から対決し，新しい時代への転換をもたらした。この時代の精神的な状況はカトリック教会の支配と堕落によって示されるので，次

　2) エレーヌ・ヴェドリーヌ『ルネサンスの哲学』二宮敬・白井泰隆訳，白水社，1972年，7頁からの引用。
　3) フッテンとエラスムスの関係についてオットー・フラーケ『フッテン　ドイツのフマニスト』榎木真吉訳，みすず書房,1990年,129-140頁参照。

にその点を述べておきたい。

2　15世紀初頭の教会の一般的状況と宗教改革

　15世紀初頭，教皇がローマに帰還し，分裂に終止符が打たれた時，カトリック教会は危機を乗り切ったかに見えた。なお教会に対する糾弾と告発はあいかわらず激烈だったが，新味は感じられなかった。
　教会の腐敗は特に執拗な攻撃の的となっていた。それにルネサンス期の教皇たちは，アレクサンデル6世，ユリウス2世，レオ10世など，人間的に魅力があり，知性と政治手腕にすぐれた人たちが多かったけれども，そうした道徳的批判を封じるのに適した人たちではなかった。「聖界の風紀はたるみ切っており，俗界の道徳基準から見てさえ憤激を招く状態である」とトルチェロの司教は言っている。パストールやラトゥールのようなカトリック正統主義の立場を固守する史家も，この点については厳しい判定を下している。「ローマ聖庁は腐敗の源泉となった。キリスト教世界のあらゆる部分から憤激に満ちた糾弾の声があがったのも，けだし当然であった」とパストールは述べている。「逸話，論説，諷刺詩，それに教皇教書も含めてこの時代の無数の証言が，教会腐敗の告発という点で軌を一にしている。……規律正しい修道生活は完全に消滅し，かつての観想と祈りの砦は無秩序と放蕩のるつぼに変じた。諸々の大修道院での司法調査によれば，修道士の大部分が盗人，悪徳漢なのであった」とラトゥールは書いている[4]。
　カトリック教会に対してもっとも寛容な歴史家たちでさえ，これほど厳しい判定を下しているがゆえに，教会の頽廃を証拠立てる根拠と引用を，これ以上続ける必要はないと思われるが，教会がみずから説教しているほどの道徳水準に達した時期は歴史上まれにしかなかったから，風紀紊乱の根は昔から深く張っていたと言えるであろう。だが今度は，次の二条件が加わって，傷口を押し広げたのである。すなわち，第一に都市の発展に伴う世俗文化の確立，第二に民族国家の成立である。

　4）　モンタネッリとジェルヴァーゾ『ルネサンスの歴史』下，藤沢道郎訳，中公文庫，50頁参照。

今や腐敗は教会上層部だけに留まらなくなっていた。悪い手本はかならず上層部からもたらされたが，中世には下級聖職者，特に修道士たちの中に健全な要素が生きており，あらゆる逸脱，偏向，腐敗を厳しく告発し続けていた。それゆえカトリック教会は，フランチェスコやドミニコスのように教会を激しく批判した人物を聖人と仰がなければならなかったし，また時には，グレゴリウス7世や同9世のような聖人を教皇に戴いて，粛清してもらわなければならなかった。つまり，教会自身の内部に，解毒剤が蓄えられていたのである[*5]。

3　ルネサンスと宗教改革

ルネサンスはもっとも包括的に考えるならば，14世紀から16世紀にわたるヨーロッパ史の期間を意味する。「ルネサンス」という言葉はミシュレがはじめて用い，ブルクハルトによって「世界と人間の発見」という意味がそれに与えられ[*6]，今日一般に使われるようになった。その意味内容については宗教的なものか，それとも自然主義的なものかと論じられたが，この時代は総じて「ルネサンスと宗教改革」と名付けられてもいるように，二つの対立する傾向によって成立しているといえよう。しかしルネサンス時代の人文主義者は，古典に親しみながらキリスト教信仰を堅持しており，このキリスト教的特質はアルプスを越えたヨーロッパではとくに顕著であった。

そこでルネサンス人文主義の一般的特質をまず考えてみよう。キケロやセネカにより代表される古典的人文主義と比較すると，それは古典文献の復興として発展し，「人文主義」とも訳されるような人文学の復興という学問運動の性格をもっていた。したがってギリシア・ラテンの古典文学の教師や学徒が古くからフマニスタと呼ばれていた。彼らは教師や秘書として活躍し，古代の文芸や哲学の再興の上に立って独自の思想を形成したのである。こうして古典文学と直接結びついた形でその思想は出発し，ラテン語の文体，思想表現に見られる典雅・適切・単純・明

---

5) モンタネッリとジェルヴァーゾ前掲訳書，51頁参照。
6) 『イタリア・ルネサンスの文化』柴田治三郎訳，世界の名著「ブルックハルト」350頁。

快さが尊重され，このような教育と傾向による円満な教養・調和・協力・平和愛好の精神が倫理の理想として説かれた。

さて，「人文主義」は「ヒューマニズム」とも言われるが，その言葉のなかには明らかに「フマニタス」(人間性)の意味が含まれている。これはギリシア語のパイデイアに当たることばで「教養」を意味する。キケロは言う「わたしたちはみんな人間と呼ばれてはいる。だが，わたしたちのうち教養にふさわしい学問によって教養を身につけた人びとだけが人間なのである」と。ここでの「教養」と訳してあるのがフマニタスであり，人間にふさわしいあり方をいう。このことばのなかには「人間の尊厳」という思想が含まれている。ルネサンス時代のヒューマニズムはこのフマニタスを再認識すること，つまり中世を通って人間の本性が罪に深く染まり，堕落しているとみる考え方をしりぞけて，人間の堕落しない神聖なる原型，キケロのいう「死すべき神」としての「人間の尊厳」を確立しようとしたのである。と同時にルネサンス時代の人文主義はこうした人間性を古代ギリシア・ローマ文化への沈潜によって発見し，習得しようとする試みであり，そこには「もっと人間的な学問」(litterae humaniores) また「良い学問」(bonae litterae) と呼ばれている「人文学」の復興が意図されていた。

このような人文主義の精神はセネカの根本命題にもっともよく表われているといえよう。セネカは「ああ，人間は，人間界の俗事を越えて立ち上がらなかったなら，如何に軽蔑すべき存在であろうか」[*7]と言う。それゆえ人間は「より人間的なもの」(フマニオラ)となってゆく自己形成と教養にたずさわり，自己を超越することによって自己育成をなしてこそ，はじめて人間たりうるのである。

この自己形成は最終的には神に似た尊厳にまで達するものと考えられていた。たとえばルネサンス時代のキリスト教的な人文主義者であるピコ・デラ・ミランドラは「汝は自己の精神の判断によって神的なより高いものへと新生しうる。……人間はみずから欲するものになりうる」[*8]

---

7) セネカ『自然研究（全）』茂木元蔵訳，東海大学出版会，4頁。
8) G. Pico della Mirandola, De Hominis Dignitate, De Ente et Uno, e Scritti Vari, ed. E. Garin, 1942, p.106. ピコ『人間の尊厳についての演説』佐藤三夫訳，『ルネサンスの人間論』有信堂，1984年，207頁。

と，つまり人間は自己の現在を超越して神的存在に達することができると主張した。こうした主張からなる彼の『人間の尊厳』という著作はルネサンスの宣言書であると言えよう[9]。しかし，この「ルネサンス」ということば自体は，キリスト教的「復活」や「再生」という宗教的意味をもっている。この点ブールダッハが詳論している通りである。しかしながら，その内容をよく検討してみると，宗教的であるのみならず自然主義的要素をももっていることがわかる。それは単純な意味での「再生」，自分の力によってもう一度生まれ変わること，しかもそこには，ワインシュトックが説いているようにヴェルギリウスの夢見た黄金時代の再来を示す循環的に回帰してくる再生の思想があるというべきであろう。ルネサンスは黄金時代がめぐってくるという期待に満ちており，宗教的な復活をもこのことと一致させて理解している[10]。

ところでアルプス以北の人文主義運動は倫理的・宗教的性格が強く，文芸の復興から新しい神学の形成へ向かう方向転換が生じ，人文主義は宗教改革と結びついて発展してゆく。ここでの特色は聖書文献学に結実し，すでにローレンゾ・ヴァッラの著作『新約聖書注解』（エラスムスにより1505年に出版）によって開始されていたこの分野での研究が著しく発展するに至った。それはフランスのルフェーブル・デタープル，イギリスのジョン・コレット，ドイツのロイヒリン，オランダのエラスムス等の著作にあらわれ，その成果は宗教改革者たちの思想形成に大きな影響を与えた。

4　人文主義とキリスト教の統合

オランダのロッテルダムの人，エラスムスはピコよりもわずかに三歳若かったにすぎないが，彼のなかに新しい人文主義の人間像と思想とが完全な成熟段階に達しており，これまでの人文主義の思想表現につきまとっていた衝動性と若者の感激とを払拭するようになった。非合法な結

---

9)　ガレン『イタリアのヒューマニズム』清水純一訳，110頁，創文社。
10)　ブールダッハ『宗教改革・ルネサンス・人文主義』坂口昂吉訳，創文社，101頁以下，ワインシュトック『ヒューマニズムの悲劇』樫山欽四郎・小西邦雄，創文社，264頁以下参照。

婚によって生まれた彼は貧しい青春時代を送った。修道院からやっとパリに留学し，ラテン語に磨きをかけ，教父の著作に熱中する。家庭教師となってイギリスに渡り，オックスフォード大学のジョン・コレットを通して聖書批評の原理とキリスト教的人文主義を学ぶ。またトマス・モアとの友情を通して国際人として活躍するに至る。彼の生涯は旅行と著作の出版とから切り離せない。広い交際，自著のみならず，『校訂・ギリシア語新約聖書』(Novum instrumentum) と題する有名なギリシア語聖書のラテン対訳本や教父全集の出版，無数の書簡を書く彼の姿はルネサンスの国際的知識人そのものである。同時代の人々がエラスムスに期待し，賞賛を惜しまなかったものは何であったろうか。それは精神の新しい自由，知識の新しい明瞭性・純粋性・単純性であり，合理的で健康な正しい生き方の調和した姿であった。これは彼の文学作品によく現われ，最もよく読まれた『対話集』(Colloquia) や，『痴愚神礼讃』(Encomium Moriae) の中に彼の思想は今日に至るまで生き生きと語り続けている。彼はまた神学者でもあり，キリスト教の復興を最大の主題としている。だが『エンキリディオン』や『新約聖書序文』といった神学上の最良の作品で語りかけている精神は哲学的でも歴史的でもなくて，言葉のもっとも優れた意味で文献学的である。彼は言語，表現，文体を愛し，古代的人間の叡知が彼の言葉を通して再生し，古典的精神が輝き出ている。しかし彼が古代に深い共感を示したのは，生活と実践がそこに説かれているという倫理的確信からであった。ところで彼の精神のもっとも深い根底は，キリスト教的なものであって，古典主義はただ表現形式として役立ち，彼のキリスト教的理想と調和する要素だけが，古代の倫理から選びだされているにすぎない点を銘記すべきである。

5 エラスムス解釈の歴史

　エラスムスは激動の時代に活躍したためその評価も多様であったが，彼はカトリックとプロテスタントという対立する両陣営の過激派からの攻撃目標（ターゲット）となっていた。このことは，彼自身が「履歴書」(Compendium vitae, 1524) で「ルターとの間に起こった悲劇は耐え難

い悪意でもって彼〔エラスムス〕に重荷となってきた。各々の最善の利益に奉仕しようとしてきたのに，双方の党派から彼は引き裂かれた」と自分について語っているところを見ても明らかである。

　1524年に彼はロンチェスターの司教ジョン・フィッシャー宛の手紙で次のように書いている。「実際，わたしは三つの前線で戦っている。① 浅ましくもわたしを妬んでいる異教徒のローマ人たち，② あらゆる石を手にもってわたしに投げようとする，ある神学者と修道士たち，③ わたしが彼ら自身の勝利を遅らせたと主張される理由でもってわたしに歯を剥いてうなる過激なルター派」*11。このような対立と抗争のなかにおかれた彼の生涯は偏りの少ない健全な伝記を描くのが困難であるが，これまでの研究の中ではプレザーブド・スミスとホイジンガさらにマーガレット・マン・フィリップの伝記が優れている*12。

　ところで新しいエラスムス研究は20世紀に入ってからで，1906年以来のP.S. アレンと彼の妻による『エラスムスの書簡』(全10巻)の編集と，1924年のJ. ホイジンガによる伝記によって始まった*13。

　実際，エラスムスが書いた膨大な手紙の編集なしには伝記は作れない。とりわけ重要なのはホイジンガの伝記であって，それは若きエラスムスに焦点が置かれていた。だが当時では後年のエラスムス研究のような信頼のおける全集版はまだ出版されていなかった。それでもホイジンガの書物が古典になったのはけだし当然のことであって，すばらしく統一さ

　11）　Allen, EP., IV, 537 (no.1489)
　12）　プレザーブド・スミスの『エラスムス』(1923年)はエラスムスを啓蒙思想と自由な時代の先駆者である合理主義者として捉えた。伝記としてはもっとも健全で，人文主義の役割は従属的であるが，厳密な論証はなされていない。
　ホイジンガの『ロッテルダムのエラスムス』(1923年)は仲間のオランダ人としてエラスムスを寛大で親しみある姿で描き，もっとも魅力的で影響するところ大きい伝記となった。その姿は反英雄的な素朴なものであって，何か偉大な主義に献身した闘士ではなかった。ときに彼はエラスムスを叱責までしたが，「彼は感受性豊かで，英雄的なものには控えめであった」と言う。
　マーガレット・マン・フィリップ『エラスムスと北欧ルネサンス』(1949年)で，彼女はエラスムスを誠実・諧謔・常識の人，キリスト教人文主義者で宗教改革者であるが，カトリックとプロテスタント，精神と心情との中道を歩んだ人物として捉えた。
　13）　アレンの編集は卓越したものであり，それを基礎にして始めて，信用して研究を進めることができる。ホイジンガは，伝記におけるアレン夫妻への献辞で次のようにさえ言っている。「わたしはあなたがたの庭で摘んだ花を，あなたがたに差し出しています」。

れた構想の中で，彼は時にエラスムスを天才的な人間にして偉大な人格としても描いた。彼はエラスムスに心から感嘆してはいるが，全く無批判的ではなかった。エラスムスの偉大さがホイジンガを魅了するのと同様，彼の卑小さはしばしばホイジンガをして「エラスムスよ，お前は間違っている」と叫んで，いらだちを覚えさせた。

　ところが，残念なことにホイジンガの著作はドイツ語圏では全く影響を及ぼさなかった。というのはエラスムスについての評価がずっと以前に定着しており，そして一旦できあがった像は，いかなる変化にも影響を受けなかったからである。要するにいわば重なり合うような二重になった像がそこには見いだされる。つまりエラスムス像はルター像によって規定されているのである。エラスムスはルターに対決するいわばもう一つの像として描かれる。彼もルターと同様に時代精神に反対して声を上げ，弊害を激しく非難し，教会を嘲笑した。しかしエラスムスは行動の人ではない。彼は小心で臆病である。彼は血管のなかに殉教者の血を全くもっていないし，間違っていると知りながら自分の認識した真理を否定した。ルターは信仰の英雄，エラスムスは裏切り者である。このような人々にとってエラスムスは「山上の垂訓のキリスト教」の人である。彼はトルストイと同じである。エラスムスには厳格な道徳の基準に従う実生活が最高の掟であり，彼はルターの真の意図を何も理解しなかった。そこから両者の対立関係は，自由でない意志と自由意志についての両者のそれぞれの著作のなかで，最も明瞭になってくる。そこでエラスムスは正体を暴かれる。つまり彼には真の宗教的な熱意が欠けている。実際，このような先入見による解釈が横行していた。

　これに対してA. ルノーデ（A.Renaudet）が1930年代に全く異なったエラスムス像を提示した。彼は主として1520年代のエラスムスの手紙を拠り所として，古代教会の護教家たち，および宗教改革者たちとエラスムスの関係を探究し，一つの印象深い像を描き出した。この研究はエラスムスの独自性を強調している点では，ホイジンガの考察の仕方を思い起こさせる。だが，ルノーデの書物の中心は後期エラスムスと，彼の自主的な中道の精神に置かれている。つまりヴィッテンベルクにもローマにも依存していない立場である。ルノーデはエラスムスの近代主義（Modernismus）について語った。それは二つの意味をもつ概念であって，

エラスムスにおいてすでに 18 世紀の啓蒙思想と，19 世紀後半のカトリックの近代主義がいくぶん先取りされているということである[*14]。

　人文学者の渡辺一夫はエラスムスが礼讃しているのは痴愚神モリスではなく聡明冷静な友人モアであると解釈している。彼は『痴愚神礼讃』を理性的な啓蒙の立場から書かれたものと解釈しているように思われる[*15]。もちろん，この作品のテーマが「痴愚は人間の本質である」ということに置かれていることは間違いない。しかし，ここでの痴愚ははたして，単に理性の対極に位置づけられるものであろうか。古典文学の流儀に則って愚行を賞賛することは，人文主義の精神をいかんなく発揮させるものであった。しかし，その精神は人間性の回復を目ざした人文主義であり，ユーモアにあふれているが，それを通して彼は真のキリスト教の復興を願っている。エラスムスはドルピクス宛の手紙で次のように述べている。

　「わたしは多数の人々が愚劣きわまる意見によってどんなに腐敗してしまっているか，また，生活の個々の局面においてもそうであるのを見てきました，そして，治癒への希望を抱くというよりもそれを祈る方がはるかに現実的なのでした。そこで，このようにして繊細な心のうちにいわば忍び込んで，喜ばせながら癒す術を発見したとわたしには思われたのでした。そして，この種の楽しく冗談めかした助言法が多くの人たちに成功をおさめるのをわたしは幾度も目の当たりにしてきたのでした」[*16]。

　エラスムスがこのように「治癒への希望」や「癒す術」を語るように，愚行賛美は見せかけの賛辞であって，治癒のためにはユーモアが有効であり，「楽しく冗談めかした助言法」とは，格言を用いて人生の豊かさを表現する方法である。しかし，本当の治癒はその書の終わりにあるようなキリスト教の福音なのである。だが，こういう形で自己の思想を批判的に展開させるところにエラスムスの人文主義者としての優れた資質があり，彼の人間学の特質も認められる。ルターのような人物はこれを

---

　14)　F. L. Bouyer, Erasmus and his times, trans. by F. X Murphy, 1959, p.105-155 の詳細な研究を参照。

　15)　エラスムス『痴愚神礼讃』，世界の名著「エラスムス／トマス・モア」29 頁。

　16)　エラスムス『痴愚礼讃』大出晃訳，慶應義塾大学出版会，2004 年，218 頁。

全く理解できなかった。エラスムスのもとには人間的なゆとりが感じられるばかりか、わたしたちは彼が民衆をも包括する視野の広がりをもって実はキリスト教の真理を語っている姿を看過してはならない。

6 エラスムス研究の視点

　エラスムスが新たに学問的研究の対象となるまで、先に述べたような状況は第2次世界大戦後も続いた。しかし1960年代以降、多数の論文が発表され出版されるに及んで、新しいエラスムス像がわたしたちに示されるようになった[*17]。この新しい像はとりわけキリスト教神学者としての姿であり、それは確かにまじめに受け取られるべき新しい姿であった。この傾向はカトリックの研究者にもプロテスタントの研究者にもみられ、特に顕著なのはカナダとアメリカの研究者たちである。エラスムスは長い間神学者として認められなかったにもかかわらず、今日彼は中世の神学的伝統のなかにおかれ、罪と恩恵の問題を扱った専門家とみなされ、神学的に精緻な思想を形成した人と考えられるようになった。このようなエラスムスに対する関心の高まりによって、1969年以来新しい全集が刊行されており、手紙や著作のドイツ語訳著作集、大規模な英語訳の出版が続けられた。こうした状況のなかで今日どのような研究の試みが意味をもつであろうか。次の諸点が検討されるべきであろう。

　(1) わたしには人間学的な研究が今日ではとくに必要ではないかと思われる。もちろん現代が思想史において人間学の時代であることに疑いの余地はない[*18]。エラスムスは初期の代表作『エンキリディオン』のなかでヨーロッパの伝統的な人間学の三分法を導入しているが、この試みは近代における注目に値する試みである。そればかりか、この人間学にもとづいて彼は自己の思想を組織的に展開した。もちろん、その際、

---

　17) 最近のエラスムス研究は出版された論文では驚くべき数にのぼってきている。1936から1949にかけては1200の論文、1950から1961にかけては500の論文（これは第2次世界大戦を反映している）、1962から1970の8年間に1996の論文が発表された（Bibliographies Erasmiennes, ed. J. C. Margolin を参照）。

　18) 金子晴勇『現代ヨーロッパの人間学』知泉書館、2010年、3頁参照。

彼はプラトン主義という古代思想を用いてはいるが，キリスト教との統合を意図的に遂行している。わたしはこの観点から彼の思想を再構成することによって彼の思想的な意義を解明すべく努めたい。本書はこうした試みである。

(2) 人間学のなかでもエラスムスは「霊性」を重んじている。この霊性は歴史的にどのように彼のなかに芽生えてきたのであろうか。この点で初期の伝記が重要な意義をもっている。しかも今日初期の研究が大いに進捗し，研究成果が発表されるにいたった。わたしは「新しい敬虔」の運動が彼の若き精神に大きな影響を与えた点を強調したい。これに関する研究はポストの『新しい敬虔　宗教改革とヒューマニズムとの対決』(1968年) である。とはいえ実際にはフランス語，ドイツ語，英語圏での諸研究は依然として互いに並行したままである。しかしオランダや英国の研究は異なる言語圏の研究成果を統合する傾向を示している[*19]。

(3) エラスムスに対する評価は彼以外の基準によって測られるのではなく，彼を独自の人格として評価すべきである。文化相対主義は各国の文化理解のみならず，各個人にも適用されなければならない。したがって，わたしは人間としてのエラスムスからすべてを考察していきたい。不幸なことに彼は繰り返しルターを基準にして測られてきた。その際，エラスムスのほうが低く見られたことは言うまでもない。しかしルターが最初に公に姿を現わしたとき，エラスムスはすでに50歳を越えていた。この事実はしばしば看過されがちである。エラスムスはルターに出会う前に，自分自身を発見し，自分が何を欲しているかを正確に知るためにかなり長い時間を必要としたのであった。そして世の中が初めてルターのことを耳にした1518年と1519年に，エラスムスはすでに自分の最も重要な業績を振り返ることができたし，またはっきりと自覚された目的をもっていた。この目的がどのように実現されたかは，彼自身の功績に従って評価されなければならない。このことはとりわけ啓蒙思想の先駆者としてエラスムスの独自性を捉えようとする研究者に妥当することである。本書の終章で考察されるように啓蒙思想によって受け入れ

---

19) オランダの研究では Cornelis Augustijn, Erasmus His Life, Works, and Influence, trans. by J. C. Grayson 1991, が代表的な研究であり，イギリスでは R. J. Schoeck, Erasmus Grandescens, 1988, が代表的研究である。

られた考え方が確かにエラスムスのなかにあったが，後代の精神史の一時期との単純な比較は——ルターとの比較の場合と同様——不可能であり，そのためには少なくともまずエラスムス自身が研究され，彼がその時代の枠内に置かれて考察されたとき，初めてそれは意味をもつといえよう。

　(4)　エラスムスを正しく評価するためには青年時代の思想形成過程に注目すべきである。この時期に彼のキリスト教的な人文主義はどのように形成されたのであろうか。それは1500年と1520年の間に準備され，青年時代の諸著作，たとえば『現世の蔑視』，『反野蛮人論』，『格言集』となって世に問われた。この時期にエラスムスは社会のなかで決して孤独な人物ではなかった。彼は人文主義の世界で活躍し，時代の流れのなかで鍵となる人物になった。この世界は残りの社会から孤立して存在していた上流階級の世界だった。その仲間たちは，一部は大学に，一部は諸侯や大地主の宮廷に，また教会の聖職者のなかにいた。都市の上流階級に属する者もいれば，完全に孤立して生きている者もいたが，すべての人は徹頭徹尾「良い学問」(bonae litterae) である人文学の理想に没頭していた。つまり再び活力をもち，社会を刷新するはずであった古典古代の文化理想の探究に没頭していた。このような考え方に対する体制側の教養ある人々，特に神学者や弁証家たちの抵抗は，人文主義者たちに共通の精神を強化するのに役立ったにすぎなかった。この文脈でエラスムスを眺め，人文主義者たちのあのグループ——つまりエラスムスが特に属していた聖書的人文主義者のグループ——に注目するなら，エラスムス像はいっそう明確な輪郭をもつことになる。

　エラスムスの決定的に重要な特徴点は，人文主義の方法をキリスト教神学に適用し，両者を統合したことであり，さらにそれによって神学における根本的変革を創造したことに求められる。この統合過程はペトラルカにはじまりエラスムスにおいて完成する。それはキリスト教的人文主義に結晶した思想として提示されている。これこそエラスムスがその時代の文化に貢献した特異性 (eigene Eigenheit) である。しかし，この特異性は確かに彼のみの功績ではなくて，同じ考えをもった人々のグループが実現したことである。とはいえ，このグループのなかでエラスムスは比類なき地位を獲得することができた。ここに「エラスムスは比

類なき人物である」との評価における真実性がある。

第 1 章
エラスムスの思想的境位
―― 「新しい敬虔」運動とルネサンスの「人間の尊厳」――

はじめに

　わたしたちは初めにエラスムスが育った思想的境位をあらかじめ理解しておかねばならない。どのような思想にも時代的な拘束と制限が最初から付きまとっているからである。彼が活躍したのは 16 世紀の前半であり，宗教改革の時代であった。宗教改革が起こる以前にも教会の改革の必要性は説かれていたし，コンスタンツ，バーゼル，第 5 ラテラノと続く公会議での重要な議題にも絶えずあがっていた。しかし公会議に集った改革神学者は教皇に改革の実行を委ねることによって自らを裏切ってしまった。パリのソルボンヌ神学部の総長ジェルソンは，心の内面から神学を刷新すべきことを説き，「公会議による宗教改革は，公会議指導者がそれに好意をいだき，機敏に振舞い，確固不動でなければ成功しないと思う」と述べ，改革を説く神学者自身の実践を力説した[*1]。ところがこのような実践は実際には「新しい敬虔」（devotio moderna）の運動によって 15 世紀を通して広範に行きわたっていた。

　15 世紀に入るとこの運動がネーデルランドを中心にして活発になってくる。それは 14 世紀の終わりに創始者ゲラルト・フローテによって霊的生活の復興を目ざして開始され，主として一般信徒の交わりからなる「共同生活兄弟団」を結成し，修道士に近い共同生活を営んで学校教

---

1) ジェルソンについて詳しくは金子晴勇『ルターとドイツ神秘主義』創文社，288 頁参照。

育，病人の看護，慈善事業また書物の筆写と教育にたずさわって，人文主義運動をも促進させた。「ドイツのペトラルカ」と呼ばれていたアグリコラは人文主義とキリスト教神学とを調和させようと試み，この派の有力な指導者となった。

この「新しい敬虔」運動はネーデルランドを中心にして活発になり[2]，この派の精神はトマス・ア・ケンピスの『キリストにならいて』のなかに古典的表現をもって伝えられ，個人の内面的生活を強調し，キリストの生涯を黙想し，それを模範とすべきことを説いた。

「まことに高邁なることばが，聖徒や義人を作るものではなく，徳のある生活が人を神に愛されるものとするのである。わたしは悔恨の定義を知るよりも，悔恨の情を感ずることの方を選ぶ。たとえ聖書のすべてを外面的に知り，あらゆる哲学者のいったことを知るとしても，神の愛と恵みとがなければ，その全てに何の益があろう。神を愛し，それだけに仕えること，それ以外は，空の空，すべてが空である。この世を軽んずることによって天国に向かうこと，これが最高の知恵である」[3]。

しかし，この「新しい敬虔」の運動は当時の指導的な学者たち，たとえばジェルソンやガブリエル・ビールによって支持されて発展したので，神秘主義とオッカム主義の傾向を併せもつ霊性思想を生み出し，エラスムスに影響を与えた。

1 「新しい敬虔」の神秘的霊性思想

そこで「新しい敬虔」の運動がどのようにエラスムスに影響を与えたかを解明してみたい。と言うのは彼はデヴェンターの学校教育でこの派の影響を受け，著作に影響のあとを残しているからである。「新しい敬虔」

---

2) この運動は神秘主義の特質を帯びながら，民衆化され，思想的には高度に思弁的となった神秘主義と絶縁したため，汎神論の異端に迷い込む危険を除くことに成功した。そのためこの運動は神秘主義的思想傾向をもつ思想家を生み出し，リュースブルクやトマス・ア・ケンピスの美しい思想を開花させた。

3) 『キリストにならいて』大沢章・呉茂一訳，岩波文庫，1960年，15頁。

（デヴォティオ・モデルナ）の先導者，ヘールト・フローテ（Geert Groote, 1340-84年）は，オランダの神秘主義者リュースブルクのもとで教育を受け，修道士であると一般信徒であるとを問わず，多くの熱心な信徒が彼と接触し，その指導を求めた[4]。彼は熱心な弟子たちの一団を形成することに成功した。数多くの書簡は彼の影響力の広がりを示している。彼は自伝，説教，また修徳についての論考など，かなりの数の著作を残した。そこには意志的かつ実践的な気質が明らかであり，理論にはほとんど留意せず，信仰生活の既存の諸形態も結婚生活と同じく讃美しようとはせず，修道士や聖職者の不品行や貪欲さ，さらに蓄妾生活を批判することによって，霊的生活に関するきわめて現実的な考え方を説いた。重要とされるのは，結局のところ，回心，徳，試練に耐えること，使徒的活動，そしてなかんずく永遠の救いである。このような状況の中で，またその気質をもってしては，フローテは思弁的神秘主義に対して違和感しか覚えなかった。フローテに対して教会当局は敵対的態度を示したが，「新しい敬虔」の根本的な正統性はまったく疑問の余地がないように思われる。彼の運動は明らかに「改革」だった。彼は16世紀の宗教改革者たちが反抗して立ち上がったようなさまざまな行き過ぎや悪徳を攻撃した。だが14世紀と15世紀のネーデルラントの霊性家たちは，教会とその牧者を尊敬することをわきまえていた。

「新しい敬虔」の運動の中でも最も影響力を発揮したのはトマス・ア・ケンピス（Thomas à Kempis, c.1380-1471年）であった[5]。彼の著作『キリストにならいて』は当時聖書についでよく読まれたと言われる。トマスはもともと神学者でも人文主義者でも哲学者でも詩人でもなく，神秘主義者でさえもなかった。もちろん神秘的な思想を湛えてはいるけれども，アウグスティヌスのような激しい情熱もなく，ベルナールとよく似ていても，華やかで深遠な思想家でもないし，ジェルソンのような多方面な

---

4) ヘールト・フローテはデヴェンターの裕福な家庭に生まれ，パリ大学文芸学部で学んだ。彼は1374年に「回心」を経験し，カルトゥジア会修道院に短期間滞在した。1377年に叙階され，説教者や宣教師として活躍した。確かに彼は，ヤン・ファン・リュースブルークと個人的交流をもち，その著作のあるものをラテン語へ翻訳した。

5) 彼はネーデルランドのケンペンに生まれ，「新しい敬虔」の運動による教育を受け，オランダのズヴォレ近郊のアウグスティヌス参事修道会に入り（1407），司祭となり（1413），修道院の副院長となる（1425-47）。1418年頃主著『キリストにならいて』を出版する。

活動家でもなく，ビールのような冷静な理論家でもない。あるのは俗世間に対する静かな諦観とひとり神と語らう内面の世界である。それなのにその著作が幾世紀にもわたって大きな慰めを与える書物となったのは驚くべきことである。

　彼は何よりも個人の内面的な生活を強調し，キリストの生涯を黙想することをすすめる。この書の巻頭のことばは次のようである。

　　「私に従うものは暗い中を歩まない，と主はいわれる。このキリストのことばは，もし本当に私たちが光にてらされ，あらゆる心の盲目さを免れたいと願うならば，彼の生涯と振舞とにならえと，訓えるものである。それゆえキリストの生涯にふかく想いをいたすよう私たちは心をつくして努むべきである。神を愛し，それだけに仕えること，それ以外は，空の空，すべて空である。この世を軽んずることによって天国に向かうこと，これが最高の知恵である」[*6]。

　このテキストの終わりにある「この世を軽んずる」という現世蔑視の精神こそ中世神秘主義の伝統を継承するものであって，この書の核心である[*7]。しかし現世を蔑視して修道院に入ることよりも日常生活のなかで実践的な敬虔，とくに世俗と自我とに挑戦し，キリストとの交わりによって謙虚の徳を体得し，自分の空しさを自覚して，貧しく無一物となり，キリストの生に一体となって生きることが説かれている。ここに世俗内敬虔という新しい内面的で宗教的な倫理という近代への萌芽が示されている。

　「現世の蔑視」の主題は先の引用の最後の一節に印象深く語られている。「この世を軽んずることによって天国に向かうこと，これが最高の知恵である」[*8]。ここにはジェルソンに見られる俗世に溺れた愛欲の生活に対する激しい怒りも，ゾイゼの戦慄の叙情も，リュースブルクの火花を散らす激しさも見当たらず，もの静かな諦観と一切の事象の内に憩のみを求める静寂な精神が響きわたっている。そこには「おお，なんと有

---

　6) Thomas à Kempis, De imitatione Christi & aliaque piissima opuscula, 1670, I,1,1-3.『キリストにならいて』大沢章・呉茂一訳，岩波文庫，15頁。訳出に際しては邦訳を参照した。以下同じ。

　7) それゆえ本書の最初の邦訳は慶長元年（1596年）に出版された天草耶蘇会学林刊のローマ字本であるが，その表題は『コンテムツムンヂ』（現世の蔑視）となっている。

　8) Thomas à Kempis, op.cit., I,1,3. 前掲訳書16頁。

益なことだろう，なんという喜び，なんという快さだろう，こうしてひとり座り，だまって，神と言葉をかわすのは」といった単純な祈りの生活と知恵とが説かれた。ここから静かな自己認識と謙虚の徳とが警句となって語られている。すなわち「謙虚な自己認識は深遠なる学問研究よりも神に至るより確実なる道であり」，全能者にして創造者なる神の御子が「汝のために卑下して人に屈服した」のであって見れば「塵芥で無」である者の神への服従は当然のことである。「私はすべての者の中で最も卑しく低き者となった。それは汝が私の謙虚によりて傲慢に打克つためである。……汝を謙虚ならしめることを学べ」[*9]。ここでは謙虚が学び得るものとみなされている。かつ謙虚は三位一体の神に嘉せられる有徳なる生活である。「神は謙虚なる者を助けて，自ら尊大なる者をおとしめたもう」。またさまざまな試練も謙虚への助けとなり，それを促進させるものとなる。だが徳としての謙虚は試みられやすいために，益々この謙虚を願い求め，神によって強められるように懇願しなければならない。「常に汝を最底のところに置け，そうすれば汝に最高が与えられるであろう。最底なしには最高もないからである」[*10]。実際「貧しく，無一物な者」に恩恵は与えられるからである。ここから神秘主義の神との合一のモチーフが「無の谷底に」(in valle nihileitatis)とか「絶えず奥底へと沈む」(semper ad ima feror)ことから，「魂を引き上げ，自己自身を超えて拉っし去る」(animam levet,et super semetipsam rapiat.),「神性の高みに連れ去る」(provehere ad divinitatem)という，自分を超えた力によって引き上げられる経験として強調されている[*11]。

　このキリスト神秘主義はその究極においては「内的な合一の恩恵」(gratia internae unionis)によって「一つの霊となる」(unus tecum efficiar spiritus)ことを説き，燃える熱愛のゆえに「私をあなたに変え

---

9) Thomas à Kempis, op.cit., III, 13,2, 前掲訳書126頁。
10) Thomas à Kempis, op.cit., II, 10,4, 前掲訳書88頁。
11) 「もし私が自分だけに放置されていれば，それこそ全く私は無で，何の力もないものです。けれども，もしあなたがちょっとでも御目をかけて下さったなら，たちまち私はしっかりとして，新たな喜びに満たされるのです。そして自分の重みで絶えず奥底へと沈んでゆく身が，突如として高く引き上げられて，こうもやさしくあなたの腕に抱かれるとは，何とも驚くばかりのことです」(Thomas à Kempis, op.cit., III, 31,2 ; III, 57,3.)。

て下さい」(in te transmutes) と願うほどの情熱を伴っていた[*12]。

　このような「新しい敬虔」の運動によってドイツ神秘主義はキリスト教的敬虔にまで一般化され，中世末期の人々に広く影響を及ぼすようになった。この時期の神秘主義はエックハルトやタウラーのような少数の人だけに理解された孤独な神観想の内に遂行される孤高の神秘主義とは相違して，多くの人々が日々仲間とともに信心の熱意をもって実習する民衆化した神秘主義となっていた[*13]。この新しい運動では霊的な信心が静かな日常の活動を導いており，有徳なる生活と実践的な活動とがもっぱら強調され，ホイジンガの言葉を借りると「徳の完成という果樹園一面に花が咲くのである」[*14]。こうして本来的には文化を否定する傾向にあった神秘主義がその初発段階で文化に豊かな実りをもたらすことになった。この「新しい敬虔」の思想傾向がエラスムスによって若き時代の学校教育を通して受容された[*15]。

2　ルネサンスの「人間の尊厳」

　次にエラスムスが多くの人たちを通して学んだイタリア・ルネサンスの新しい人文学について述べなければならない。この人文学の復興こそエラスムスの生涯にわたって遂行された事業であったが，そこには新しい人間観が誕生してきていた。この人間観は，この時期の全過程を貫いている共通の主題で表現すると，「人間の尊厳」(dignitas hominis) であると言うことができる。ルネサンスは最初 14 世紀後半のイタリアに始まり，15 世紀の終わりまで続いた文化運動である。

　ところがこの時代を理解するに当たって，これまで人々が中世との断絶を求める余り，歴史の真実を歪める捉え方が優勢となっていた。とり

---

12)　Thomas à Kempis, op.cit., IV ,16,3. 前掲訳書 267 頁。
13)　エックハルトも有名な「マリアとマルタの説教」のなかで典型的に語っているように，観想の生活より実践の生活を重んじていたし，その『教導説話』においても神との合一にいたる前段階として道徳的実践を説いていた。神秘主義は元来こうした前段階のゆえに人々の日常生活と密接に関係していた。
14)　ホイジンガ『中世の秋』下巻，堀越孝一訳，中公文庫，118 頁。
15)　本書第 2 章参照。

わけブルックハルトの影響によって「世界と人間の発見」が人間中心的に捉えられてきた。彼らはルネサンスとそれ以前の時期との間の相違を強調しながら, 中世の思想が神のなかにその中心をもっていたのに対し, ルネサンスの思想は人間のなかにその中心をもっていたと主張した。多くの歴史家たちはルネサンスをこのいわゆるヒューマニズム的な傾向によって評価し, その傾向の中に, 啓蒙主義や近代の世俗的思想へ導いた知的進歩の最初の段階を見たのであった。したがって「ルネサンス」＝「中世－神」といった極端な図式がまかりとおったのである。これに対する批判はホイジンガの『中世の秋』以来続けられてきており, 中世と近代との連続面が強調されるようになった[*16]。そこでわたしたちはキケロによってヒューマニズムの根本概念として立てられた「人間の尊厳」をこの時期の人文主義者たちがどのように主張していたかを簡略に考察しておかねばならない。

ルネサンスの現象について, 今日では歴史をさかのぼって中世の内奥にまで及び, その先駆的な現象が考察されている。ルネサンス思想による人間の強調や, 世界における人間の地位の強調も, それ以前に萌芽として観察され, 全く新しいものではなかったことが指摘されている。この種の態度が古代や中世の著作家たちにおいてもすでに見いだされることが明らかである。むしろ, ある場合にはこれらの著作がルネサンスの思想家たちによって知られ, 引用され, 用いられていたといえよう。他方, ルネサンス思想は, その1350年から1600年までの発展過程のすべてにおいて考察すると, かなり複雑な様相を呈しており, 人間観に関してはきわめて多様な思想を表明していることが判明する。「一羽の燕が夏を造るのではない」という諺にあるように, ただひとりの「ルネサンス」命名者にそれらすべてを帰することは, 困難であろう。

こうした状況にもかかわらず, わたしたちがルネサンス思想を全体として考えるならば, それは中世思想よりもいっそう「人間的」であり, いっそう「世界的（世俗的）」であったといえよう。ではルネサンスの人間概念とは実際に何であったのか。それを明らかにしようとするとき, わ

---

16) 近代と古代とは千年間続いた中間時代である中世によって断絶していても, 中世と近世とは文化的に連続しており, それは現代に及んでいる。この近世も今日では一般に啓蒙時代から始まるとの解釈が主流を占めている。

たしたちはいくつかの重大な困難に直面する[*17]。とりわけ「人間」という概念は，きわめて多様な道徳的，政治的，および宗教的諸問題を内包しているがゆえに，「人間の尊厳」というキーワードでも統一的に捉えることは困難である。というのはそこには理性や知性，また自由意志や情念，さらに宿命や宗教的な救済などが密接に人間概念と結びついているからである。確かにルネサンスや宗教改革時代の思想家たちは人間を徹底的に問題として追求し，罪や救いについての宗教的な教えは，広義において，「人間的な」問題であり，中世に劣らずルネサンスにおいても論争の対象となった。その場合，ルネサンスの著作家たちの人生観において人間の解釈が楽観主義であるのか，それとも悲観主義であるのか，という問いが立てられた。チャールズ・トリンカウスはルネサンスを楽観主義の時代であると定義しようとする傾向に対決し，この時期の主要なヒューマニストたちの間でさえも，人生観がいかに深く悲観主義的であったかを論証した[*18]。また権威ある研究者ガレンも，ルネサンスは素晴らしい時代であったが，幸福な時代ではなかったと断定した[*19]。

　ルネサンス時代のヒューマニズムの特質は後代のヒューマニズムと比較するとキリスト教の再生と深く関わっている。この点で当時の代表的な思想家エラスムスの中に成熟したヒューマニズムの宗教的な表現が見られる。実にエラスムスの中心思想とみなすべき「キリストの哲学」の主張も，宗教的色彩を帯びており，それが「自然の回復」という表現をとっていてもその内容にはキリスト教思想が含意されている。彼は『新約聖書への序言』のなかの「呼びかけ」において次のように語っている。

　　「キリストの哲学とは良きものとして創られた自然の回復——キリスト自身これを復活（renascentia）と呼ぶ——にあらずして何であるのか。したがってキリストに優ってだれも決定的にかつ効果的にこれを伝えたものはなかったが，また異教の書物にはこの教えに一

17）この問題は複雑であって，単純な答えを認めるためにはあまりに広大で複雑でありすぎる。この時代の科学が錬金術からはじまり自然科学としての姿を整えてくるように，複雑な人間の理解にも一定の方向性は認められ得るであろう。もちろん一般に定義された科学の諸学科に対して適用された科学的方法は，きわめて特殊な問いを立てることにある。
18）トリンカウス『ルネサンスと人文主義』斉藤泰弘訳，平凡社，1989年，98頁以下参照。
19）ガレン『イタリアのヒューマニズム』清水純一訳，創文社，242頁参照。

致する多くの事がらをわたしたちは見いだす」[*20]。

　ここにエラスムスは「自然の回復」とキリスト教の「復活」とを同一視し，宗教的要素と異教の文芸との一致を語って，それが「キリストの哲学」であるという。そこでわたしたちは「人間の尊厳」を説いたルネサンスの思想家からエラスムスが大きな影響を受けた思想家だけを問題にしてみたい。とりわけペトラルカ，ヴァッラ，フィチーノ，ピコを取り上げてみたい。

3　ペトラルカの人間論

　ペトラルカ（1304-74）は，後に彼の後継者たちによって彫琢されることになる「人間の尊厳」という観念を体系的でない仕方で表明することによって先達となった。彼の晩年の著作『自分自身と他の多くの人々の無知について』は，同時代人がアリストテレスの自然哲学を金科玉条のように信奉していることに対する痛烈な批判の書である。彼はアリストテレスの学説を痛烈に批判してはいるが，むしろ同時代人の知識が自己の道徳的，精神的苦悩と結び付いていないことを非難した。つまり自然や動物たちについての認識がどれほど有効であろうとも，人間の本性についての認識がなくては無益であると言う。それゆえ魂への無関心のゆえに自らを当代の知識人やスコラ神学者たちと一線を画した。彼は同時代人のための道徳的助言者という新たな役割を担い，同時に他人にもこの役割を果たすよう呼びかけた。彼はその例としてセネカ，キケロ，リヴィウス，ウェルギリウス，ホラティウスを挙げ，彼らと同じ役割を果たしたと言う[*21]。彼は「ヴァントゥー山の登攀」を叙述しながら素晴らしい景観によって圧倒されて，アウグスティヌスの『告白』をとり出し，「人びとは外に出て，山の高い頂，海の巨大な波浪，河川の広大な流れ，広漠たる海原，星辰の運行などに讃嘆し，自己自身のことはなおざりにしている」（『告白』第10巻第8章）を読んでから，「人間の偉大さ」について次のように語った。

---

20)　D.Erasmus, Ausgewählte Schriften, Bd.III, S. 12, 22-24.
21)　ペトラルカ『無知について』近藤恒一訳，岩波文庫，132, 151, 157頁参照。

「魂のほかにはなんら感嘆すべきものはなく，魂の偉大さにくらべれば何ものも偉大ではないということ，このことを私は異教の哲学者たちからさえもとっくに学んでおくべきだったのに，いまなお地上のものに感嘆している，そういう自分が腹立たしかったのです。私は長い沈黙のうちに瞑想にふけりました。人間は愚かにも，みずからのもっとも高貴な部分をなおざりにして，さまざまなことに気を散らし，むなしい眺めにわれを忘れては，内部にこそ見いだせるはずのものを外にもとめているのだと。同時に私は讃嘆の念にも打たれました。われわれの魂がもし，みずから堕落して自己本来の姿にそむきさり，神が名誉として授けたまいしものを変じて汚辱となすようなことをせぬならば，その高貴さはいかばかりであろうかと」[22]。

ここにペトラルカにおける「人間の尊厳」の主題が明瞭に説かれる。そのさい彼は道徳的高揚のために文化を利用し，そのモデルとして異教的ローマ文化を取り上げるが，自分の企てが基本的にキリスト教的性格をもっているのに疑いを懐くことはなかった。彼は真にキリスト者であり，深淵的に思索する宗教家であって，古典作家たちがそうでない点を明瞭に自覚していた。それは『わが心の秘めたる葛藤について』のなかで人間が自己不信と絶望に打ち勝つことかできるのは，信仰心の再生と恩恵による救済への信頼のほかにないと語られたことに表明されている。この宗教的な再生は精神的な尊厳を回復することを意味する。再生した者は神の霊に従う生きかたを採り，神が自分の霊に語りかける声に耳を傾ける。それゆえペトラルカは「霊がなにを勧めているのか，きみはわかっている。どれが道で，どれが逸脱か，なにをもとめ，なにを避けるべきかを告げているのがわかっている。救われたい，自由でありたいと切望するなら，霊に従いたまえ」[23]と勧告する。同じようにエラスムスも「霊となるように努めなさい」[24]と語る。

彼の人間の尊厳についての論考はルネサンスにおけるこの主題を先取りするものであった。それをもっとも集中的に論じたものは『幸運と不

22) ペトラルカ『ルネサンス書簡集』近藤恒一訳，岩波文庫，75，77頁。
23) ペトラルカ『わが秘密』近藤恒一訳，岩波文庫，262-263頁。
24) エラスムス『エンキリディオン』金子晴勇訳，「宗教改革著作集2」教文館，52頁。

運の治療法について』（De remediis utriusque fortunae）中の一節「憂愁と悲惨について」（De tristitia et miseria）に収められている[*25]。人間の尊厳に関する後代のルネサンスの思想家の議論は，さらに複雑な神学的概念や哲学的概念を含んでいても，ペトラルカが修辞学的な簡潔さをもって提示した二つの基本的論点がすべての議論の基礎にある。つまり神学や哲学の観点から言えば，人間の尊厳は人間の創造の性格と目的に由来し，またその結果としての「人間の地位」と世界における「人間の役割」に由来する。さらに人間は「神の像」として創造され，神の言葉の受肉によってその像は人間に回復されたのであるから，人間の尊厳は，神の像に本来備わっている神に向かって超越する自由と能力に由来する。また歴史と生存の観点から言えば，人間の尊厳はこの世における人間の個人や集団としての行為や創造活動に求められる。ここから人間のこの世における名声や偉大さが生じるが，この名声や偉大さこそ人類が発明し創造した高度な文化と文明に個人が貢献したことの証しである。

4　ロレンツォ・ヴァッラの聖書文献学

　14世紀から15世紀の中葉にいたるまで人文主義者たちはペトラルカに典型的に示されているように，キリスト教人文主義に立ち，教会の信条を否定しなかったとしても，神学と哲学とを思弁的に総合するスコラ神学には反感を懐いていた。ところが15世紀の中葉にロレンツォ・ヴァッラ（1405-57）が文献批判の方法をもって「コンスタンティヌスの寄進状」の誤りを指摘し，この文書はコンスタンティヌス皇帝の時代のものではなく，8世紀に作成され誤って信じられた偽造文書であることを実証し，教皇の政治上の至上権の歴史的妥当性を攻撃するにいたり，人文主義者たちは教会に対し批判的な姿勢をとるようになった。また，ヴァッラについて特記すべきことは『新約聖書注解』によって欽定ラテン訳聖書ウルガタの誤りを数多く指摘し，エラスムスが確立した16世紀の聖書文献学への道を開拓した点である。エラスムスはこの書を後に

25） De remediis utriusque fortunae, II, 93 参照。

自ら出版したばかりか,『校訂ギリシア語新約聖書』をも出版し, ウルガタの誤りを是正することによって宗教改革の進展に多大の貢献をするようになった。
　ヴァッラはキリスト教的人文主義との関連ではペトラルカの思想をいっそう進めて, 異教の哲学とたわむれる普通の正統派カトリック・ヒューマニストとは一線を画し, キリスト教と異教思想との総合に強く反対し, 理性と信仰, 哲学と神学とは調停しがたいことを主張した。彼の代表作『自由意志について』はこのような基本姿勢に立って論じられており, 哲学の誤りを指摘した上で聖書的見地から自由意志についてルターに近い判断を下すにいたった。
　ヴァッラが人間の本性について最も率直かつ明快に述べているのは, その著作『自由意志について』の初めのところで,「また確かに, よく検討してみると, 数多くの異端が存在していたと伝え聞いている時代において異端であったものはすべて, ほとんどが哲学的教義の源泉から生まれており, そのため哲学は最も神聖な宗教に役立たないのみならず, それに甚大な損害を与えたのである」[*26] と述べ, 今日人々は哲学を修得しなければ神学者になれないと思うほどの馬鹿げた考えに達したと批判する。これはルターによって反復される批判でもある。
　そこで神の予知と人間の自由意志が対立するか否かという問題提起がなされ, 神の予知と自由意志は一見すると二律背反に陥っているが, 予知はある事の生じる原因ではなく, 生じたこと, 生じていることを予知しているのであるから, あることが生じうるというのにはその反対の可能性も含まれていて自由意志の選択が認められた上で, 生じたこと, 生じるであろうことが予知されていると説かれた[*27]。それゆえヴァッラは神の予知と神の意志とを区別し, 自由意志は前者とは矛盾しないが, 後

---

26) Lorengo Valla, De libero arbitrio, in: Prosatori Latini del Quattrocento, ed Garin, p.524.
27) この事態を明らかにするためにセクストゥス・タルキニゥスとアポロンの物語が比喩として用いられる。つまりアポロンはユピテルの意志により定めたことを単に予知しており, これをセクストゥスに次のように告げることしかできない。「ひとりの神で実現され得なかったことが, ふたりの神によって実現された。両者とも自分の明確な特質をもっている。すなわち, 一方の神が人間に天賦の素質を創造し, 他方の神がそれを知り伝える特質をもっている。だから予知は必然性の原因ではなく, このことのすべては, たとえそれが何であれ, 神の意志に帰せられねばならないことは明らかである」(L.Valla, op.cit., p.550) と。

者とは矛盾的に対立すると主張した。神の予知と意志との相違は予知は単に知っているのにすぎないのに,「意志は神の知恵の下に横たわっている先行する原因をもつ」点にあり,この神の知恵は人知の及ぶところではなく,「神はその原因の隠された理由を,金庫の中に置くように,ある秘密のうちに置いたのである」[*28]。これに対する正しい態度は「ああ,神の知恵と知識の富はなんと深いかな。その審きは知りがたく,その道は計りがたい」(ローマ 11.33) という告白以外にはない。したがってここには理性的な解決は不可能であって,神の予定に対する畏怖と信仰しか残されていない。

このヴァッラの思想はエラスムスによってどのように評価されたのか。エラスムス『自由意志論』のなかで使徒時代以来自由意志を全面的に否定したのはマニとウィクリフのほかにいないが,これに同意するように思われるヴァッラは神学者のあいだで権威をもっていないと言いながらも,一方で予知と神の意志を区別している彼の見解にも言及し,予知と自由意志とが両立しうると説く点で彼を評価する[*29]。

ヴァッラは『真の善について』(De vero bono, 1432) において人間の本性について論じ,まず徳によって癒さなければならないこの世の悪についてのストア学派の嘆きを対話形式によって紹介し,次いでエピクロスの人生の目的としての徳の否定と快楽の賞讃を語り,最後に人間にとっての真の善として天上的快楽を挙げてキリスト教を擁護した[*30]。一般的にはエピクロス派は「放蕩者」「好色家」「不敬虔者」と同義に理解されてきたが,ルネサンスの時代では肯定的に評価された。彼はストア派,エピクロス派,キリスト教の三者の道徳説を論述しているが,ストア派やエピクロス派の概念が本来の意味と一致せず,用語の厳密さを欠

---

28) Lorengo Valla, op.cit., p.556.
29) これに対しルターは『奴隷意志論』でヴァッラを自己の立場と同じ味方として認め,ウィクリフとアウグスティヌスと並べて高く評価した。彼は『卓上語録』で次のように称賛している。「ロレンツォ・ヴァッラはわたしが調べてみて発見した最善のイタリア人である。彼は自由意志について立派に論じている。彼は敬虔においても文芸においても同時に単純さを追求したのである。エラスムスは敬虔において彼を軽蔑しているのと同じだけのものを文芸においても軽蔑している」(WA.Tr.1, Nr.259; Z, Nr.1470; 3, Nr.5729)。
30) この思想はエラスムスを先導したものであった。これに関しては本書第 5 章の「エピクロス派の研究」を参照。

いている*31。

5　ファーチョとマネッティの「人間の尊厳」

バルトロメオ・ファーチョはヴァッラを模倣しながらそれを反駁した著作『人生の幸福について』（De vitae felicitate, 1445/6）を書き，そのなかでエピクロス主義を批判してストア主義を擁護し，さらに人間にとっての真の善をキリスト教的ストア主義の観点から導き出し，それは悲惨なこの世で有徳な自制の生活を送った後に，人間の不滅の霊魂が原初の天上に帰ることにあると主張した。こうして人間の本性と世界におけるその地位の問題が主要な関心事となり，それによって「人間の尊厳」の主題は全く新しい形で取り上げられるようになった。

ところでファーチョは，1447 年にモンテ・オリヴェトの修道院長アントニオ・ダ・バルガから人間の尊厳についての論文（『人生の尊厳と卓越性についての小論』（Libellus de dignitate et excellentia humanae vitae）を送られた。バルガはファーチョに対して，この小論を手に入れて人文主義的な洗練さと優雅さを加味し，かつてインノケンティウス 3 世が約束して果たせなかった「人間の尊厳」についての論文を作成するように依頼した。ファーチョはそれを承諾し，『人間の卓越性について』（De exellentia hominis）を 1448 年に完成させ，時の教皇ニコラウス 5 世に献呈した*32。この著作は一般に歴史家たちの大部分が注目したように，深く宗教的で神学的な趣旨においてこの主題を論じており，「人間の尊厳」についてルネサンス人文主義の最初の作品となった。

このファーチョの著書に続いてすぐに，ジャンノッツォ・マネッティの遥かに洗練され豊かな学殖によって満たされた人間讃美の著作『人間の尊厳と卓越性についての四巻』（De dignitate et exellentia hominis libri

---

31)　クリステラー『イタリア・ルネサンスの哲学者』佐藤三夫監訳，みすず書房，42–50 頁参照。

32)　だが，アントニオ・ダ・バルガには全く言及されていない。ファーチョの論考はバルガの構想に忠実に従っているが，増補と変更が加えられている。内容としては修道院的で中世的なインスピレーションによるものであって，15 世紀のイタリアの一修道士が，彼の時代の人文主義の文化から影響を受けながら，人間の尊厳について書いたとえよう。

IV）が現われた[*33]。

　人間の尊厳についてファーチョの著作よりも重要でその内容が豊かなのは，マネッティによるこの著作である。彼は人間の尊厳に関するあらゆる伝統的な宗教的議論を取り上げ，それにキケロの『神々の本性について』およびアリストテレスの『霊魂について』や『倫理学』などの古典を参照しながら論じた[*34]。彼が新たに人間の概念を明確にしたとしても，それはすでにペトラルカ，サルターティ，ヴァッラによって示唆されていたもので，ギリシア，ラテンの古典作家や教父たちの文献から支持されうるような内容であった。彼はギリシア思想に由来する人間の尊厳をキリスト教と統合すべく試みたのであるが，その方法は神学的であるよりも，人間学的であって，人間の尊厳を人間の自然的条件とその世界認識さらにその理性の技術と才能の視点から考察した。その内容についてマネッティ自身は次のように語っている。「第一巻においては人体の優れた長所について，第二巻においては理性的霊魂のあの独特な特権について，第三巻においては，人間全体の驚嘆すべき役目について，できるかぎり入念にかつ精確に説明した。……その第四巻では，死の讃美と人生の悲惨について，多くの有能な著者たちによって書かれたと知っていた事柄を，反駁せんとした」[*35]と。そこでこの順序にしたがって彼の思想を要約してみよう。

　人間の身体について　　カトリックの博士たちの見解によると全能の神によって地の泥からつくられた人間の身体は，最初の人間が罪を犯し

33）　マネッティは，ファーチョが自著をニコラウス 5 世に献呈したことを知ったナポリのアルフォンソ王から，この著作を書くように勧められた。この著作は 1452 年末ごろには完成した。それが現在手稿本として残っているものである。ところが前述のアントニオ・ダ・バルガは，1449 年の別の自著において，マネッティが『アントニオ・ダ・バルガにもとづく人間の尊厳について』(De dignitate hominis ad Anthonium Bargensem) を執筆したと証言している。そうするとバルガは間違いなくマネッティの友人で，彼にも著作するように依頼したといえよう。ただしこの先に書かれた方の作品は現在まで伝わっていない。

34）　彼はラテン，ギリシア，ヘブライの哲学，神学，聖書解釈学に関する膨大な書物を所有しており，しかもこの三か国語すべてで読むことができた。彼はフィレンツェの商人，政治家，市民的人文主義者で，教皇ニコラウス 5 世とアルフォンソ王の両者の顧問役を務めている。

35）　マネッティ『人間の尊厳と優越について』『ルネサンスの人間論』佐藤三夫訳，有信堂，1984 年所収，68 頁

たとしたら，一部は死すべきものであり，またもし罪を犯さなかったならば，一部は不死なるものとして創られた。人間の始原の状態は，もし彼らが望んだならば，死なないように創られた。ところが人間は罪を犯すことによってその原初の状態から落ちて，死の掟にまでに堕落し，衰弱してしまった。だが光栄ある復活の恩恵によって人間はもはや死なないものとなる。身体の虚弱や病苦は，その本性によってではなく，むしろ罪の汚れによって引き起こされた。これらすべては，神からでも，身体の本性からでもなくて，罪から生じたことが分かったから，死を讃え，それを肯定する世俗の著作家たちの嘆きのすべてはやめるべきである」*36。

魂について　ギリシアとローマの思想家たちの多くは魂が存在しないとか，身体的なものであるとか，物質の能力から派生したものだとか，身体と同時に滅びるなどと主張した。それに対しキケロは，真理と一致して，また結果的にはカトリック的なキリスト教信仰と一致して，魂の神的起源を説いた。「魂の起源は地上にはまったくない。……魂の力はまったく神的なものであって，もし神からでないとすれば，それらはどこから人間にやって来うるのかわれわれには分からない。それゆえ魂の本性や力は，普通の知られている自然物から区別された，特異なものである。こうして感じたり，知ったり，生きたり，生気があったりするものは，どんなものであろうと，天的で神的なものであり，したがって必然的に永遠なものである」*37。彼はキケロと同じく魂の神的起源を強調した。

---

36) マネッティ前掲訳書，78頁。ともかく，あまりに悲しんだり，不愉快になったり，頑固であったり，繊細であったりするのでなければ，この日常生活において人は難儀よりもはるかに多くの快楽をもっていると，楽天的に彼は考えている。それゆえ，人間は生きている間に，労苦によって悩むよりも，かの快楽を味わうとするならば，嘆き悲しむよりも，むしろ喜び慰められるべきである，と彼は主張する。こうして彼は教皇インノケンティウスに反論し，「人間の働きは，他のものたち，風や遊星や恒星等々よりも高貴である限り，確かに他のすべてのものの働きよりも遥かに卓越しており優れていると見られるべきであった。この思慮深くて賢い理性的動物は駄獣や家畜よりも，遥かに高貴な身体をもっていた。なぜなら行動し，語り，理解する働きに，人間は遥かによく適合していたからである」（同82頁）。

37) キケロ『トゥスクルム談論』1,27.66. マネッティ前掲訳書，84-85頁。

人間の優美について　　教皇インノケンティウスは人間について「彼は裸で生まれ，裸で帰る。貧しく来たり，貧しく去りゆく」と言う。だが，マネッティによると人間はその優美さのゆえに生まれ，自然は最も美しい作品であり，また最も見事な人体を衣服でかくしたりしない，と人体の美を賛美している。

「これに対し人間が優美であるためにこのように生まれてこなければならなかった，と答えよう。もしわたしたちが野獣のようにさまざまな異なった毛皮を覆いまとって生まれたならば，その外観はどれほど見苦しくどれほど醜怪なものであったか十分に言い表わされえなかっただろう。人間的種子の快楽から起因したわれわれの身体的組成の優越性のためにも，別な仕方で起こったり生じたりしえなかった。だがたとえ別なようになりえたとしても，自然はそれ自身のすべての作品の中で最も美しい作品である人体を，しかも自然によって驚くべき仕方で作り上げられた確かに最も姿形のよい仕事である人体を，他の衣服で隠すようなことは決してしなかっただろう。こうして多分その美しさは不適当な下らない被いで覆ったりされなかっただろう」[38]。

この優美は人間の卓越性つまり尊厳を表わす概念である[39]。

報奨と劫罰の苦悩　　マネッティにとって万物は神のなかではあたかも真昼の光よりも明らかに光り輝いており，祝福された生命の褒賞はこの見神であり，反対に悲惨な，劫罰に処せられた人間の罰は，その見神の欠如である。「神を見るというこのことが祝福された生の報酬のすべてであり，反対に神を見ることの欠如が罪に処せられた悲惨な人々の罰なのだと，カトリックの博士たちが彼らの教理においてきわめて明らかに表明したのであるから，かくも測り知れない，かくも無限なこの喜び

---

38) マネッティ前掲訳書，94頁。なお，こうも言われる。「教皇インノケンティウスの論議の第一の主要な基礎は，あらゆる人間の誕生に関することである。かれはそのことをその著書の初めに置いてこう言った。すべての者は自然の悲惨を表明するために，泣きながら生まれる。すなわち，かれらはエヴァから生まれるかぎり，男はハーと女はヘーと言うのだ，と」。これに対してヘブル語の語源による批判がなされる（同頁）。

39) 金子晴勇『ヨーロッパの人間像――「神の像」と「人間の尊厳」の思想史的研究』知泉書館，30-34頁参照。

について，われわれは更に何を言うことがあろうか」*40。それゆえ彼は神の掟を勤勉に，かつ，厳格に守るように勧める。その掟を守ることによって永遠の天国へと魂は昇ることができる。各人がその能力に応じてそうしたことを行なうよう心がけるならば，現世の特権と永生の恩典とをともに得るであろうと彼は勧告する。

　マネッティによって「人間の尊厳」の内実と宗教的な意義とはこのように優れた思想にまで高められた。この傾向はさらにフィレンツェの新プラトン主義者たちによって強調された。

6　新プラトン主義者フィチーノとピコ

　15世紀の後半のイタリア・フィレンツェにおける哲学の傾向は，次第に新プラトン主義の思潮によって支配されるようになった。その活動の中心はいわゆるフィレンツェ・アカデミーであって，その創立者はマルスィーリオ・フィチーノ（1433-99）であり，その仲間にはピコ・デッラ・ミランドラ（1463-94）やこのサークルに所属した会員たちが輩出して，文筆活動によってその思想は華々しく表明された。実際，初期の人文主義者たちの関心は，広く文学的であり，哲学思想の方は全体として道徳の分野に限られており，思想的にもまとまりを欠いていた。それに反してフィチーノやピコは広い分野に関心を懐きながらも，古代や中世の哲学の原典や学説，その用語法や方法論にも通暁していた。フィチーノやピコと初期の人文主義者たちとの関係は「人間の尊厳」に関しても密接な繋がりをもっている。彼らは人間とその尊厳に対する深い関心を，彼らの先輩である人文主義者たちと分かち合い，また彼らから学んでいる。だが彼らはこの概念を，初期の人文主義者たちに見られなかった観点から新たに構想した。それは「宇宙における人間の地位」という形而上学的視点から組織的に人間を把握したことに明らかである。

　40）　マネッティ前掲訳書，101頁。

6　新プラトン主義者フィチーノとピコ

(1)　フィチーノの人間論

　15世紀の後半に活躍したフィレンツェのプラトン主義者フィチーノはプラトンの全著作をラテン語に翻訳し,『饗宴』と『ピレボス』の注解書を書き, 大作『プラトン神学』を完成した。まず彼の思想の人間学的特質を指摘してみたい。彼はプラトン主義の形而上学的体系を導入することによって「宇宙における人間の地位」を確定した上で, ここから「人間の尊厳」という主題を追求した。彼によると人間は身体と魂とから成り立っており, 物体界と知性界との中間に位置し, 神や天使の下にあっても, 質料や物体の上に位置する。人間の魂は上なる知性界に関わり, 神との類似性をもち, 神に至ろうとし, あらゆる善を実現しようとする。

　フィチーノはここから知性や理性が, 身体や物体に依存しないで, 自由に選択し, 物体界を超えて知性界に向かい, 神という無限の完全性に近づくことを説き, ここから人間の尊厳を明らかにする。このような人間の尊厳の基礎が知性や理性の活動に伴われている選択行為という自由意志の働きのなかに据えられていることにわたしたちは注目すべきである。これが人間の本来の姿である。ところがこの高い理想に照らして現実を顧みるならば, 人間はもっとも悲惨な存在であることが知られる。こうして人間の尊厳と悲惨の同時性が人間存在の矛盾として次のように語られた。

　「実際, 人間ほど不合理なものを思い浮かべることはできない。人間は, 理性のために動物たちのなかで, 否, 天の下にあるすべてのものの中で, 最も完全なものである。始原からわたしたちに授けられているかの形式上の完全性に関しては人間は最も完全であるとわたしは言う。同じ理性のために, 人間は, 最初の完全性がそこへ到達するようにと授けられる, あの終極の完全性に関しては, 最も不完全なものである。これはかの最も不幸なプロメテウスであるように思われる。彼はバッカスの神的な知恵によって教えられて, 天の火を理性を用いて手に入れた。このことのために彼は, 山の最も高い頂において, すなわちまさに観照の頂点においても, 最も貪らんな鳥が絶え間なく彼に噛みつき, 探求の苦痛の中にあるゆえに, す

べてのものの中で最も悲惨なものと,正当にも判断されている」[*41]。
　しかしフィチーノは,マネッティが行なったようには,人間とその尊厳についての論題に関する著作を書き残さなかった。とはいえ彼は主著『プラトン神学』の中で,この問題を十分に論じている[*42]。そこには人間の尊厳についての有意義な思想が表明されている。彼はマネッティと同じく,人間の魂が神性を有していることを解明する。その際フィチーノは学芸や政治における人間の有能さを詳細に叙述する。彼はまた物体的世界と非物体的世界との間に人間の霊魂を中間的な地位を占めるものとして置く。そして彼は理性的な魂が,神と天使たちとの下であっても,物質と物体よりも上位に立って,これらを支配すると説いて,新プラトン主義の五段階説(一者・ヌース・魂・身体・物質)を新たに再構成する。さらにフィチーノは人間の魂の普遍性を力説しながら,そこに人間の魂と神との根本的な類似性を洞察した。魂は真理をすべて知ろうとし,善をすべて実現しようとし,すべてと成って最大存在と最低存在の両者を生きることができる。こうして魂は神となろうと志すのであり,ここにこそその神性が認められる。だが,それにもかかわらず魂は神に劣っている。なぜなら神は現実にすべてであるが,霊魂は単にすべてとなろうとするにすぎないから。このような宇宙における中心的な存在と普遍性によって人間の優越が基礎づけられた[*43]。この思想はピコによって劇的にかつ鮮烈に表明され,そこにわたしたちはルネサンスの宣言を明瞭に読み取ることができる。

(2)　ピコ・デッラ・ミランドラの『人間の尊厳についての演説』
　ピコの人間観に目を向けると,彼がその年長の友フィチーノの学説に従いながらも,重要な幾つかの点でそれを修正しているのがわかる。ルネサンスにおける「人間の尊厳」という主題についていうと,それはピコの『人間の尊厳についての演説』(Oratio de hominis dignitate, 1468)

---

　　41)　M.Ficini Epistolarum Liber II, Quaestiones quinque de mente,Opera Omnia,Basilea 1576, I, p.677.
　　42)　フィチーノの『プラトン神学』は1482年に出版されたが,すでに1474年以前には完成していたようである。
　　43)　詳しくは金子晴勇前掲書,124-127頁参照。

によって完璧な表現に到達している[*44]。フィチーノが宇宙の存在段階を通して人間の超越性を説き，人間はその段階のいずれにも属する自由をもち，自発的な選択によって自分自身の存在を決定できると述べたが，ピコはこの学説に独得のドラマティックで修辞学的な先鋭さと鮮明さを付与し，それを補強するために歴史，宗教，魔術，思想などのさまざまな伝統に見られる神に到達しようとする人間の努力を付加し，フィチーノよりも遥かに広範な領域にわたってそれを基礎づけた。

　人間の尊厳の主題は古代以来「創世記」の第1章26節の解釈という形で伝えられてきた。ピコは『人間の尊厳についての演説』の中で神の人類創造の方法やアダムについて註釈しており，さらに1488-89年の『ヘプタプルス』(Heptapulus) においてもその形式を踏襲した[*45]。そこではピコは新プラトン主義の宇宙論と人間論を展開するが，その学説はフィチーノと同様に新プラトン主義的要素を含む中世ユダヤ教の魔術的伝統，つまりカバラ思想によって著しく変更されている。こうしてピコは，人間の尊厳の主題をヘクサエメロンの伝統に復帰させると同時に，この聖書解釈学の伝統を新たにカバラ，ヘルメス，アヴェロエス，新プラトン主義などの思想によって一新した。

　人間とその特殊な性格の位置づけを説明するために，ピコは創造の瞬間を叙述する。全宇宙の創造を終えた神は，世界の諸根拠について省察し，その美を愛し，その雄大さを感嘆することのできる存在をつけ加えることを決心し，このようにして人間の創造に着手された。創造者はすべての賜物のなかから意志によって決定できる者として人間の本質を定めた。このため人間は明らかに定められた特定の本質や本性をもっていない。彼は天のものでも，地のものでも，死すべきものでも，不滅のも

---

44) この演説は彼がローマで自説を支持しようとして提出した「九百の命題」についての公開討論における序説となる「演説」として書かれた。教皇庁の委員会が「九百の命題」の中で異端的なもの，あるいは異端的解釈に傾いたものを幾つか見いだすと，教皇インノケンティウス8世はそれらを非難して討論を禁止した。このようにして『演説』はついに発表されなかった。またピコの生前には公刊されることもなかった。それにもかかわらず彼は1487年に公刊された彼の提題の弁護のなかで『演説』の一部を用いた。そして元の演説は死後少し経ってから甥によって出版された彼の著作集のなかで公表された。ピコ『人間の尊厳についての演説』佐藤三夫訳，『ルネサンスの人間論』有信堂，1984年所収，222頁参照。

45) この著作は，伝統的な『ヘクサエメロン』が天地創造の六日間についての注釈であったが，それに神の安息日である7日目を付け加えた註解を指す。

のでもなくして，自分の意志を用いることを通してこれらすべてのものと成りうる。人間は植物や，動物や，天の存在や，天使となりうるし，あるいはまた神自身との合致にまで自分を高めることができる。このため人間は自分自身のなかにあらゆる可能性をもっている。それゆえ彼に授けられた課題は，生命のより低い諸段階を乗り越えて，神へと自分を高めるという超越である。ピコはその人間論をもっとも簡潔に次のように表現した。神はアダムに向かって言う。

「汝はいかなる制約によって抑制もされないで，わたしが汝をその手中においた汝の意志決定にしたがって限定された自然本性を自己に対して決定するであろう。わたしは世界の真中に汝をおいた，それは世界のなかにあるすべてのものをそこからいっそう容易に考察するためである。わたしは汝を天のものとも地のものとも，死すべきものとも，不死なるものとも創らなかった。それは汝が自由で名誉ある造り主また形成者のように，自分が選んだどのような形にでも汝自身を造りだすためである。汝は堕ちて獣の世界である低次のものとなることも，神的なものである高次のものに自分の心の判断により再生されることもできる」[*46]。

これに続けて「おお，父なる神のこの上なき寛大さよ。人間のこの上なき，驚嘆すべき幸福よ。人間には自分が選ぶものを所有し，自分が欲するものとなることが許されている」と述べられる。ここに自己の最大の可能性に向かって決断できる人間の尊厳が説かれた。

では「自己の最大の可能性」とは何を意味するのか。多くの可能性の間で自分の本性を選択するという人間の自由の主張は，すべての選択が同様に善であって望ましいということを意味しない。それとは反対に，これらの可能性の間には明らかな順序や序列がある。そして彼に近づきうる生の最高の形式を選ぶことは，人間の課題であり義務である。だが人間の尊厳は彼の選択の自由のなかにある。なぜなら彼に開かれているさまざまな可能性は，最高の可能性を含んでいるからである。それゆえ彼の尊厳は，最高の可能性が選択される時にのみ実現される。このようにピコの思想は道徳的および知的な二者択一の見地から展開する。人間

---

46) G. Pico della Miranda, De hominis dignitate, ed. Garin p.104-05, 前掲訳書 207 頁。

の優越が実現されるのは，彼に与えられた道徳的および知的な生の最高形式を選択するときだけである。またこの優越が彼の本性に属するのは，この本性がその可能性のなかにあの生の最高形式を含むという意味においてだけである。さらにこの最高形式が神との関係に求められるところに「人間の尊厳」という主題はキリスト教の「神の像」に接近していく。このことがピコにおいて明瞭となる。

　ピコによると生の最高形式に向かう超越は，イスラエルの神殿の構造，つまり前庭・聖所・至聖所の三段階を経て，しかもそれぞれ道徳哲学・自然哲学・神学によって，人間の三段階である意志・知性・霊が導かれることによって成立する。この最終段階の哲学と神学との役割について彼は次のように語る。

　「彼らがこの聖所のなかに入るのをゆるされた後に，ある時は神の高御座にある多彩な，つまり神々しい衣装を，ある時は七つの光により飾られた天の燭台を，またある時は皮でできた天幕を，哲学の司祭職によって観照するであろう。こうして最後に神学の高き功徳により神殿の中にまで入るのをゆるされ，神の御姿を，妨げている顔覆いなしに，彼らは神性の栄光を見て楽しむであろう」[*47]。

　彼はこのように生の最高形式を神との関係において捉えた。その際，彼が志した魂の無限な追求と努力の中にルネサンスにおける人間学の基本的な特質が明瞭に姿をあらわしている。「生命は，その全き多様性をもって自己を自己のうちに中心をもつものとして現われ，同時にそれは無限なるものへ，世界を超えたものへ向かうこの方向性――それは生命の起動力自身のうちにおかれている――を保っている」[*48]。

　このような世界を超えて無限に上昇しようとする魂の運動は近代的主体性の根源に見られるものであり，一方において神性の意識を生みだし，他方において自律的な自由意志を確立して来たものである。

47）Pico, op.cit., p.120, 前掲訳書 215-216 頁. 訳は変更されている。
48）B.Groethuysen, Philosophische Authropologie, S.144.

7 ルフェーヴルとコレット

　ルネサンスの「人間の尊厳」論をこれまでイタリアの人文主義者たちによって考察し，その特質を明らかにしてきたが，16世紀の初頭には，フランスとイギリスの人文主義者たちが，フィチーノやピコの直接・間接の影響下にそれぞれの思想を形成しはじめていた。これらの人文主義者のなかから，エラスムスに影響を与えたフランスのルフェーヴルとエラスムスの親友コレットだけを取り上げて，その人間観を検討してみたい。

(1) ジャーク・ルフェーヴル・デタープル
　ルフェーヴル（別名ヤコブス・ファベル，またファベル・スタピュレンシス，1450年頃—1536年頃）はパリ大学ソルボンヌ神学部で学んだ後[*49]，ピコに会うためにイタリアに旅行し，フィチーノやピコから人文主義の精神を学んで帰国し，パリでアリストテレスの注解書を数多く出版してから聖書文献学に転じ，『詩編の校合本』（1509年）や『聖パウロ書簡校注』（1512年）を表わし，エラスムスのギリシア語とラテン語対照の『校訂ギリシア語新約聖書』（Novum instrumentum, 1516年）に先立つ先駆的業績をあげた。ルフェーヴルの文献学的研究はエラスムスに多大の影響を与えた。
　そこでわたしたちは『聖パウロ書簡校注』の中で「ローマ書校注」を取り上げ，その中でも人間観がよく現われていると思われるローマ書第七章の注解に限定して彼の人間観を考察してみよう。
　彼によると人間は魂と身体から成り立っていて，魂は神から直接引き渡され，身体は両親を通しアダムから来ている。このような神的魂には精神が働いて善を認識し，さらに意志が働いて善を意志する。彼は言う，「したがって神から直接引き渡されたすべての魂は，意志決定の力を天

---

49)　ルフェーヴルはパリ大学で学位は取らなかった。「彼は世紀末において抽象的な神学よりも，隠者や神秘家の夢想に魅力を感じていた人々の一人であった」（ルノーデ）と言われる。

使のように所有しており, これによって自己の方に曲げることができる。またアダムの肉に, 奴隷のように, 自発的に結びつけられると, 奴隷の状態に服し, 義務に拘束される。……しかし, このような奴隷のような義務からキリストの恩恵は解放したもう」[*50]。このように自己自身へと歪曲した意志によって罪は犯される。この罪の結果, 魂は病めるものとなり,「罪の情念, つまり有害にして非理性的なむさぼり」が律法によって挑発されて支配するに至り, 精神も弱くなっている。

> 「罪は最初の両親からではなく自分自身の自由意志からまた自己自身への歪曲性からきている。だからわたしたちは不信心や異端その他の罪が最初の両親によってどの人のうちにも植えつけられているとみなすべきである。なぜなら, わたしたちは魂をアダムからではなく, 神から受けとっているのであるから」[*51]

人間の魂は神に由来しているゆえに善であるが, アダムから受け継いだ肉のうちに, 罪は現実的ではないにしても, 潜在的にひそんでいる。「こうしてすべてのアダムの子らは肉の罪をもって妊娠し生まれてくるが, それも現実的にではなく可能的にそうなのである。この可能性はその時に応じて自分の力を肉のうちに現わし, 御霊に敵対して多くのむさぼりを引き起こす」[*52]。このような潜在的状態は律法を契機にして顕在化し, ローマ書第7章は律法の命じることをなしえない自然的人間の状態を表現している。このようにルフェーヴルは人間について解釈する。それでは「古い習慣の汚れ」といわれる現実化した罪はどのようにして清められるのか。そのためには律法によって教育され, 洗礼によって古い自己に死に, 花婿なるキリストに結びつくとき, 魂は清められて永遠の生命に至る。このキリストによる義認はキリストとの神秘的合一によって生じる。

> 「キリストの肉とわたしたちの肉とはどのように結合されるのか。たしかにわたしたちがキリストの尊い身体を受けとるごとに, わたしたちの肉はキリストの肉に, わたしたちの霊はキリストの霊に結合され, キリストにあって一つの肉, 一つの霊とわたしたちは成り,

---

50) Jacobus Faber Stapulensis, Epistolae Pauli apostoli, Paris, 1512, 86 Com.
51) Jacobus Faber, op. cit., 86 Com.
52) Jacobus Faber, op. cit., 85 Com.

もはや肉に従って歩まず,霊に従って歩むようになる」[*53]。また「こういう仕方でわたしたちの肉がキリストの肉との類似を生むようになるなら,キリストの恩寵と霊によって生きる〔わたしたちの〕霊は遥かに高い程度において御霊に似てくる」[*54]。

ルフェーヴルはベルナールに由来する花嫁神秘主義の用語を用いてキリストと魂の合一をこのように説明している。この合一は後半の引用によって明らかなようにキリストとの類似にまで高まることを目ざし,「神の像」としての人間のあり方を追求する。この花嫁神秘主義にはジェルソンを通してフランスに行き渡っていた「新しい敬虔」の影響が感知される。だが,そこには同時に自由な主体的な信仰を介して倫理性の高みに達しようとする姿が明らかとなる。ルフェーヴルはエラスムスと聖書釈義上の対立はあったが,人文主義者として時代批判をたえず進め,フランソワ1世の庇護を得て活躍し,エラスムスよりもいっそうルターの宗教改革に接近していった。

(2) コレット

次にイギリスにおける人文主義の運動に目を向けよう。イタリアの新しい学問を身につけ,オックスフォードでパウロ書簡を講義し,聖書の文献学的研究を確立したコレットは,ロンドンの聖パウロ大聖堂の首席司祭となり,友人のエラスムスと同様,穏健な教会改革を実行した。その思想は1496年から開始されたパウロ書簡の講義に明らかであり,フィチーノの影響が強く感じられる。この講義のなかでも『ローマ書講義』にもとづいて彼の人間学の特質を考察してみたい。

彼によると人間は魂と感覚的身体 (anima et corpus sentiens) から成り,前者はパウロによって内的人間と呼ばれ,後者はプロティノスの言葉で言い表わせば人間の動物的部分である[*55]。アダムは自ら意志してあざむく感覚の奴隷となり,神から離反したので,この人間の動物的部分が全人類を支配するようになり,人類は悲惨な状態に陥った。このように述

---

53) Jacobus Faber, op. cit., 86 I-87 Com.
54) Jacobus Faber, op. cit., 85 Com.
55) J. Colet, Enarratio in Epistolam S. Pauli ad Romanos, An Exposition of St. Paul's Epistle to the Romans, p.146.

べてから人間の現実について次のように彼は語っている。
「その暴力と圧制によって，魂とあの弱い内的人間とは，アダムの不幸な破滅のため病気にかかり無力となったので，どんなに努力しても自力でもって解放し自由にすることはできなかった。実際，勧めを受けることも，自分の悲惨と奴隷状態についての認識において或る程度高められることも可能であった。またそのように高められてしばらくは僅かにその勧告者に従うことはできた。とはいえ，それを現実に実行すること，また善い勧告と戒めに従うことは，魂の弱さにとっては耐えがたいことである」[*56]。

コレットは現実の人間がいかに無力なもので，罪の奴隷状態に陥っているかを繰り返し詳しく述べてはいても，全面的に自由意志を否定するのではなく，ローマ書第7章が語る人間も，「善を意志しても，実現できず，義の勧告者なる律法を認めても，それに服従できない」と考える。こういう奴隷状態にも「自分の自発性によって」(sua sponte) 陥ったし，意志は働いていても実現できない「悲惨で破滅的な人間の状態と魂の悲しむべき奴隷状態」を彼は正確に捉えた[*57]。ここにコレットのキリスト教人間学が理解される。

さて，重い病いに深く冒された人は自分の病いを自分では癒すことはできないが，恩恵によって力を増し，病いから脱し，「かの内的人間を不幸な奴隷的状態から自由と善性へ引き上げる唯一の希望が残っている」[*58]。ここでいう「引き上げる」(rapere) は神秘主義的「拉致」を特徴づける表現であり，神の力によって拉し去られることを意味する。同様のことはまた次のようにも言われる，「人は律法によって勧められていっそう有効な救済を求め，神自身と恩恵のもとに逃れうるということに対して神と律法に感謝すべきである。というのは人はついに恩恵によって解放され，健康状態に回復され，救いたもう恩恵のうちにのみ休らうことができるから」[*59]。恩恵によって神自身の下に逃れることが，ここでは人間にゆるされている。

---

56) J. Colet, op. cit., p.146.
57) J. Colet, op. cit., p.150.
58) J. Colet, op. cit., p.147.
59) J. Colet, op. cit., p.148.

コレットは次に恩恵によって神の意志と人間の意志とは一体となることにより、人間は神にまで高まることを神秘主義の表現によって説く。神と人との関係は意志に先立って愛によって表現されている。「わたしたちのうちにある神の愛は、わたしたちに対する神の愛から喚起され、わたしたちを神が愛することによってわたしたちのなかに生まれる。だから、わたしたちが神を愛し返すのは、わたしたちを神が愛することによるのである」[60]。このように述べてからコレットはフィチーノの『プラトン神学』から愛の神秘主義を要約して語っていく。このコレットによると「愛は力と能力において信仰よりもはるかに優れており、人を高みに超越させ、神と結合させるためにはるかに効果的である」。この愛によって神と合一した意志は神への愛に燃え、新しい存在となり、下品な魂のうちにあった卑しい意志は神の愛の担い手となるが、「その意志は聖き愛であり、神の愛である」と意志が愛と同一視される。というのは神の愛は人間を改造し、神と似た状態に近づけ、地上における神として存在するからである。この神化は元来キリストにおいて見られるものであるが、コレットは「キリストによって人々は神のもとに呼び戻され、神々とされる」とまで言い、「キリスト者たち」と呼ばれるのではなく、ある仕方で「キリストたち」と呼ばれるとも語る。なお彼は予定説では神の計画は人間の意志によらないで、全く神の自由意志によるが、他方、「人間の本性と意志と自由決定に対しては神の摂理と意志とが、秘かに、快く、いわば自然的に伴われている」と説いて、人間の自由意志を全く否定することなく、決定論に与しなかった。ここにも人文主義者としての立場がつらぬかれている。

このコレットとの出会いはエラスムスに決定的方向転換を強いることになり、次の章で詳論するように、新しい歴史的使命の自覚へとエラスムスを導くことになる。

---

60) J. Colet, op. cit., p.155.

第2章
青年時代の思想形成

―――――

　16世紀初の四半世紀はエラスムスの世紀と言われているように、彼はプラトンが夢見た哲人王のようにヨーロッパ世界に君臨していた。彼はピコ・デラ・ミランドラよりもわずか3歳若かったにすぎないが、彼のうちに新しいルネサンス・人文主義の思想は完全な成熟段階を迎えており、これまでのルネサンス的人間にみられた衝動性と若者の感激性とを払拭するにいたった。この時代を代表するエラスムスの人間学説を検討するに先立って、彼が自己の思想をどのように形成したかをわたしたちは考察しなければならない。初期の思想は『エンキリディオン』においてまとまった形で表現されているが、そこにいたる最初期の思想についても人間論に関してだけは言及しなければならない。

1　少年時代と勉学期の教育

　エラスムスが最初に人文主義の文化に触れたのは、9歳のときデヴェンターの聖レブイヌス参事会の名門校に入り、「新しい敬虔」(devotio moderna)の兄弟団によって7年間教育を受けたことによると一般に考えられている。たしかにドイツのペトラルカと呼ばれたアグリコラの講演を彼は聞き、その弟子のヘギウスがこの学校の校長であったにしても、これら新しい敬虔の指導者に対する彼自身の評価は変化している。またその後スヘルト−ヘンボスで3年間兄弟団の宿泊所で世話になっていても、兄弟団の一員にもなっていないし、町の学校にも出席しなかったら

しい。彼は良い教師にめぐまれず，独学せざるをえなかったと思われる。ラテン語の力では教師たちに優っていたようであり，大学に進学したかったが，貧しいためその希望も空しく，16歳のときステインの修道院に入った。

　1492年に司祭に叙階されるまでのエラスムスの経歴に，はっきりとした日付をつけることはできない。すべてが曖昧か不確実かである。したがって次に述べる彼の青少年時代についての概況は決定的なものではない。一つには，1492年までは資料が乏しいというのが理由である。エラスムスの人生の最初の25年間についての資料は，30通ほどの手紙と同じぐらいの数の詩と，この時期についてエラスムス自身が後に述べた文章と，いくつかの彼の著作である。17世紀に出版された1524年までのエラスムスの短い伝記は，自叙伝だということになってはいるが，後に作成されたものである。これは珍しいことではない。これに対して普通でないのは，エラスムス自身によって提供された諸事実が，互いに全く一致しないということである。彼の誕生の年からしてそうである。彼の言説を信用するなら，彼が生まれたのは1469年とも1466年（あるいは1467年）ともなりうるのである。彼の父親ゲラルド（あるいはゲリット）は司祭だった。彼はロッテルダム近郊のゴーダという町のある女性と関係を持っていて，エラスムスの兄ペーターと，数年後にはエラスムスが生まれた。司祭の子供というのは決して珍しいことではなかった。ユトレヒト教区では，エラスムスが生まれた1世紀後に，約4分の1の司祭が多かれ少なかれ公に女性と暮らしていた。しかしながらこのような状況はエラスムスが少年期について明らかなことを何も述べず，覆いをかけることになった。彼は自分の出生を常に汚点として感じていた。彼の洗礼名「エラスムス」は，当時人気のあった14人の救難聖人の一人にちなんで付けられた。彼はそれに，自分の生地ロッテルダムに従って「ロテロダームス」（Roterodamus）を加えた。もっと後で加えられた「デシデリウス」（Desiderius）は，文学的な装飾である。

「新しい敬虔」と学校教育

　エラスムスの少年時代についてはあまり知られていない。彼はゴーダの学校に通い，その後数年間をデヴェンターの聖レブイヌス参事会の学

校に通った。この学校には,「新しい敬虔」(devotio moderna) に立つ教師たちが集っていた。devotio は「献身」や「敬虔」と訳されるが,それには中世を通して外的と内的との二重の意味があった。それは礼典とその挙行に関係していたが,この礼典は主に礼拝における愛と目的に由来している。「新しい」(moderna) は「現今の」とか「今の」と言う意味であって,現代的な「新しい」とは直接関係していない。これは14世紀の低地地方(ベルギー,ルクセンブルグ,オランダの総称)に興り,16世紀まで続いた宗教運動であった。その直接的な源泉は中世の敬虔(とくにサンヴィクトールのパリ学派の敬虔)とラインラントの神秘主義である。この神秘主義は女性神秘家ハデウェイヒ (Hadewijch,13 世紀前半) に発し,エックハルトを経て,リュースブルク (Ruusbroec,1293-1381 年) に至っている。この宗教運動を代表する思想家たちは伝統的な修道院の教えよりも,古くはクレルヴォーのベルナールやボナヴェントゥラ,新しくはジェルソンの影響を受け,宗教生活の聖性と厳格さを再建しようと志した。それゆえ「新しい敬虔は共同生活を営みながら,誓約を立てることなく,世俗にあってキリストの模範に忠実に従うことを強調した保守的で禁欲的なキリスト教であると,端的にに述べることができる」[*1]。

　この運動の創始者はヘールト・フローテ (Geert Groote, 1340-84 年) であった[*2]。彼はデヴェンターの裕福な家庭に生まれ,パリ大学文芸学部に学んでから聖職をめざすことになっていたが,1374 年に「回心」を経験し,カルトゥジア会修道院に短期間滞在して修練を積んだ末,謙遜から聖職を拒否した。だが,その後説教する資格を得るため助祭に叙階された。事実,その晩年を彼は説教者や宣教師として過ごした。彼はかなり過激な説教をおこなったので,教会当局からはあまり評価されず,44 歳で没した。しかし,このように短い生涯であったにもかかわらず,フローテは熱心な弟子たちの一団を形成することに成功した[*3]。

---

1) R. J. Schoeck, Erasmus Grandescens, 1988, p. 32.
2) ヘンリ・ポメリウス (Henry Pomerius) はフローテのことを「新しい敬虔の源泉と起源」(fons et origo Modernae Devotionis) と呼んでいる。
3) フローテの手紙を参照 (Deuotio Moderna.Basic writings,The classics of Western Spirituality, 1988, p.78-91)。

フローテの弟子たちが多く教えたことで有名になったデヴェンターの学校があった。ここではアレクサンデル・ヘギウス（Alexander Hegius, c.1433-98 年）が，短期間エラスムスの教師であった。1481 年からヘギウスはこの学校の校長であり，「新しい敬虔」の兄弟団の良き理解者であった。彼は著名なルドルフ・アグリコラ（Rudolph Agricola）よりも 10 歳年長であったが，このアグリコラからギリシア語を習ったと伝えられる。「わたしが 40 歳のとき，若いアグリコラのところに行って，彼からわたしの知っていることをすべて，あるいはわたしが知っていると他の人が考えたすべてを学んだ」と彼は告白している*4。この有名な人文主義者アグリコラは 1484 年には「キリストの哲学」（philosophia Christi）の術語を使用していた点でもエラスムスにとって人文主義の源泉とも起源ともなった。

1480 年台においては田舎の人たちにアグリコラは天才児のように尊敬されていた。イタリアのパヴィアで人文主義の教育を受けて，祖国に帰還した彼に若いエラスムスが会ったとき，彼はオランダの人文主義の化身のように感じられたであろう。伝説ではエラスムスが彼を「通りすがりに見た」（passing sight）と潤色されて語られているが，祝祭日にアグリコラがすべての生徒に講演をしたのを聞いたことであろう。その後もエラスムスは続けてアグリコラのことを聞いたり，出版されていない文章を読んだりして，彼を高く評価していた。たとえば彼は『格言集』のなかに「犬は入浴とどんな関係があるか」（Quid cani et balneo）という格言を採用したが，それは彼がルドルフ・アグリコラの記憶と愛情を記念するためであると述べて，「ドイツとイタリアの全土において彼は最高の公的名誉に値する。ドイツにおいてはドイツが彼の誕生を授けたがゆえに，イタリアにおいてはイタリアが彼を最大の学者としたからだ。アルプスのこちら側で生まれた者の中では誰も人文学的な賜物を彼よりも完全に多く授けられた者はいない。これは偏見なしに言われるであろう」と言う*5。彼は何冊かのアグリコラの著作を買い求め，死に至るまで手元に置いていた。

神学的な概念においてもエラスムスはアグリコラに負っているところ

---

4) R. J. Schoeck, op. cit., p. 45.
5) Erasmus, Adagia 339, ASD, II- I, 438.

は大きい。というのはエラスムスの神学的中心主題である「キリストの哲学」(philosophia Christi) という概念はアグリコラの『学問の形成について』(De formando studio, 1484) と関係が深いからである。この視点は古典的な知恵とキリスト教の信仰の間を媒介する思想と価値体系にとって重要であった。エラスムスはこの思想をアグリコラから直接受容したのか，それともヘギウスを経て間接的に学んだかは明らかでないが，アグリコラの「新しい敬虔」がイタリアの教師の教えと独自に融合した仕方でエラスムスに伝わり，哲学と神学における本質的に非思弁的でありながらも道徳的であるような生き方を導いたといえよう。「キリストの哲学」は思想としては単純であるが，実践するのには容易ではなく，道徳的であっても，禁欲的ではない。さらにそれはキケロに具現しているような古典的学問の役割を重んじているが，もちろん聖書の研究を推し進め，キリスト教の愛を強調する。そこでは信仰と学問へと本質的に傾倒していくようになる。このような共通点が両者には認められ，相違点はきわめて少ない。「ルドルフ・アグリコラのエラスムスに対する永続的な影響には疑いの余地がない。そこにエラスムスのアグリコラに対する大いなる忠誠が反映している」[*6]。

エラスムスは当時の「ラテン語学校」で普通に開設されていた諸科目を勉強した。なかでもラテン語と修辞学がもっとも重要な教科であった。弁証論の授業もあったが，これには彼はあまり関心を示さなかったようである。

1483年に母親が死に，それを追うように父親も亡くなったので，エラスムスの後見人は，彼と兄をスヘルトーヘンボスの学校に通わせた。その際，「新しい敬虔」の兄弟団によって営まれていた寄宿舎で生活することになった。この時期の生活に関して彼は「グルニウスに宛てた手紙」(1516年) で次のように言う[*7]。

「有能で才能に富んだ子供がしばしば蒙る災難なのだけれども，兄弟団の人々は知性が普通の人々よりも発達し，活発である子供を見つけると，このような子供の気迫をくじき，体罰を与え，脅かしたり，非難を浴びせたり，その他さまざまな策を講じて，彼らを意気消沈

---

6) R. J. Schoeck, op. cit., p. 45.
7) マッコニカ『エラスムス』高柳俊一他訳，教文館，1994年，17-18頁（訳文一部変更）。

させ，(兄弟団の人々は，このような行為を子供をなだめきかせることだと言い張るのだが) ついには，修道院生活を送るにふさわしい者にしてしまう。これこそが，兄弟団の人々の主たる目的なのであった。したがってこんな理由から，兄弟団はドミニコ会やフランシスコ会の修道士たちの間で人気が高かった。そして，まさに，この二つの修道会の修道士たちがその入会者を拾い出してくるのは，兄弟団の庭先からであったので，もし，兄弟団によって育て上げられた入会者がいなかったならば，彼らの修道会は，終わりを告げたであろうと彼ら自身が言っている」。

続いて兄弟団の教育の実情に触れ，彼は続け手言う，「個人的には，彼らのなかに価値のある人物がいることも認めるけれども，彼らは，最良の作家の著作がないことが災いし，彼ら独自の慣習と儀式によって，自らが作り出したくらやみのなかで生活しているので，……彼らが若者に,学問教育を施せるとはどうしても思えないのである。いずれにせよ，ここほど，粗末な教育を受け，性格を歪められた若者をつくりあげる所はないということを経験が物語っているのだ」と述べている。

この嘆きは人文主義者たちのよく使う概嘆のことばではあるが，真実であろう。エラスムス自身の言葉に従うなら，彼は物覚えの悪い生徒で，大体において授業内容も粗末なものであった。彼はとても神童といえるにはほど遠く，その人生の最初の30年間というものは，特別の才能を何も発揮していない。

エラスムスは大学へ進学したかったが，彼の後見人たちは，孤児となった兄弟がお金のかからない宗教界に入るように取り計った。そこで1487年，兄弟は二人とも修道院に送られた。エラスムスが入った修道院は，アウグスティヌス修道参事会に属するゴーダ近郊の町ステインの修道院である。

修道院時代

修道院時代からは，エラスムスをもう少しはっきり把握することができる。彼は自分の意志に反して，修道院に移されたのだろうか。後に彼はそのように主張し，金銭欲から行動したに違いない彼の後見人たちにその責任を押しつけた。しかし事実はおそらく20歳に達したばかりの

青年には将来の展望が開かれず，ラテン語と文学的才能は抜群であっても，そのほかに何らかの有能な才能とて見つけることはできず，修道院に入りたい理由はとくになかったと思われる。それゆえ，両親の死によって経済状態が窮迫したゆえになかば強制的に修道院に入ることを余儀なくされた。ところが修道院での生活に対して彼は嘆いているが，祈祷・徹宵・労働からなる厳しい生活は事実相当つらかったであろう。それに耐えるには，どうしても身体が強壮でなければならなかったのに，彼はそれほど健康に恵まれず，しかも世事に疎くて未熟な青年にとって，この生活はますます耐えがたかったことであろう。修道生活は厳しい規則のもとに上長によって指導され，最高の徳として謙遜と従順と不断の自己統制を要求し，黙想と典礼によって完全に管理されていた。修道院時代の手紙が残っているが，それは修道院内外の運命を共にする仲間たちに宛てられたもので，志を同じくする人たちがいたことを示している。その手紙はまずもって文学的な作文の練習と思われるが，同時にそこには深い友情が証言されている。

「かけがえのない親愛なるセルヴァティウス！　ぼくの目より，ぼくの魂より，結局ぼく自身より君のことを愛しているくらい，それほどぼくの君への愛はいつも変わらずこんなに大きいのに，一体何が君をそんなに冷たくしてしまったのですか？　君は，君をこんなにも愛している人間を，もう愛してくれないばかりか，尊敬もしてくれません」[8]。

このようにエラスムスのある手紙は始まるのだが，彼はその後もずっとこの調子で続け，古代著作家たちの美しい引用句でもって時々紛飾する。この種の手紙が他にもいくつか残っている。15世紀には感傷的な友情が流行だったとホイジンガは指摘している[9]。その後の経験からエラスムスが学んだのは，相手にそれほど開放的に向かってはいけないということだった。なぜなら，そのようにあけっぴろげにすることによって，自分が傷ついてしまうからである。エラスムスは次第に閉鎖的になっていった。

当時オランダにゆきわたっていた人文主義にもとづく文化をエラス

---

8)　Allen, EP. 7, 1-4.
9)　ホイジンガ『エラスムス』宮崎信彦訳，筑摩書房，1965年，20頁。

スが吸収したのは，一般に考えられているようにデヴェンターの学校教育によって修得したというよりも，彼自身の精神的努力と，例外的ともいえる文学的才能によって自分のものにしたといえよう。したがって「ステインのアウグスティヌス修道会に入会するという強い誘惑を感じた理由は，彼らが立派な図書館をもっていたことにあった。ルターが修道院に入ったのは，善いわざによって自分の魂を救うためであったが，エラスムスの場合は，立派な書物によってその精神を啓発するためであった」[*10]と言うことができよう。

2 『現世の蔑視』

修道院に入ったころ，エラスムスは若い人々に対して修道の生活をすすめる文章を書いて欲しいとの依頼を受け，『現世の蔑視』（De contemptu mundi）という小冊子を書いた。その内容は自分が行なったように修道院に入って閑暇のある静穏の日々を多くの読書のうちに過ごし，真の歓びを見いだすように友に勧めているもので，書簡体で書かれている。中世以来の「現世の蔑視」の系譜に入っているが，内容は人文主義の精神にみたされている。

古典著作家たちは，たとえば先に挙げた手紙のなかではウェルギリウスとテレンティウスは，単に装飾的な付属品ではなかった。エラスムスのような人々を動かしたのは，「良い学問」（bonae litterae）すなわち人文学の研究という理想だった。人々は古代，まずラテン古代に魅了された。エラスムスと彼の友人たちは，詩を書き，自分たちを詩人だと感じており，表現法や音楽的な言葉に敏感だった。しかし言葉は内容を伴う。すなわち平凡で荒涼とした現実に対立する美の新しい世界である。美への憧れは当時流行していたが，それだけではなかった。当時すでにエラスムスは，ラテン著作家たちについてのかなりの知識を身に付けていたようである。ある手紙で彼は無造作に15人の名前を挙げているが[*11]，その頃の彼の手紙をみると，彼がそれらの著作家たちを読んでいたとい

---

10) R.H. ベイントン『エラスムス』出村彰訳，1971年，日本基督教団出版局，24–25頁。
11) Allen. EP 20, 97-101.

2 『現世の蔑視』

うことがわかる。彼は，フランチェスコ・フィレルフォ，アゴスティーニ・ダティ，ポッジョ・ブラッチョリーニ，とりわけロレンツォ・ヴァッラといったイタリアの人文主義者たちのことも知っていた。教父のなかではアウグスティヌス，とりわけエラスムスの生涯を通しての導きの星となるヒエロニュムスである。

　田舎であるオランダでは，エラスムスとその仲間たちのグループは例外的存在であった。ヨーロッパの他の地域の修道院では，修道士たちは多少は言葉遊びに興じ，古典古代の遥かなる世界に魅了されたが，次第に自分の運命に逆らわなくなった。エラスムスの最初の著作をみると，彼がこのような人々より深く思索していたとがわかる。その著作とは『現世の蔑視』であり[12]，彼がこれを書いたのは1480年代の終わり頃である。修道生活への勧誘というテーマは過去何世紀もの間にはとても馴染み深かったので，一見すると彼もこの伝統的な主題に取り組んでいるかのように見える。各章の見出しをみてもそうである。「現世に留まることは危険である」，「富の蔑視」，「名声は虚しく，不確かである」となっている[13]。しかし著作から来る第一印象はこの場合「現世の蔑視」というのは単なる契機であって，はっきりとした目的が示される。この作品を読めば，それが修道生活を讃美しているには違いないが，それも全く特別の理由からであることがわかる。その中核をなしている主張は，古典古代で勧められている，孤独な生活の意義である。したがって彼は，修道生活をキリスト教の理想よりも，精神的貴族によって実現されるような，人間一般の理想と結びつけている。実際，エラスムスは修道院で生活しながら人文主義的な興味をもつだけでは満足しない。彼はキリスト教と人文主義を互いに融合させようとする。とはいえ『現世の蔑視』ではこの統合はうまくいっていない[14]。彼はもうすでに感じられはじめていた修道生活の無意味さに対し新しい意味を与えようとしたのである。

　修道院の生活はオランダ人らしく海の比喩を用いて賛美される。と

---

12) ASD V, 1, 1-86.
13) ASD. V. 1, 44：46：50　CWE. 66, 139: 141: 144.
14) 1480年代に書かれたと推定されているが出版は1520年代に入ってからである。したがってそこには後からの加筆と修正が認められる。

いうのは現世は荒波のようであるのに比して，修道院の生活は「外海に対する安全な港」を意味しているからである[*15]。現世の生活が情欲と悪徳にみちているのに対比して修道院には「自由」(libertas)，「平穏」(tranquillitas)，霊的な「歓喜」(voluptas) が支配している。「それゆえ，もっとも高潔なすべての人の仲間にあなたが加わるために，現世を棄てるようにしなさい。そうすればあなたは修道院のなかのいたるところにおいて，たとえば真理・貞潔・節度・節制を愛し，多く語り，徳行を模倣する人たちの仲間となって滞在することでしょう」[*16]。実際，「修道士とは純粋なキリスト教徒にほかならなかったし，また修道院とはもっとも純粋なキリストの教えにおいて自発的に一致した群にほかなりません」[*17]。こうして中世以来の文学的なテーマ「現世の蔑視」が，インノケンティウス3世の同名の著作で唱われたように，現世の悪を力説していたのに対して，彼は強調点を修道的生活の自由と歓喜とに置いた。しかも中世のラテン語ではなく，もう完全に古典期のラテン語で著述している。

　では，人間自身はどのように考えられているであろうか。彼はやがて『エンキリディオン』で組織的に説かれるようになる，人間が精神の高貴な部分と他の情欲の低次の部分との闘争状態にあると理解して，この作品においてもすでに次のように語っている。

　　「精神がその猛烈な謀反によって自分自身と不和になり，そのある部分が他の部分とは別の方向に突き進むことによって，揺り動かされ，分裂され，引き裂かれているような，心の軋轢がいかに恐ろしいかを，誰がかつて十分に査定したであろうか。そこでは記憶は告発し，理性は裁き，良心は罰を下す。理性と自然本性と罪の情欲はそれぞれ別の方向へ呼びかけている。そこから絶えざる苦痛，絶えざる争い，絶えざる戦闘が起こっている」[*18]。

　このような葛藤の直中にあっても精神は徳の力によって悪徳から自由となりうる。キケロが定義しているところでは，自由とは「自分の欲す

---

15) ASD. V-1 43 CWE. 138.
16) ASD V-1 85, CWE. 175.
17) ASD V-1 83, CWE. 173.
18) ASD. V-1 70, CWE. 163.

るように生きる力」（potestas vivendi ut velis）である。人間の本性には始源の健康（pristina valetudo）がいまなお保たれているので，修道生活により徳の力を養えば，悪徳から離れて神との一致に生きることができる。彼自身はいまだ神秘的合一の体験を味わっていないが，この体験の歓びを語った人が涙を流しているのを見たことがある，と言って敬虔な人たちの共通の歓びについて述べている。

わたしたちはすべて本性的に自由をもっとも欲求する。キケロの定義によると，「自由とは欲するように生きる力である」[19]。修道院はこの自由を与える。だから，もし人が修道士になろうと欲するならば，自由を得るであろう。しかし，何にもまさって，修道生活は至上の浄福を提供する。これはある人々にとって天上に属する事柄が与える幻であって，「聖ベルナールが言うように，そのような歓喜の瞬間は稀であって，その時間はいつも短いが，それでもそれはこの世のあらゆる愉悦をつまらないものとする」[20]。彼は続けて言う。「わたし自身，人々が歓喜のあまり涙にくれているのを見たことがある。もっとも，このような経験はわたし自身のものとなったことはないと，告白しなければならない。さらに，学問を志す人間にとって，修道院は何という幸せを与えるであろうか。人はそこで読書し，反芻し，著述することができる。この喜びは決して絶えることがない。いろいろの種類の図書があるから」と。それに加えてルネサンスの源泉志向がもう始まっている。

「だがもしそれを源泉そのものから（ex ipsis fontibus）求めたいなら，新旧二つの聖書の諸巻が調べられる。もしそれ自身でも美しい真理が雄弁の輝きによってさらに美しくなるのを好むなら，ヒエロニュムス，アウグスティヌス，アンブロシウス，キプリアヌスその他同類のものに向かう。もし少しでも嫌気がさしてきたら，キリスト教的なキケロに耳を傾けたいなら，ラクタンティウス・フィルミアヌスを膝に置けばよい。しかしもし余り贅沢でない，慎ましい食事を好むならば，トマスとかアルベルトゥスとかその他の似たようなものの書物を手に取ればよい。……こうしてあなたは聖なる神秘に満ちた多くの書物を手にしている。あなたは預言者と使徒たち，

---

19) ASD V-1 64, CWE. 156-7.
20) ASD V-1 76, CWE. 167.

注釈者と博士らの記念碑を入手している。哲学者や詩人たちの著作ももっているが、トリカブト（有害な植物）のうちにも有益な薬草を選び出すことを知っている人は、これらを遠ざけてはならない。さて何と言おうか。こうした最高の閑暇・最高の自由・心配もなく時を過ごすことは、それは喜びの楽園（delitiarum paradisus）に住まうことではないですか」[*21]。

終章ではエラスムスは読者に向かって、わたしにはあなたがたが修道院に入るため、荷物をまとめているのが目に見えるが、あまり急いではならないと警告する。ひとたび入ると二度と脱け出すことのできないような修道院に入って、自分を閉ざし苦しめないようにと言う。このように言ってから現在の修道院生活が素晴らしい「喜びの楽園」からどのように転落したかについて次のように批判的に語りだす。

「あの当時修道士は真実なキリスト教以外の何ものでもなかった。そして修道院もキリストのもっとも純粋な教えによって結合された人々の群れに他ならなかった。……終わりにこの修道院の生活に偶然が引き入れた人々がいる。ある者はかつて恋した少女が自分のものとならないので、修道士となる。他の人は嵐に撃たれたので、病気や他の危険に遭遇したのでそうなる。……そのなかには費用や配慮から逃れようとする平気な親たちや後見人にまるめこまれてしまった者もいる。……ある者らは迷信と愚かさの虜となって縄帯と僧服をつけているというだけで良い修道士になったと考える。そのような人たちが以前の生活よりも修道士としてもっと悪くなったことが分かっても不思議ではない」[*22]。

この部分は30年後出版したときに書き加えた部分ではなかろうか。その中には嵐に撃たれて修道院に入った人がいると書かれており、それはルターを暗示しているからである。しかし、この時点ではエラスムスは生まれて間もない幼児にすぎなかった。またここでは修道院に対する評価が逆転している。しかしエラスムスの論じているのは、少なくとも「新しい敬虔」の内的な信仰が、修道院に入ることによって自ずと成長するのではなく、世俗においても可能であるということである。

---
21) ASD V-I, 79, CWE. 170-1.
22) ASD V-I, 82ff, CWE. 172-4.

しかしながら全体的に考察するならば，エラスムスは人間の徳の育成を力説している。ここに彼の道徳主義があって，これが主流をなし，神に対する信仰とか教会についてほとんど言及されることなく，古典的古代から事例やテキストが多く引用されている。したがってこの作品が人文主義の思想内容を豊かにたたえていることは明らかである。このように彼はルネサンス思想に接近してはいても，ルネサンスの統一的な主題である「人間の尊厳」はここにはいまだ表明されていない。彼の道徳思想はルネサンス・人文主義よりも人間観においていっそう楽観的であった。

3　『反野蛮人論』

エラスムスはやがてカンブレーの司教の秘書となってステインの修道院を去るのであるが，それに先だって『反野蛮人論』(Antibarbari) の草稿を書いた。表題に含意されている「野蛮人」は当然のことながら，ステイン修道院の在院修道士や上長のある人たちを指しているであろうが，彼らは文学の研究や学問を軽蔑し，古代文化の偉大な伝統を重んじない人たちであった。この書物は四人の対話から構成されており，当時の学問の衰微がいかなる原因によるかと問題提起がなされ，キリスト教と古代文化とを対立的に措定することが誤りであることが，エラスムスの友人でその代弁者であるバットによって語られる。これはすでに『現世の蔑視』で暗示されていたことの発展であり，聖書とギリシア・ローマ文化との総合という彼の思想の特色をよく示している。だが同時にイエス・キリストが普遍的ロゴスの受肉した姿として捉えられ，最高善として提示するような「キリスト中心主義」の萌芽も見られる。この思考はやがて「キリストの哲学」(philosophia Christi) として結実するようになる。

　1493年にエラスムスに一つの好機が訪れるが，彼はそれを逃さなかった。その当時カンブレーの司教ベルゲンのヘンドリックは優れたラテ

語学者を求めていた。エラスムスはこれに応じて彼の秘書となった[*23]。しかしエラスムスは司教の宮廷での地位がに気に入らず，司教の計画したローマへの旅行も実現しなかった。彼は主人に従って南ネーデルラントをあちこち旅して廻った。それゆえ彼は勉学の機会に巡り合うこともなく，自己の不幸な運命を嘆くばかりであった。それでも彼の勉強への意欲は衰えることなく，ブリュッセル近郊のゲルネンダールの修道院に滞在中，アウグスティヌスの著作を発見し，余りに熱心に読みふけって，それを寝床に持参してまで研究したほどであった。この修道院は偉大な神秘思想家リュースブルクが長く住んでいた場所であった。カンブレーの司教のような高位聖職者に仕えて栄達の道を進むことはエラスムスの目的ではなく，彼の願いは学問研究であって，当時最大の学問中心地であったパリへ行くことだった。

　オランダにいた最後の数か月の間に，あるいはその後も，彼が1495年以来住んでいたパリ時代の初めに，彼は加筆して一編の対話編を書き，「良い学問」（bonae litterae）と呼ばれた人文学研究の正当性を擁護した[*24]。この著作は四半世紀後の1520年に『反野蛮人論』（Antibarbari）という題で出版されたが，この表題をみれば内容は自ずと明らかである。しかもエラスムスがここですでに対話形式を使っている著述していることは注目に値する。というのは後に彼はこの形式をもって名高い『対話集』（Colloquia）を生涯をかけて書き続け，完成させたからである[*25]。

(1) 『反野蛮人論』の構成

　この書は最初1489年に「ゲラルドの弁論（oratio）」という形で「教

---

　23)　ステインの修道院長セルバティウス・ロゲルスは当時エラスムスに修道院に戻って来るよう命じたが，彼は戻らなかった。1507年頃，エラスムスは修道服を脱ぎ捨てた。彼の説明によると，イタリアではこのような服はペストの看護人に間違われ，不愉快な思いをするからである。

　24)　ASD I, 1,1-138.

　25)　パリの人文主義者ロベール・ガガンが正当に批判しているように，エラスムスは『反野蛮人論』では対話形式に習熟しておらず，幼稚さを残している（Allen, EP 46, 32-42）。また他にも特徴的なのは，エラスムスが対話の行なわれた舞台をブラバントの田舎に設定していることである。そこに何人かの友人が集い，くつろいで語り合い，ご馳走を楽しむのである。このような光景は，キケロの『トスクルム討議』の例に倣って後の著作に繰り返し現われてくる。このときには実際に彼も田舎で，おそらくはベルゲン・オブ・ゾーム近郊のハルステーレンにある司教の領地でこの作品と取り組んだ。

養のない人々」(illiterali) を批判する小著として計画されたが，1494年頃4部からなる作品に書き直そうとし，1506年に1部と2部に手を加え，3部と4部の資料と一緒に友人に預けたのであったが，これが紛失したので，1494年の草稿を修正した上で1520年に出版された[*26]。これが『反野蛮人論の第一巻』(Antibarbarorum Liber Primus) という表題となっている理由で，失われた原稿を発見できなかったがゆえに，第2巻は出版されないで終わった[*27]。

　この書の主題はエラスムスがペストを避けて滞在していたベルゲン・オプ・ゾーム近郊のハルステーレン (Halsteren) という田舎で，五人の友人たちが「良い学問」について対話形式で論じる仕方で展開する。しかし，その内容はベルゲン市の秘書ヤコブ・バット（実在の人物）がエラスムスの代弁者となって対話を進め，「最良の学芸」(optimae artes) の衰退の原因についての議論から始まり，良い学問の弁護，「知識は人を高ぶらせるが愛は人を造り上げる」（Ⅰコリント 8.1）に関するヒエロニュムスとアウグスティヌスの説の引用によって展開する。それによってエラスムスが古典文化の何をどのようにキリスト教にとり入れていったが明らかとなる。

(2) 「良い学問」(bonae literae) としての古典文化

　「良い学問」におけるリテラは元来「作品」の意味をもち，複数形でも用いられ，異教徒たちによる発明のうち，たとえば斧や鋸，楔（くさび），定規など，鉄や鋼の加工，織物，染色，金属の鋳造などに属するものである。これらの異教徒の発明の一つに属する「学問」について次のように言われる。

　　「悪霊によって発明されたものの使用があなたがたに許されるのなら，学識豊かな人々の学問 (litera) の使用もわたしたちに許されるのではないでしょうか。……わたしたちがラテン語で書き，ともかくラテン語で話すということを，わたしたちは異教徒から受け取りました。彼らによって文字 (Characteres) が考えだされ，彼らに

---

26) 『反野蛮人論』(1520年版) の序文を参照。
27) 1520年版と1494年版との差異は僅少であると言われる。

よって弁論（oratio）の使用も発見されたのです」[*28]。

それゆえリテラ（litera）は「言葉に関する技術」である。それは古典文化から受け継いだ「文字」,「手紙」,「文書」などを指しているが，この書では「学問的な知識・教養」,「学問的な研究」,「学問」をも意味する。その同義語は eruditio と disciplina である。eruditio の意味は,「教育」とそれによってえられる「教養」や「博識」である。disciplinae も教育内容であって「知識」,「学問」,「教養」である。

ではこの知識と学問の具体的内容な何であろうか。それは一般の人には誤って不道徳のように考えられている。

> 「ある人がとても学問（literae）に精通していると，その人はきわめて不道徳であると一般的に言われているのをわたしは耳にする。この侮辱は修辞学者や詩人たちだけではなく，神学者，法学者，弁証家また他の学識豊かな人々にも向けられます。それはすべての人によって反駁されなければなりません。……彼ら〔野蛮人たち〕は詩（poetice）をみだらな業だと考え，修辞学（rhetorice）をおべっか術のほかの何ものでもないとみなし，地理学（geographia）と天文学（astrogia）が占いのような穿鑿好きで好ましくない術（artes）であると信じています」[*29]。

またヒエロニュムスの手紙から引用して，「自由学芸」（artes liberales），つまり文法，修辞学，哲学，幾何学，弁証学，音楽，天文学，医学[*30] もそれに属するという。アウグスティヌスも自由学芸を「すでに成就されたもの，あるいは神によって制定されたもの」としている点が指摘される[*31]。そこには論理学，修辞学，自然学，幾何学，天文学，音楽，歴史，文法，弁証論があげられており，アウグスティヌスによると「弁証論，修辞学，自然学，歴史等々の人間の才能（ingenium）によって発見された諸学問（disciplinae）は，人間がこれらのものを，〈自分で作りだしたのではなく，どこにでも注ぎ込まれている神の摂理

---

28) ASD I-1, 80, 17-18; 23-25.
29) ASD I,-1, 85, 18-21;f.
30) Allen EP 53,6,1.
31) アウグスティヌスの『キリスト教の教え』（De doctorina Christiana）第 2 巻 19 章から 40 章までに 10 箇所をエラスムスは『反野蛮人論』で引用している。

（providentia）という言わば鉱山からあたかも金や銀のように掘りだした〉*32 がゆえに，金や銀で鋳造されているように思われた」*33。

ところでこうした「世俗の学問」（prophanae literae）がなぜ使徒たちには授けられていなかったか，という問題が提起され。これに対して次のように答えられる。

「もしも言葉を正しく話したり，話す人たちを理解することが単に賦与されたものなら，文法の教師があわれな青年たちを苦しめ悩ます理由は何もないでしょう。もし人間の精神がいかなる雲によっても妨げられずに，容易にまた瞬時に真理を見たり提示したりするなら，わたしたちが推論や弁証論的な精妙さで訓練を受けるのは無意味です。わたしたちが心の感動を自在に自分のもとにとどめておいたり，また他の人々のなかに呼び覚ましたりすることができるのであれば，修辞学の規則を学ぶ理由はありません」*34。

これによって判明することはエラスムスが世俗の学問の中でも文法，修辞学，弁証学，詩などの言語，表現法，推論の方法を重んじているということである。「もし異教徒たちが知恵という金，雄弁という銀，良い学問という調度品をもっているなら，それらすべてを荷造りして，わたしたちの役に立つように適応させなければなりません。窃盗の誹りを恐れるのではなく，むしろその行為の素晴らしさに対する称賛と報酬を大胆に望みましょう」*35。ここでいわれている銀としての雄弁，つまり弁論術は，先の文法・修辞学・弁証論・詩などを総合的に実践するものである。

(3) 「知恵」（sapientia）について

そこで問題となるのは異教徒たちのもっている金としての知恵が何を意味するのかということである。『反野蛮人論』のなかにはギリシア・ローマの古典文献から取り出された人名，地名，慣用表現，格言，引用句などが150箇所ほども組み込まれ，そのうち50の表現が，『格言集』

---

32) アウグスティヌスの『キリスト教の教え』II, 40, 60 MPL.34, 63.
33) ASD I-1, 117, 19-23.
34) ASD I-1, 136, 22-28.
35) ASD I-1, 117, 11-15.

に収められた*36。一例として良い学問に反対する人たちを批判して次のように言われる。

　「あのようなアルカディアのろばたち，あるいはあなたがお好きなら，アントロンのろばたちは……クインティリアヌスが言うように，自信と権威を鼻に掛けて〈自分自身の愚かさをあますところなく教えています〉(stultitiam suam perdocent)」*37。

アルカディアはペロポネソス半島の羊飼いたちの土地で，そこに住む人たちは粗野で田舎者だと思われていた。アントロンはテッサリア(Thessalia)の町で，多くのろばがいることで有名であった。クインティリアヌスのことばは，『弁論術入門』(De institutione oratoria) 1, 1, 8 からの引用で，そこには「暴君たちは荒れ狂い，自分自身の愚かさをあますところなく教えている」とある*38。

また，自然を教師とした聖ベルナルドゥスを批判してエラスムスはプラトンの『パイドロス』からソクラテスの模範を次のように述べている。

　「わたしはベルナルドゥスに驚きます。教えてもらいたいときに人々のところではなく樹木のところへ行って，むしろあのプラトンのソクラテスの真似をしないのですから。パイドロスはソクラテスに田舎の特別素晴らしい場所を示して，ソクラテスがその美観にことのほか魅せられたのに気付き，彼がそれまで町から出て田舎に行ったことがないことに驚いた旨を伝えました。彼に対しソクラテスは巧妙に答えています。〈大目に見てくれたまえ，親愛なるパイドロス。わたしは学びたくてたまらない人間なのです。ところが土地や樹木はわたしに何も教えることはできませんが，町にいる人々は教えて

---

　36)　畑宏枝「エラスムスにおける『反野蛮人論』とヒューマニズム」「基督教学研究」17号，1997年，61頁参照。(3)「知恵について」の論述はこの論文の示唆に負うところが多い。

　37)　ASD I-I, 51, 14-17（畑訳）

　38)　あまり能力のない人は良き学問を学ばない方がよいことについて次のように述べている。「しかしながらわたしは次のことは敵たちに譲ることにしましょう。すなわちあまり才能のない人，あるいはとても理解の遅い人には，難しい学問知識(disciplinae)を遠ざけておくことは許されるということです。さもないと，驢馬が竪琴に引っ張って行かれて，学ぶ方も教える方もその苦労が無駄になってしまうからです」(ASD I, 1, 98, 19-21)。ここにある「驢馬が竪琴に引かれていく」(asinus ad lyram) は「豚に真珠」「猫に小判」と同類の格言であるが，エラスムスの「格言集」I, 4, 35によると，ウァローの「風刺詩」の一つ (543) の題としてこれが使われており，他にはゲリウスやヒエロニュムスもまたこの表現を使っている（畑宏枝，前掲論文，61頁参照）。

くれます〉」*39。

　このようにギリシア・ローマの文献から巧みに引用して自己の思想を表現することが試みられ，とくに哲学的な理論よりも道徳的で教訓的なもの，また格言や慣用句が人生の知恵として採用された。これがエラスムスが古典文化から学んだ知恵であった。そこでは誰もがエラスムスの驚嘆すべき記憶力と文章力に感服させられる*40。

(4)　「自由意志」に関する人間学的考察

　次に人間学にとってとくに重要な「自由意志」の問題を取り上げてみたい。この書物では後に『評論・自由意志』で説かれたようにはいまだ自由意志の概念は用いられていないが，思想内容から見てこの概念に関連する問題点を解明してみたい。

　エラスムスは優れた学芸が修得されるべきことを力説してきた。その際それを修得するとき学芸を受容する人間の主体的な側面を考察する必要があった。なぜなら「それに等しいだけの道徳的な価値をあなたが付け加えないとしたら，それなしにはすこしも役立たないか，また有害なものである」と考えられるからである。これは行為と意志との関係と同じである*41。したがって古代文化の受容も単なる知識のみでは不十分であって，それにかかわる主体的な情意の側面が重要となる。エラスムスは言う「知識は善であるが，愛の方がいっそう善い」（bona est scientia, charitas melior）と。ところで学芸の種子は彼によると天与の賜物として神から与えられている。したがって問題はこの種子をタラントンとしてよく使用して働かせることである。この働きは普通は意志の作用であるが，エラスムスではピコのようにこれを自由意志としては明記していないけれども，神のわざに協力することが次のように説かれる。

　　「父なる神は良い学芸の種子，つまり知性，才能，記憶，その他の精神の賜物をわたしたちに授けた。それらは利息をうるために貸付

---

39)　ASD I-1, 135, 21-27.（畑訳，一部変更）
40)　このことは『格言集』にとりわけ顕著に示されている。ここには教養に富む学者エラスムスの卓越した姿がはっきりと示され，その後人々はこの書から絶えず引用するばかりか，頻繁に剽窃を繰り返した。
41)　この点はカントの善意志の説と同じであって，すぐれた才能も善意志なしには悪徳となるという主張である。

けられたタラントンであって，実践と研究によってわたしたちがそれをいわば倍増するなら，主はその返礼として，勤勉な僕を称賛し，個人の財産として報いたもうであろう。だがもし受け取ったタラントンを地中に隠すならば，わたしたちはどのような心で主が帰還するときの目と表情と声に耐えるのか。そこでは他の人たちは受けた元金に対する収益を数えあげているのに，怠惰なわたしたちは役立てなかったタラントンをさし出すのだ(マタイ 25. 14-30 参照)」[*42]。

このようにエラスムスは神の賜物を用いて努力することを力説し,「人間の精進努力」(humana industria) に対して報酬が与えられるのであって，精神の善も「無償で」(gratis) 与えられるのではない，と説いている[*43]。このことはとりわけ徳と学識には妥当していると彼は次のように言う。

「だれでも精神的能力において有能であるだけ，また研究に熱心に努めるだけ，学識において有能になっているのをわたしたちは知っている。才能や天性は多くの人に無償で与えられている。というのはそれらは自然の賜物であるから。しかし徳と学識はだれにも〔最初から〕与えられていない」[*44]。

彼は自然の賜物から倫理的徳や学識を区別し，後者が人間の意志的努力によって獲得されるという。そしてこの考えを宗教においても適用しているところにエラスムスの道徳主義が明らかになっている。「わたしたちは自然のままの固りを提出しておいて，わたしたちが眠っているあいだに，御霊がわたしたちのためにすべてを造りあげて下さるものと望んでいるのだ」[*45]。このように彼は皮肉っているのであるが，ルターは正にエラスムスが批判しているとおりのことを語っている。エラスムスにとり御霊はわたしたちの「努力」「研究」「勤勉」を支え励まし報いるものと考えられた。

したがって知性の道徳的能力は徳の形成にとってその活動が最も力説され，有徳な生活は神との関係にわたしたちを導き，その究極において

---

42) ASD I-I, 105, 7-14.
43) ASD I-I, 133, 5.
44) ASD I-I, 134, 29-30.
45) ASD I-I, 134, 13-14.

神との神秘的合一の経験にいたらせるものと考えられている。このような道徳的能力は内容上自由意志の働きに当たるといえよう。そして人間の側での「精進努力」がいつも強調され，この努力に対し神は御霊により協力して豊かに報いたもうと説かれていた。したがってオッカム主義の術語は使われていないにしても，内容の上から言って「自己にできるかぎりを為す人に神は恩恵を拒まない」というスコラ神学の命題に一致した思想が展開しているといえよう*46。

(5) キリスト教と古典文化の統合

終わりにこの書においてエラスムスが目ざしてきた学問が究極において古典文化とキリスト教との統合である点を指摘しておきたい。それゆえ，これまで考察してきた「世俗の学問」といっても，そのなかには「良い学問」とそうでないものとをキリスト教徒は分けなければならないと次のように説かれる。

> 「異教徒の発見したもののなかにはある種の差異があります。つまり一方は無益で，危険で，有害ですが，もう一方は非常に有益で，健全で，必要ですらあります。悪いものは彼らのもとに残しておくべきですが，良いものはわたしたちのために利用すべきではないでしょうか。そしてこのことこそキリスト教的な人間，慎重で学識豊かな人間のすべきことです」*47。

「わたしたちは異教徒の学問から逃げるべきではなく，それをよく清めてキリスト教徒の教養に移さなければなりません。……わたしが〈よく清めて〉と言ったのは知識（scientia）に関してではなく，意見（opinio）に関して言っているのです。異教の哲学者たちの誤りを読むことではなくて，それらを教会の議論に混ぜ合わすことが

---

46) 「若きエラスムスにとって人間の天命は人間の応答と神の恩恵とに依存している。だから，この二つの初期の著作においてさえ，エラスムスがイタリアのヒューマニストの人間観および救済観とトマス・アクィナスのそれとの間の中間の道を採用したのである。実際エラスムスの立場はビールの立場に似ていたのであった」（Hyung-ki Rhee, A Study of Man in Erasmus and Luther, Dissertation of Drew University, 1980, p.48 ）。なお，スコラ神学の命題に関しては金子晴勇『近代自由思想の源流』創文社，125-28 頁参照。

47) ASD I, 1, 81, 23-82, 1.

有害なのです」*48。

　彼は古典文化と良い学問を選別し，雄弁と知恵を選択したが，選別の基準はキリスト教にとって有益であり必要である点である。したがって「学識があり良い人々」というのは「何が良いことかを自分で理解していて，それに従う人々」である。それゆえ，選別はキリストの教えを基準にした正しさであり，キリスト教的真理のことであって，学識ある人々の役目は異端者たちからキリスト教の正しい教えを峻別することにある。このような学識ある人々とはヒエロニュムス，アウグスティヌス，キプリアヌス，クレメンス，ヨハネス・クリュソストモスなど多数の教父たちであって，彼らの学識は「キリスト教的な教養」（eruditio Christiana）と呼ばれた。また学識と敬虔を備えた人としてトマスとスコトゥスの名前も挙げられている。

　さらにエラスムスは，ペトラルカと同様に学識ある人々には雄弁が不可欠であるという。

　「高潔に生きている人は確かに偉大なことを実行していますが，それは自分にとってだけ，もしくは自分と一緒に生活している少数の人にだけ有益です。しかし，もし彼の正しい生活に学問的な知識（doctorina）が付け加わるなら，どれほど徳の力は増し加わることでしょう。……その人の心のもっとも美しい想念（cogitatio）を文書に移すことができるなら，すなわち学識があり，また雄弁であるなら，必ずやこの人の有益さはもっとも広く留まることでしょう。彼の友人や，仲間や，近くにいる人々だけにではなく，知らない人にも，後の時代の人々にも，遠隔の地に住んでいる人々にとってもそうなります」*49。

　この雄弁によってキリスト教の教えがすべての人々に時空を越えて伝わり広められる。それは人々の前で上手に話すことよりも，文字を使って上手に語る文章の巧みさに求められた。そこからキリスト教の正しい教えを理解し伝達する聖書解釈の重要性が出てくる。この聖書解釈についてアウグスティヌスは「すべての聖書解釈は二つの方法にもとづいている。それは理解されなければならないことを見いだす方法と，理解さ

48）　ASD I, 1, 112,17-23.
49）　ASD I, 1, 103,18-25.

れたことを表現する方法である」*50 と説いた。しかしエラスムスは聖書解釈の内容には立ち入らず、『反野蛮人論』では、理解したことを上手に表現する手段としての良い学問と雄弁が主たる関心を占めていた。とはいえ、その後しばらくして彼は聖書解釈の問題に全精力を傾注していくことになる。

そこで次に問題となったのは学問と敬虔の関連である。それは学問が良い精神を造らない事実に発している。

「ヨドクス　わたしは、彼らが世俗の文芸と呼んでいるものとキリスト教の敬虔とは結びつかないと固く説得されている修道者と、時折、出会います。

バトス　彼らは間違っていません。彼らには結びつきません。彼らには両方とも欠けているから。しかしヒエロニュムスやキプリアヌスやアウグスティヌスや他の多くの人の場合には結びつきました」*51。

ここに挙げられた教父たちの教養はキリスト教のために善用された学問のことである。したがって彼らが敬虔であるのは、学問によってではなく、知性によってでもなく、それを善用する行為によるのである。それゆえ「そのような神秘的な名称は、知識（scientia）にではなくて、行為（mores）に関係づけられなければなりません。より神学的に言うと、知性（intellectus）にではなく、情意（affectus）に関係しています」*52 と言われる。知性に属する学識と教養は情意に属する「敬虔」、「徳」、「良い人」とは次元を異にしている。「学識・教養」とは「粗野」、「無知」、「愚か」と対立するが、「単純」（simplicitas）とは両立することができる。教養と敬虔は相反するものではないが、しかし二つのことは異なる領域に属する。

それでは古典文化の知恵はどのようにキリスト教に統合されるのであろうか。古典文化の知恵はどういう役割をもっているのか。古典文化の知恵は世俗の知恵であって、キリスト者も異教徒も人間であるかぎり、

---

50)　アウグスティヌス『キリスト教の教え』第1巻1, 1。アウグスティヌスは『キリスト教の教え』1-3巻を理解の方法にあて、4巻で表現の方法について論じた。
51)　ASD I, 1, 96, 29-97, 2.
52)　ASD I, 1, 99, 19,-21.

人間として共通にもっている，それは人間に関して自然本性的な経験から得られる真実である。エラスムスはこの種の「知恵」を，キリスト教の教えのための言わば薬味のように添える。このことによって文章が活性化され，親密性が増大するばかりか，人間の具体的な生活の営みとキリスト教とが結びつけられる[*53]。

したがってエラスムスが古典文化から直接採り入れたのは文法，修辞学，弁証学，自然学などの良い学問と雄弁および人間的な知恵である。これらは世俗的な学問や教養であって広く人間経験からえられる学問であり，人間一般に共通する経験的真実である。彼はこれを「知識」(scientia) と呼び，プラトンが「意見」(opinio) と呼んだ主観的な思いなしから区別し，後者は取り除くべきであると主張した[*54]。それゆえキリスト教の観点から古典文化は選別されて採用された。このようにキリスト教教父が実行した伝統にしたがって古典文化とキリスト教は統合された。これがエラスムスのキリスト教的人文主義である。

『現世の蔑視』以来，エラスムスの思考は一時も停滞してはいなかった。『反野蛮人論』で提起されている問題は先の書物とは相違した問題意識に貫かれている。先に論じた修道生活はもはや何の役割も演じておらず，その代わりに登場してきた問題は，古代の文化とキリスト教信仰との調和と統合の問題であった。この問題意識は，どうして真の文化が当時衰微してきたのかということであった。それには二つの回答が寄せられていた。その一つは，キリスト教がその決定的な原因であるとし，異教徒の学問と取り組むことを恥ずべきことと感じていた。この人たちには「単純」(simplicitas) と素朴という二つの徳だけで十分であった。もう一つは学問と教養を重んじる新しい風潮であった。その結果，信仰と学問の二つはうまく折り合わなくなる。そこから「宗教と教養とはもともとうまく折り合わないのだ。しかし学問 (litterae) のない宗教はすべて何か怠惰な愚かさを招く。学問に精通している人はそれを心から嫌悪するのである」[*55] と反論された。

---

53) 畑宏枝前掲論文，67 頁参照。
54) ここにはプラトンが『国家』で認識論において厳密に区別した「学知」(エピステーメー＝学的認識) と臆見（ドクサ＝臆測的見解）にしたがう議論が展開している。
55) ASD I, 1, 46, 7-47, 7.

3 『反野蛮人論』

　古典古代の教養は，後にエラスムスが『エンキリディオン』で明瞭に説いたように，キリスト教的真理を理解するためのプロペドイティーク（予備学）であった。それは最高の教養というものがやはり最高の書物にもっとも近いからであると彼は考える。それでも彼は未だ『反野蛮人論』では真の統合に到達していない。彼は何人かの役に立つ手本，とりわけヒエロニュムスとアウグスティヌスを参照するようにと指示する。彼は最近の神学者たちの尊大さを厳しく非難しているが，彼らは自分たちとその仲間以外には何も認めず，自分は何でも知っていると思い込んでいる。したがって彼らは典型的な反アカデミーの徒であり，古代の「アカデミア派」（Academici）が「判断中止」を説いて自分の判断をむしろ差し控えようとしていたのと正反対の態度をとっている[*56]。しかしエラスムスは今どのようにしてこの統合を達成できるのか，未だその方法を知らなかった。彼はただ「学問」（litterae）研究の権利を主張し，スコラ神学者が学問研究を役に立たず危険だと思っている姿勢に反対したにすぎない。こうした論争の傾向が『反野蛮人論』では目立ち，エラスムスは積極的解決を何も提供していない。

　しかしながらこの著作の意義を過小評価してはならない。これはエラスムスの発展に一時期を画するものである。ここで初めて彼は，後の著作で中心テーマとなることをはっきりさせたのである。すなわち，誠実な良心の人が如何にして文化人であると同時にキリスト者であることができるのかということである。

　修道院を去ったエラスムスは博士号の学位を取得する目的でパリに移った。1495年から99年にかけてパリに滞在中，彼は「新しい敬虔」やピエール・ダイやジェルソンといったノミナリストの神秘主義に触れず，むしろルネサンスの人文主義者たちから多大な影響を受けた。なかでも人文主義者のガガンについて学んだが，ルフェーヴルやビュデの影響によってイタリア・ルネサンスとの関係も生じてきていた。しかし，決定的には渡英した期間（1499-1506年）にオックスフォード大学で知り合ったコレットによってイタリアの人文主義者について知り，コレットとの出会いがエラスムスにその使命を自覚させるに至るのである。

---

56) ASD I,1,89, 11-90,10.

4 ヒューマニストから聖書人文学への転身

　1499年の時点ではエラスムスは若き無名の文筆家だった。1514年の頃になると，彼は自分のことを年老いて，陰気で，病気がちだと書いた*57。このときおそらく彼は45歳で，成功への門が彼の前に開かれていた。この二つの時点の間にある15年間は彼の生涯にとって思想形成の上でも重要な時ではあるが，この時期についてもあまりよく伝えられていない*58。手紙にしても1502年から1508年の間には45通あるが，1509年と1510年にはエラスムスの手紙は一通も残っていない。この時期以降の手紙の多くはエラスムス自身あるいは彼の友人たちによって出版されたが，その際，エラスムスは友人たちに，彼らが必要と判断した場合それに手を加えることを許可していた。それゆえ手紙が改訂されている可能性をも考慮に入れなければならない。

　この時期の旅による忙しい歩みを辿ってみると，1499年から1500年まではイギリス，1500年から1501年まではパリとオルレアンに滞在し，1501年から1504年まではネーデルラント*59，1504年から1505年までは再びパリ，1506年から1509年までイタリア，1509年から1514年までは再度イギリスに向かった。

　最初のイギリス滞在のとき，エラスムスは切に求めていたものを得た。つまり権威ある他者にその実力を認めてもらったのである。彼はウィリアム・ブラントとマウントジョーイ伯の教師としてイギリスに渡った。当時20歳の伯（後にヘンリー王子の家庭教師）は，上流階級の人々と自由に交際することができた。エラスムスは，後にヘンリー8世の大法官

　57）Allen EP 96, 209.

　58）文通書簡は全部で200通あまりあり，そのうち150通がエラスムスの書いたものである。これはそれほど多くないし，各年に書かれた数が同じでないのでなおさらである。書簡の他にも，エラスムスの関心や思想を窺い知ることのできるいくつかの出版物がある。

　59）1501年に彼は1か月半オランダに滞在したが，不満だけが残った。彼は時間を浪費したと感じ，次のように強調している。「無駄だった！とわたしは言います。得るところは何一つありませんでした」（Allen, EP 59, 4-5）。彼を反発させたのは，教養の欠如や研究に対する軽蔑ばかりではなく，節操のない食事もそうであった（ibid., 59-64）。1504年以降にはネーデルラントに戻らなかった。

となるトマス・モアを知った。彼はエラスムスを，王子や王女の宮殿に連れていったが，そこでエラスムスは後のヘンリー 8 世に会った。彼はその時 8 歳であったが，すでに本物の王としての風格を備えていた，と何年か後にエラスムスは書いている[60]。貴族との交際は，この約半年続いた最初のイギリス滞在における特別に意義ものとなった。彼はイギリスには気高い精神と教養があるのを見いだした。彼の友人となったのはジョン・コレット，ウィリアム・グロウシン，トマス・リナカー，トマス・モアのような人々である。「ここでは至る所で，どれほど豊かに古き学問の種子が芽生えているかは，驚くべきことです」。こうした高貴な友人との交際のゆえに，エラスムスは雲の上の人々と交流することになり，そのため憧れていたイタリアは彼にとってはただの観光名所でしかないようであった。実際，悪天候に見舞われることが多いイギリスの天候でも，心地よく感じられるほど彼は健康的だった。

　イギリスで知り合った人物のなかではジョン・コレットとの出会いが決定的となった。コレットは最初金銭と宿舎の世話をしてくれたが，同時に有力な手づるをもっている保護者でもあった。そればかりではない。エラスムスは 1499 年にコレットの行なったパウロ書簡の講義を聴いて，深い感銘を受けた。そして 1510 年に彼がコレットに再会したとき——このときコレットはロンドンの聖ポール大聖堂の説教師で，彼がそこに創立した学校の校長だった——再び彼の魅力のとりことなった。

　コレットがエラスムスの精神的発展に多大の貢献をしたということに疑いの余地はないが，それがどのような影響であるのかをはっきりとさせるのは難しい。コレットの決定的な影響と役割はすでに以前から研究者の間で認められていた。つまりエラスムスが文筆家から聖書学者に転向したのはコレットの影響によるものであり，彼のおかげで最初のイギリス滞在が人生の転機になったと言われていた[61]。しかしエラスムスを聖書文献学の研究へと導いたのは，必ずしもコレットであるとは言えな

---

60) Allen EP I, 6, 14-16.
61) この考え方は，フレデリック・セーボームの興味深い研究が 1867 年に出版されて以来，一般に認められてきた。そこでは「共同作業」(fellow-work) という特徴的な方法でコレット，エラスムス，トマス・モアの三者が把握されている。ロバート・シュトゥッペリッヒはこれに反論したが，この点でアウグスタインはその反論が正しいと言う（Augustijn, Erasmus, p.51-53 参照）。

い。なぜなら聖書研究に関して,両者の方法は非常に異なっていたから。コレットはギリシア語を知らず,ウルガダに基づいて彼の講義を行なった。コレットの魅力は彼の人となりにあったと思われる[*62]。

　このコレットとの出会いがエラスムスに決定的方向転換を強いることになり,エラスムスのなかにキリスト教にもとづくヒューマニズムの自由論は具現し,歴史的使命を大きく果たすようになる。

　こうした友人に支えられて1500年に彼はパリへ戻った。しかしその帰途大いに失望した。イギリス滞在が全体としてみれば,すばらしい体験であったあとで,ドーヴァーの税関は彼の所持金をすべて没収した。全部で20ポンドもあったが,彼はそのような大金をそのときまで見たことがなく,彼の数か月の生活を保証するほどの額だった。

　エラスムスはイギリスから再びパリに戻ってからすぐに『格言集』(Adagiorum collectanea, 1500年)を出版した。ここにはこれまで彼が人文主義者として古典作家たちを研究し,専門的な注釈をつけて彼らの著作を出版してきたことが大いに役立った。この書にはラテン語の格言,修辞学的な慣用句や隠喩など818のフレーズが集つめられ,しかも正確で洗練されたラテン語の宝庫となっていた。これはエラスムスが出版した最初の本であった。これにさまざまの小品が続くが,その中にはキケロの『義務について』(De ofriciis),『カトーの二行詩』(Disticha Catonis),ププリリウス・シルスの『道化師』(Mmi)があり,さらにエウリピデス,プルタルコス,ルキアノスなどのギリシア著作家たちの著作をラテン語に翻訳したものもあった。

　この間に彼は同時にヒエロニュムスの全著作を購入し,注解つきの版を編集するという計画を立てた。この仕事は長引いたが,ヒエロニュムスは彼にとって長く親しんで来た著作家でもあって,この人ほど身近に感じられた教父は他にはいなかった。ヒエロニュムスはラテン語,ギリシア語,ヘブライ語の三言語に通じた人(vir trilinguis)であって,その卓越した語学力によって聖書の翻訳と聖書の解釈という二つの大きな成果をもたらした人であった。ヒエロニュムスはキリスト教教父のなか

---

62)　エラスムスがコレットの死後まもなく書いた伝記もこのことを明らかにしている(A IV1202, 245-616)。大切なのは,まず第一にコレットという人間なのである。なお,コレットの学問的特質に関しては本書42-44頁を参照していただきたい。

でももっとも古典作家に通暁しており，その知識を神学に取り入れた。なぜならこの人においてエラスムスが目ざしていた，真の博識と敬虔，教養と神学とが結合していたからである。こうして彼はギリシア語研究とヒエロニュムス研究を通して「神秘な書物」(arcanae litterae) あるいは「聖なる書物」(sacrae litterae) と呼ばれる聖書の研究に献身する歩みに入っていった。

すでに 1499 年にコレットはエラスムスに聖書のいくつかの書を解釈するよう勧めていた。エラスムスはこれを断ったが，それはこの仕事がギリシア語の知識なしには不可能であることを悟ったからだという[*63]。聖書言語の基礎知識なしには聖書神学に携わることはできないことを彼は直観した。「ギリシア語を習得していないのに，こともあろうに救いの神秘を扱う神学の分野に向かうことは狂気の沙汰であるということがわたしにはわかっています」[*64]。当時彼はすでにルーヴァン近郊のある大修道院で，ロレンツォ・ヴァッラの新約聖書『註解』(Adnotationes) の写本を発見していた。この有名な人文主義者はここで，新約聖書のかなりの部分のラテン語訳をいくつかのギリシア語写本と比較していた。1505 年にエラスムスは，これに「前書き」を付けて出版した[*65]。文法が世俗的な学問に数えられるとしても，それは神学に役立つことができるし，その肋けは必要不可欠なものでさえある。また，神学はもっとも高次な内容であるがゆえに，文法の話法に拘束されることはないと主張する人々に対して，エラスムスは次のような論拠でもって応戦する。「神学だけが野蛮に語ってもよいというのなら，これは神学の全く新奇な特徴である」[*66]と。ここでエラスムスは新約聖書に対する文献学者の役割の意義を表明している。エラスムスは全体的にみると，『反野蛮人論』の時点よりさらに成長しおり，彼は古典文化とキリスト教との統合に意

---

63) Allen EP 108, 74-101。ギリシア語と少し取り組んだだけで，彼は思い切ってパウロ書簡の註解を試みたが，しかしすぐに諦めた。(Allen EP 181, 31-34)。

64) Allen EP 149, 2; 26.

65) この前書きでエラスムスは，文献学者ではなく神学者だけがウルガダ聖書批判をすべきであると要求している人々に対して賛成を唱えている。「聖書の翻訳というこの全作業は，もちろん明らかに文献学者の仕事である。エテロがいくつかの点でモーセより知識があるとしても，おかしいことではない」。これは啓発的な比較である。

66) Allen EP 182, 129-140.

識的に取り組みはじめていた。こうして「キリスト教人文主義」という彼の思想上の特質が明瞭に自覚されるようになった。

このようなコレットとの重要な邂逅がもたらした意義についてフィリップスは次のように見事に叙述している。

「エラスムスの友人たちは，彼の学問，ゆとり，人間としての常識や笑い声によって魅せられた。彼らのなかのある人たち，とりわけコレットは，エラスムス自身が気づいていなかった資質のすべてを，認めていた。エラスムスのコレット宛の手紙は，この二人の友のあいだで交された決定的な会話の残響を，明らかに伝えている。エラスムスは，コレットがこんなに若いのに，しかも博士の学位もないのに，オックスフォード大学で多数の聴衆を引きつけたパウロ書簡の講義に対して，興味をいだいたと伝えている。エラスムス自身も同様に聖書の他の部分，おそらく旧約聖書のある部分を解釈してみないかという提案に対し，彼はきっぱり否と答えた。エラスムスは生存中も死後も，知的に高慢であるとの非難をしばしば受けたが，この手紙は深い謙虚さをいつわらずに表明している。スコラ神学者を軽蔑している人がついにその人自身の心を捉えた神学に出合っているのだ。彼はこのような仕事を引き受けるのに必要な経験をいまだ充分に積んでいないのを自覚している。またこのような問題に対処し確信をもって聴衆の前に立つ準備ができていないことを知っている。〈いまだ学んでいないものをどうしてわたしは教えることができようか〉と彼は質問し返している。しかし，このような問いは〔聖書と古典研究による〕溢れんばかりの光を自分のうちに導き入れることになる。彼はコレットが聖書に向かうアプローチのなかに新しい世界の幻を見たのであった。この世界では神学はもはや因襲に縛られたものでありえない。また人間の日常生活とかけ離れた主題を論じたり証明したりするのではなく，信仰自体をしるした文書を，常識と選良の学問の光のもとに直接解釈を下すのである。ここで遂にゆらめいていた謎のかけらが落ちた。すなわち熱烈な人文主義者のエラスムスと神学に気の向かぬ学徒エラスムスとが，一人格のなかで合体したのである。この人のライフ・ワークは一つの偉大な目的，つまりキリスト教の解釈と人間の改善に役立つ古代人の

知恵の評価とを統一しながら促進するという目的をもつに至ったのである」*67。

このようにエラスムスはコレットからキリスト教人文主義に立つ新しい聖書神学を学び、その最初の思想的な結実を初期の代表作『エンキリディオン』を通して発表した。

---

67) M.M.Philips, Erasmus and Northern Renaissance, 1961 p. 43f.

第3章
『エンキリディオン』の研究

───────

　16世紀の初頭にエラスムスの名を高からしめた『格言集』（Adagiorum Collectanea）の大著がパリのジャン・フィリップ書店より上梓された。そこには最初818のギリシア語とラテン語の格言が解説付きで集められており，ルネサンス時代の人々はこれにより教養が深まると信じてこの書を歓迎したのであった。この著作によって古典的教養は広まったとしても，エラスムスの願っていたキリスト教的な敬虔はいまだ表明されていなかった。だが，続いて出版された『エンキリディオン』（Enchridion militis christiani.「キリスト教戦士のエンキリディオン」，以下「エンキリディオン」と略記する）によってこの願いは達成され，ギリシア・ラテンの古典的教養とキリスト教の敬虔との統合が見事に実現し，初期エラスムスの思想の全体像が示されるにいたった。

1　『エンキリディオン』の成立

　1501年パリにペストが流行したため，エラスムスはブリュッセルに行き，各地を回った末，トゥルヌエムに向かい，その地で前に訪ねたアンナ・ファン・フェーレ夫人の城は避けて，あの最初期の著作『反野蛮人論』にも登場している友人バットの家に落着いた。
　コンスタンツの司教座聖堂付参事会員ヨハン・ボッツハイム宛の1523年の手紙によると，彼の友人バットは城主の息子の家庭教師をしていたが，トゥルヌエムにエラスムスとバットとの共通の知人がいた。

その人物はエラスムスは別にして神学者を嫌っており、女性にだらしなく、妻にはむごい人であった。この「ぜいたくで放蕩と姦通に埋もれた人」[*1]によって苦しめられた妻から、バットはどうかエラスムスに働きかけて、夫の良心を覚醒し、立ち直らせてくれるように懇願された。エラスムスは彼女の願いに応じ、小冊子を書いてその役に立つように計った[*2]。

しかし『エンキリディオン』の挨拶の言葉にある「宮廷のある友人」とか、この書の第二版に序文として加えた『フォルツ宛の手紙』にある「この人は宮廷生活から身を引きはなそうとしない」という人物と先の『エンキリディオン』を書き送った人と同一視できるであろうか。あるいはホイジンガが推測するようにそのように書くのは「当時の文学の定石である」[*3]のか。ここではショッテンローアのエンキリディオン成立の研究を参照したい。それによると『エンキリディオン』の送り主「宮廷のある友人」というのはニュルンベルク出身のドイツ人でメッチェルンに定住していたヨハン・ポッペンルイター（Johann Poppenruyter）という人で、当時ではきわめて重要な火砲鋳造人であった。画家アルブレヒト・デューラーは1521年に彼に優遇されたことをネーデルランドへの旅行日記の一節に「そしてわたしは武器鋳造人ポッペンルイターの家にいた。そこでわたしはすばらしいものを見いだした」と記している。ポッペンルイターは1515年に「宮廷の火砲鋳造人」となり、年金の栄誉を受けている。またトゥルヌエムでバットにエラスムスに対し執筆を願い、『エンキリディオン』著述の発端を与えた婦人はカタリナ・フォン・オセグエムで、ポッペンルイターの最初の夫人である[*4]。

『エンキリディオン』の宛先が武器製造人であったことは、「エンキリ

---

1) Allen EP 20, 2ff.

2) しかし、この手紙には『エンキリディオン』を書かせた人々のなかにサン・トメールのフランシスコ会修道院長ジャン・ヴィトリエの名があげられている。エラスムスはトゥルヌエムを去ってからサン・トメールに行き、ヴィトリエと知り合い、この人の深い感化の下にこの地で『エンキリディオン』を書きあげたと思われる。もちろん二年前オックスフォードで知り合ったヒューマニストのジョン・コレットの名もヴィトリエと一緒に記されている。

3) O.Schttenloher, Erasmus, Johann Poppenruyter und die Entstehung des Enchiridion militis christiani. Archiv für Reformationsgeschichite, 45(1954), S.109ff.

4) D.Erasmus, Ausgewählte Schriften, Bd.I,W.Weizig, Einleitung, X.

1 『エンキリディオン』の成立

ディオン」というギリシア語が「手引き」や「必携」の意味だけでなく，「小刀」や「短刀」の意味をもっていることに一致する。つまり，これをもって悪徳や罪と戦う武器を「エンキリディオン」は意味し，エラスムスはこの書の受取人に霊的な武器を提供しようと考えていたことがわかる。このことから16世紀の本書の英訳は handsome weapon となっていた。文人エラスムスが霊的武器を武器製造人ポッペンルイターに渡すと，その返礼として後者が前者に護身用の小刀を贈ったそうである。しかし，この武器交換はあまり意味がなく，どちらも贈られた武器は実際には用いなかったようである[*5]。

『エンキリディオン』は1501年に著わされ，二年後の1504年2月アントワープのテオドール・マルティヌスの手により印刷され，著作集『蛍雪の功』(Lucubratiunclae) の中に他の七作品と合わせて出版された。「この小著はかなり長いあいだ無視されていた」とエラスムスは語っている。1515年6月に単行本の初版が出されているが，いぜんとして注目されなかった。しかし，ルターによる宗教改革の運動が勃発した翌年の1518年8月にフローベン書店から出版された新版は，ベネディクト会修道院長パウル・フォルツ宛の手紙を序文としており，そこに著者の根本思想を要約して提示したことが決定的なきっかけになり，人々の注目するところとなった[*6]。こうしてエラスムスの死の年1536年には50版を重ね，ドイツ語，英語，フランス語，スペイン語，チェコ語の翻訳が出るようになった[*7]。

---

5) Allen EP. VI, 1556, 46.

6) ルターの「95箇条の提題」と明らかに関係する文章がある。「同様に，もしある人が……善行を弾劾している――本当はその善行の前に別の善行をより神聖なものとして優先させているのだが――かのように，ただちに裁判所に呼びだされるのです。それはあたかもある人が教皇の職権による赦免よりも善行に信頼した方が安全であると警告する場合，その人は教皇の赦免を全く弾劾しているのではなくて，キリストの教えによりいっそう確実であるものを選んでいるのと同じです」(199-200頁)。エラスムスはルターによって起こった時代の趨勢に敏感に反応していることが知られる。

7) 『エンキリディオン』の研究に関しては Alfones Auer, Die vollkommene Frömmigkeit des Christen. Nach dem Enchiridion militis Christiani des Erasmus von Rotterdam, 1954 および E. W. Kohls, Die Theologie Erasmus, Bd. I, 1966, S. 69-198 がある。後者の詳細な研究によると『エンキリディオン』のなかにエラスムス神学の全貌が認められ，そこでは，神から人間への方向性と人間の神への帰還が同等に強調されており，二つの線はキリストにおいて交わると積極的に評価している (E. W. Kohls,op. cit.,S.177-90)。しかしルターの研究者ハイコ・A・オーバー

2 『エンキリディオン』の構成

　本書の成立事情からもわかるようにエラスムスはなにか自分の神学体系をここに要約して提示しようとしているのではなく，冒頭の挨拶のことばに見られるように「生活の方法」を示して正しい生活に導く指針を述べようとする。したがって内容的にはキリスト教倫理が彼独自の「敬虔」の観点から，しかもスコラ学的煩瑣な議論によってではなく，キリストがそのために死にたもうた大勢の人たちにも役立つように人文主義の精神に立って説かれた。

　『エンキリディオン』の全体は39章から成るが，それは二部に大別される。第1部は1章から8章までであり，キリスト教的戦士の自己認識が人間学的基礎から論じられ，第2部は9章から39章までであって，キリスト教戦士の実戦上の教則が22箇条あげられる。

　第1部は第1章の短い「挨拶のことば」に続いて次のような問題が論じられた。まず人生に対する警告がなされ，敵と戦うためには武器が必要であることが説かれる。次いで自己認識の重要性が説かれ，人間学的区分法をもって人間観が説かれた。キリスト教倫理の基礎はこの人間学的区分によって解明される。

　第2部は第9章の「真のキリスト者の一般的教則」の導入部に続いて，第10章から第32章にわたって22の教則をあげる。第2部の実践的教えは22の教則のほか特殊な悪徳に対する方策を論じている。それは「好色」，「貪欲」，「名誉心」，「怒りと復讐欲」に対して論じられた[*8]。

　わたしたちはこの書が当時どのような反響を及ぼしたかを考えてみな

　　マンによると，この書はその構成の形式だけではなく，内容において敬虔史のなかで最も退屈な本であって，この作品は全世界を修道院に変えようという理想を追求している（Oberman, Luthers Reformatorishe Entdeckungen, p.31）。またグスタフ・アドルフ・ベンラーツは，『エンキリディオン』を精神化と道徳主義の作品であって，すべてのことが不道徳と悪徳に対する不断の道徳的な戦いに収束していると見なされた（Benrath, Die Lehre des Humanismus und des Antitrinitarismus, S.28-30）。

　　8）教則のなかでも第5教則が31頁にわたって最も詳しく論じられ，次に第6教則が16頁，第4教則が7頁と続き，他の教則は第16章の中間挿入部が18頁にわたって詳しい以外は，きわめて短いものである。

ければならない。この著作の中心は後に詳細に考察するように『エンキリディオン』の第5教則に求めることができる。これに対する反論が1531年にドミニコ会士でルーヴァンの大学教師エウスターキュス・ヴァン・ジッヒェムによって書かれ，次の三点が問題点としてあげられた。
　① 宗教の外的な形態を価値の低いものと判定することは適切ではない。
　② 儀式を低く評価するとなると，その結果良いわざを退けざるをえなくなり，ルターに接近することになる。
　③ エラスムスによって攻撃されている修道誓願の価値を弁護すべきである。
　さらにルーヴァンの聖ペテロ教会の助任司祭であったパウロ・ドウ・ローヴェレは「わたしはかつてエラスムスの『エンキリディオン』を読んだ。エラスムスが言っているのは，真実には救いへの道と破滅への道という二つの道があって，第三の道はない。私はこれを読んだとき，稲妻に触れたように感動した」(Van Santbergen 50) という記録が残っている。
　ジッヒェムの非難とローヴェレの驚きは，その同時代の人々の関心を示している。彼らはいずれも驚きを表明している。それは宗教の外的形式を軽視していることに対する賛否両論の反応である。後者にとっては無益なものから解放であり，宗教本来のものへの突破が，前者には宗教の核心を破壊するものであった[*9]。

3　思想の全体像と意義

　エラスムスは『エンキリディオン』において自己の思想の全体像をはじめてまとまった仕方で提示した。既述のように一人の婦人の願いによって彼女の夫を更生させる目的で書かれた実践的で道徳的な著作であるが，その中には彼自身の思想がかなり明確に説かれており，その基本姿勢はその後も変化していないといわれる。その意味で「『エンキリディ

9）　これらの説に関して Cornelis Augustijn, Erasmus His Life, Works, and Influence, 1991, p.45f. 参照。

オン』を理解する人は，エラスムスを知っている」[*10]とも言えよう。というのはこの書物のような学問的にも真剣に取り組んでいる思想から理解して行って，『対話集』や『痴愚神礼讃』などの文学作品に向かうと，皮肉や風刺のなかにも，浅薄で皮相的なルネサンス的世界享楽ではない，独自な思想の世界へと導かれるからである。

『エンキリディオン』の冒頭のことばは次のようである。

「主にあって敬愛する兄弟よ，あなたは大変熱心に，あなたがその教えによってキリストにふさわしい精神へ到達することができるような，ある種の生活の簡潔な方法をわたしがあなたに教示するよう切望なさいました」[*11]。

ここに著作の内容と目的が明らかに語られている。つまり「ある種の生活の簡潔な方法」（compendiaria quaedam vivendi ratio）とあるような実践的指針を示す内容となっており，具体的には 22 の教則の提示となっている。また，その教則の目的は「キリストにふさわしい精神に達すること」（ad mentem Christo dignam pervenire）である。ここに実践的であって同時にキリスト中心の神学を確立することがエラスムスの究極の目的であることが示される。

そこで彼がキリスト者の武器として「祈りと〔聖書の〕知識」をあげている有名な主張から紹介し始めよう。

「それ（二つの武器）は祈りと〔聖書の〕知識です。たえず祈るように命じているパウロはわたしたちが不断に武装していることを願っています。清純な祈りは，敵が決して近づきえない城塞のように天上に向かってわたしたちの心情を高く引きあげます。知識のほうは救いに役立つ意見でもって知性を強固にします。こうして二つともそれぞれ他の方のために欠けてはなりません」[*12]。

この主張は『エンキリディオン』の第 5 教則でもう一度くり返し説かれているように重要なものである。この武器を携行した戦士の姿は 16

---

10) A.Auer, Die vollkommene Frömmigkeit des Christen nach dem Enchiridion militis Christiani des Erasmus von Rotterdam,1954, S. 53.

11) エラスムス『エンキリディオン』金子晴勇訳,「宗教改革著作集 2」教文館, 1989 年, 7 頁。

12) エラスムス前掲訳書, 18 頁。

世紀のキリスト教騎士像と重なっている。たとえばデューラーの「騎士と死と悪魔」を想起すればおのずと明らかである。エラスムスが「人間の生活は……ヨブが証人となっているように，不断の戦闘以外のなにものでもない」[*13]と言い，その戦いを交える相手が悪魔であると述べているところに，デューラーの絵と等しい構図が認められる。「見たまえ，邪悪きわまる悪魔どもがあなたを破滅させようとして上から絶えず見張って警戒しているのを。彼らは多くのたくらみをもって，また千もの破壊の技術でもってわたしたちに対して武装しているのです」(同)。悪魔が武装しているのであるから，騎士の方も同じく武装していなければならない。そのさい「祈りはもっと力強く，神と対話するようになるほどである」[*14]とあるように，神との霊的交わりに入れるが，それが許されているのはキリストの血による贖いによる[*15]。だからキリスト教の戦士は「洗礼」の「至聖なる儀式によって締結した約定」を結び，「指導者キリストの麾下に編入されている」(同)。それゆえ戦士の現実は次のように述べられる。

　「あなたは〔キリストの〕からだのなかにあり，そのかしらによってすべてをなしうるということにのみ注目しなさい。あなた自身においてはあなたは確かに余りに弱すぎますが，かしらなるキリストにおいてあなたのできないことはありません」[*16]。

次にもう一つの武器「知識」は何を具体的内容としているのであろうか。「イエスの名前によってあなたが救いに役立つものを熱望するように，知識は明らかに示します」[*17]とあるように，それは魂の救済についての知識，したがって聖書の知識が考えられている。神の言葉は魂の糧である。それは神的精神の深みから来たる神託である。

　「もしあなたが宗教的敬虔な態度で，尊崇の念をもって，謙虚に近づくならば，表現を超えた方法で神の霊により満たされ，働きかけられ，拉し去られ，表現しがたい仕方で改造されるのをあなたは感

---

13) エラスムス前掲訳書, 8 頁。
14) エラスムス前掲訳書, 19 頁。
15) エラスムス前掲訳書, 10 頁。
16) エラスムス前掲訳書, 16 頁。
17) エラスムス前掲訳書, 19 頁。

じるでしょう」[*18]。

　このような武器をもってキリスト教の戦士は戦うのであるが，戦いを困難にしているものに身体を担っているという事実，つまり人間的基礎条件がある。エラスムスは言う，「わたしたちがこの身体の部署に就いて戦っているかぎり，極度の嫌悪感と総力をあげて悪徳に挑戦しないなら，神との平和を結ぶ他の条件は全くない」[*19]と。だが，身体だけではない。人間の不滅の部分である魂も，悪魔の攻撃を受け，身体と同じく地獄に突き落とされている。「あそこ〔の地上の戦い〕では勝者の剣が身体から魂を引きはなすという最悪の災いがあり，ここ〔での戦い〕では魂自体からその生命なる神が奪い取られる」[*20]。したがって不敬虔な人たちには文法学者のいう「身体は墓のごとし」(soma quasi sema) とある語源的説明はあてはまるが，「神から見棄てられた魂が死んでいるほどには，魂の抜け去ったどの身体も死滅してはいない」[*21]。ここから身体に優る魂の問題が前面に立ち現われてくる。魂の死は罪により招来されたが，キリストが罪の圧政的支配を倒した。「とはいえ，あなたの熱心な努力なしにはこの勝利はあなたに生じなかったのです」[*22]。また「神はあなたのために戦って下さるでしょう。そしてご自身の恵みの賜物を功績に応じてあなたに帰して下さるでしょう」（同）と，エラスムスは救済と功績についてまで語っている。

　さて，このような戦いを遂行するにあたって，何よりも自己自身についての知が必要になってくる。キリストの援助を受けて戦うにしても，戦う相手を十分によく知らなければならない。その相手はもはや悪魔や死という外から迫りくる力ではなく，自己の悪魔にほかならない。「汝自身を知れ」というギリシア悲劇時代の箴言は古来知恵の主眼点として立てられているものであるが[*23]，これにより戦いの相手は自己自身であることが自覚される。「さらに自分の軍隊をも敵の軍隊をも十分知っていない戦士は，甚だ役立たないことは明らかでしょう。しかるに人が戦

---

18) エラスムス前掲訳書, 24 頁。
19) エラスムス前掲訳書, 10 頁。
20) エラスムス前掲訳書, 13 頁。
21) エラスムス前掲訳書, 15 頁。
22) エラスムス前掲訳書, 17 頁。
23) エラスムス前掲訳書, 35 頁。

うのは〔他の〕人に向かってではなく，むしろ自己自身に対してであります。また，まさに自分自身の内奥から敵の戦列がわたしたちに向かって立ちあがってきます」（同）。「汝自身を知れ」というのは人間学の主題である。エラスムスはこの格言にしたがって人間学的自己省察に入ってゆく[*24]。そのさい身体と魂という人間学的区分法の問題を積極的にとりあげて論じている。次に彼の所論に立ち入って本書で論じられている主要な問題点をいくつかあげてみよう。

4　人間学的区分法

『エンキリディオン』第5章「外的人間と内的人間について」の初めのところに語られているエラスムスの人間学の全体像を最初に説明し，魂と身体の人間学的二区分の問題を考察してみたい。

「人間は二つ或いは三つのひじょうに相違した部分から合成された，ある種の驚くべき動物です。つまり一種の神性のごとき魂と，あたかも物いわぬ獣とからできています。もし身体についていうなら，わたしたちは他の動物の種類にまさるものではなく，むしろそのすべての賜物においてそれに劣っています。しかし魂の面ではわたしたちは神性にあずかるものであり，天使の心さえも超えて高まり，神と一つになることができるのです。もしあなたに身体が与えられていなかったとしたら，あなたは神のような存在であったでしょうし，もし精神が付与されていなかったとしたら，あなたは獣であったことでしょう」[*25]。

---

24) 「汝自身を知れ」との格言は人間がその霊において神的であるから，神と等しいものとなるように努力しなければならないと教えるために立てられた。古代の人々はこれがあらゆる知恵の総体であると信じていた。しかし聖書もまた，人間が自分のことを霊と肉として認識するよう呼びかけている。このように自己認識を要求することから明らかなのは，エラスムスが人間の可能性に対して揺るぎなき信頼をもっていたことである。彼によると最も危険なのは，人間の盲目と肉と弱さ，そして洗礼の後もまだ残っている原罪の残滓である。盲目というのは理性の理解力を暗くする無知という霧である。これによって光り輝く神の光が曇らされてしまい，悪い教育，悪い交際などがいっそう人間を暗くしてしまったからである。」（エラスムス前掲訳書，31-32頁と『格言集』I, VI, 95 参照）。

25)　エラスムス前掲訳書，36頁。

ここにエラスムスの人間像の全体が魂と身体という人間学的区分法によって明瞭に示されている。彼は人間の自然本性をまず神の創造に即して考察し，次いで人間の罪により創造の秩序が破壊されて，実存的窮地に陥っている有様を描いている。創造者は人間の魂と身体とが調和するように人間を造った。したがって神性を帯びた魂のみが人間の本質であって，身体は墓のように魂を閉じ込め疎外させているというプラトンがオルペウス教から受容した思想をエラスムスは説いていない。むしろソーマ・セーマ学説ははっきり否定されている[26]。人間は元来「魂と身体」(anima et corpus)から二元的に構成されていて，もし身体がなかったら神のようになり，人間ではなくなってしまう。したがって身体をもった人間が魂において神と一つになるよう超越することこそ人間の本来的存在なのである。この超越によって心身の調和が保たれる。しかし身体は動物的であるため魂と至福の調和を保つことがむつかしく，ここに人間存在の自己矛盾性と不安定さが示される。こうして矛盾を含みながらも魂と身体とはそれぞれ役割を異にして人間において一つの統合を保っている。つまり人間は身体によって現世に関わり，魂をとおして天上的不滅なるものを愛求する。「等しいものは等しいものによって把握される」(similis similibus capitur)の原則がここで示されている[27]。このように役割を異にしながらも，精神が身体を支配し，身体が精神に服従するという秩序が続いて説かれても，この支配秩序が，暴動が起こった国家にみられるように，転覆されると，人間の心はその信念においてすさまじい戦闘がくり広げられる場所となる。このような不和と格闘とを生じさせたのは人間の罪である。

　理性と情念との戦い　　人間は魂と身体とから合成された存在と考えられた。二つの構成要素は人間にとり所与の事実であり，その構成秩序は魂による身体の支配にあった。ところが罪によって身体の情念が理性的魂に挑戦し反逆するようになった。エラスムスは『エンキリディオン』第6章「情念（affectio）の相違について」において情念論を展開する。まず情念を貴族的にして高尚なものと，平民的で下等なものとに区別

---

26) エラスムス前掲訳書，15頁。
27) エラスムス前掲訳書，32頁。

し，両者が王侯の役割を演じている理性に対する関係を次のように説明する。

「人間においては理性が王の役割を果たしています。あなたは情念のあるものを——身体的であってもしかし同時に下劣なものではない——貴族と考えてもよいでしょう。この種の高尚な情念には親に対する生まれながらの敬愛，兄弟姉妹への愛，友人への好意，不幸な人たちへのあわれみ，不名誉に対する怖れ，名声への欲望その他類似のものが属しています。それに対し，理性の命令にできるかぎり対抗し，最悪なことには家畜の卑しさにまで転落している者たちの心の運動を，平民のなかの最も下等なかすのようなものと考えなさい。これに属するものには，情欲，放蕩，嫉妬およびこれと似た心の病いがあります」[*28]。

情念がこのように貴族的なものと下等なものとに区別されているが，後者はストア的に「心の病い」(morbus animi) と呼ばれ，プラトンでは「魂の激情」(perturbatio animae) と呼ばれている[*29]。このような下劣な情念の反抗をうけても，王者としての理性は不滅であると主張される。「わたしたちの王は神により刻み込まれた永遠の法のゆえに，苦しめられることがありましても，抗議したり抵抗しないほど壊敗されることはありません。……王は最高の節制と最大の静寂さをもって万物を司るでしょう」[*30]。さらにエラスムスはこの戦いに対してとられているストア派とアリストテレス派の態度をあげる。ストア派は理性によって情念を制圧しかつ根絶すべきであると説き，アリストテレス派は情念を正しい方向に向けて抑制し生かすべきであると説く。エラスムス自身はストア派のように情念を根絶し，アパテイアの境地に達しうるとは信じていない。かえって理性が心の病いを秩序づけ，有害な働きを抑えるように努めるべきであると考える。

したがってエラスムスは人生の課題を悪徳と戦うことにおき，この倫理的，宗教的当為を人間学的区分において存在論的に把握しようと試みたのであり，この区分の上に立って理性と情念との対立も説かれている。

---

28) エラスムス前掲訳書，38頁。
29) プラトン『ティマイオス』69D．
30) エラスムス前掲訳書，68頁。

このような思想展開はプラトン主義に共通した傾向であるといえよう。古くはアウグスティヌスがキケロの『ホルテンシウス』を読んで，哲学へ向かうが，その時の内心の分裂は理性と感性との対立であった。この場合の感性は情念と同じ事態を指している。アウグスティヌスもこの情念をストア的に根絶しようと試みるが失敗し，プラトン主義により悪を存在論的に理解する知見の下に解決する方向を見いだした。エラスムスもアパテイアをその非人間性のゆえに退けているが，理性による身体的情念の支配は，情念を排除もしくは根絶することを意味しないで，秩序によってその存在と権利とを承認するものである。ここに人生をより高い観点に立って肯定してゆく態度が見られる。

さらにエラスムスは理性と情念との戦いをプラトンと聖書とが等しく説いている点を論じる。『エンキリディオン』第7章の「内的人間と外的人間，および聖書から見た人間の二部分について」がこれを扱っている。彼はプラトンとパウロを対照して議論を展開するので，両者の共通点としてあげられている議論の当否について考察してみなければならない。

彼はまずキリスト教界の現状批判から開始する。キリスト教徒といっても，家畜のように情念に仕え，情念に対する戦いも，理性と情念との差異も知らず，理性が情念の奴隷状態に陥っている場合には，その名を恥じるといって彼は批判する。キリスト自身偽りの平和を退けたように，理性と情念との間に「救いに導く戦い」を起こしたもうと主張する。というのは聖書もプラトンと同じ言葉ではないにしても，同義語を用いて語っているからである。

「しかし，たとえ同じ言葉ではないにせよ，同じ事柄がすべて聖書の中に指示されていないならば，哲学者の権威はすでに価値が低くなっているでしょう。哲学者たちが理性と呼んでいるものを，パウロはある時は霊，ある時は内的人間，またある時は心の律法と呼んでいます。彼ら〔哲学者たち〕が情念と呼んでいることを，彼は時には肉，時には身体，時には外的人間，また時には肢体の律法と呼んでいるのです」[*31]。

---

31) エラスムス前掲訳書，45頁。

ここにプラトンとパウロの人間学的区分法が対比して述べられている。エラスムスはこれまでプラトンにもとづいて説いてきたことを今度は聖書から論じようとして，両者の比較を行なっている。

5　哲学に対する基本姿勢

異教の哲学に対するエラスムスの基本姿勢は先に引用した「たとえ同じ言葉ではないとしても，同じ事柄がすべて聖書の中に指示されていないならば，哲学者の権威はすでに価値が低くなっているであろう」という主張に明らかである。つまり異教の哲学は聖書の内容と一致するかぎりで価値を認められるのであるが，実際には後に明らかになるように異教の哲学とくにプラトンによってパウロも解釈されているといえよう。したがってプラトン哲学とパウロ思想に共通しているとエラスムスによって解釈されたものが積極的に主張されている。そこには異教の哲学や文学に聖書理解のための予備学（Propädeutik）といった位置と性格が与えられている。

　「実際，わたしは未熟な新兵の時代には，この戦いのために異教の詩人たちや哲学者たちの著作によってあらかじめ訓練しておくことをすこしも非難したくないのです。ただし，適正な方法で，また年齢に応じて，だれでもそれらの著作を自分のものにし，あたかも通過してゆくかのようにすばやく捉え，けっして深く立ち入らないで，セイレーンの切立つ岩にとどまって年老いてはならない。……あの〔古典文学の〕書物は若い才能を形成し活気づけるし，神の聖書を認識するのに驚くべき仕方で準備します」[*32]。

異教の思想をこのように扱っている実例としてバシレイオス，アウグスティヌス，ヒエロニュムス，キプリアヌスを順次あげ，モーセが岳父エテロの忠告を聴き入れたように，異教の著者たちの警告を受け入れるべきであるという。その中でもプラトン主義に対してはとくに高い評価を与えた。「哲学者たちの中ではプラトン主義者たちに従うほうがよ

32）　エラスムス前掲訳書，22頁。

いとわたしは思います。というのは，彼らがきわめて多くの見解において，また語り方の特徴自体においても，預言者と福音書の形態にきわめて近いところに接近しているからです」(同)。実際，こういうことの実例として先に引用した人間学的区分法の対照が試みられたのである。しかしエラスムスは両者を単に並列的に並べて比較しているのではなく，あくまでキリスト教に中心を置いていることは，前文に続く次の言葉がよく示している。「最も大切なことは，すべてのことがキリストに関わらせられているかどうかということなのです」(quod est praecipuum, si omnia ad Chrisum referantur.) [33]。

さて，上述のプラトンとパウロとを人間学的区分法によって比較したテキストを要約すると次のようになる。

プラトン ┌ 理性……霊・内的人間・心の法   ┐ パウロ
         └ 情念……肉・身体・外的人間・肢体の法 ┘

エラスムスは単純にプラトンとパウロとが同じ事態を扱いながらも，用語が相違しているにすぎないとみなす。しかしプラトンの「理性」とパウロの「霊」とを同一視することは不可能であろう。この点を考察するに先立ってエラスムスのプラトン理解およびそのパウロ理解にふれておく必要がある。

『エンキリディオン』のなかでプラトンの名前は多くでてくる[34]。しかし魂の区分では『ティマイオス』にもっぱら依っている。つまり,「プラトンは一人の人間のうちに二つの魂をおいています。パウロの方は同じ人間のうちに二つの人間を創造しています」という場合,『ティマイオス』における「不死なるものと名を等しくするにふさわしい部分で，神的と呼ばれる」魂と「魂の別の種類のもの，つまり死すべき種類のもの」との区別が考えられ[35], これがパウロのいう「内的人間と外的人間」の区別に相当すると考えられた。

---

33) エラスムス前掲訳書, 23 頁。
34) 書物としては『ティマイオス』,『パイドン』が繰り返しあげられ,『パイドロス』と『国家』からの比喩が多く用いられ,『饗宴』,『プロタゴラス』,『ゴルギアス』に関連した内容が見られる。
35) エラスムス前掲訳書, 74 頁, プラトン『ティマイオス』41C

さて，プラトンによると死すべき種類の魂は神的種類のものと同じく身体を受けとると，自分のうちに恐ろしい諸情念を必然的にもつことになり，神的なものである理性を汚すようになるので，頭と胸とが首により仕切られ，魂は胸のなかに縛りつけられたのである。これにしたがってエラスムスも内的人間を「王」と呼び，それを理性とみなし，外的人間を身体的情念により支配された存在とみなした。またエラスムスが行なった情念の区別もプラトンの『ティマイオス』に見られる[*36]。このようにエラスムスはプラトンの『ティマイオス』にしたがって人間の創造的本性を叙述し，これがキリスト教の人間観と一致すると考えているが，それでもなおプラトンとの相違点を切り捨て，もっぱら共通点のみをあげているといえよう。そこにはキリスト教的世界観が当然のことながら支配的である。プラトンの世界製作神デミウルゴスは星辰の神々の参与のもと人間を造っている。すなわちデミウルゴスは人間の魂のうちでも不死なる部分をなす理性をみずから製作したのち，星（恒星）と同じ数に分割し，掟を授けた。さらに魂が諸惑星に蒔かれると，神的循環運動により身体に植えつけられ，魂も循環運動に入る。エラスムスにはこの星辰の神々の働き，および魂の循環運動にみられる輪廻転生という教説はない。エラスムスの神はキリスト教の創造神であり，魂と身体の全体が神により造られ，身体も人間の本性であって永遠の生命にまで導かれる。だからプラトンのように身体を魂がそこから解放されるべき疎外態とみなすことなく，身体は魂との「幸せな和合」の状態にあるべきであったのに，罪のため不和が生じていると説かれた。また人間における魂と身体との結合は一回的であり，魂の循環は否定される。したがってエラスムスはプラトンに見られる神話的世界像から全く自由に，人間の二元的構成のみを単純に受容しているといえよう。

6　人間学的三区分法と霊の理解

エラスムスは「オリゲネス的な人間の区分」(Origenica hominis

---

36)　プラトン『ティマイオス』70A

sectio）と呼ぶ人間学的三区分法（spiritus, anima, caro）をとりあげて彼の人間学をいっそう厳密に論じている。

　「この聖書の箇所〔Ⅰテサロニケ 5. 23〕からオリゲネスが人間の三区分を導きだしていることは不適当ではありません。〔1〕わたしたちの最低の部分である身体もしくは肉には，あの老獪な蛇が罪の法則を〔わたしたちの〕生まれながらの罪過によって書き込んだのです。また罪の法則によってわたしたちは不品行へと挑発され，それに征服された場合，わたしたちは悪魔の一味とされるのです。〔2〕しかし神の本性の似姿をわたしたちが表現している霊のなかに，最善の創造者が自己の精神の原形にしたがって，かの永遠の徳義の法を指でもって，つまり自己の霊でもって刻み込んだのです。この法によってわたしたちは神に結びつけられ，神と一つになるように引き戻されます。さらに〔3〕神は第三として，またこの二つの中間として魂を立てました。魂は知覚と自然衝動にかかわるのに適しています。魂は，党派によって分裂した国家におけるごとく，党派のいずれか一方に加盟しないわけにはいきません。それはあちらこちらに引きこまれます。しかし二つのうちのどちらに決定しようとするかは，魂の自由です。もし魂が肉を拒絶し，霊の党派に味方するとしたら，それ自身が霊的になるでしょう。しかし，もし肉の欲望に自己自身を捧げるとしたら，自己自身を身体にまで貶めるでしょう」*37。

　このテキストにおいては身体と肉の区別はなされていない。「身体もしくは肉」（corpus sive caro）と言い換えられているところを見ても明らかである。同様のことは霊と精神についてもいえる。「霊」（spiritus）は「神の本性の似姿」（divinae naturae similitudo）であって，「神の精神の原形」（suae mentis archetypum）にしたがって永遠の法が与えられているとあるように，霊と精神は同質のものとみなされる。したがって，ここで新しい点は霊と肉の中間に立っている魂の理解である。そこで魂についての論述の特質をあげてみる。

　（1）　エラスムスがオリゲネスの三区分法として採用したものは出典

37）エラスムス前掲訳書，53 頁。

が聖書であるが，そこにはオリゲネス自身が影響を受けているプラトンやストア派の哲学との関連が認められる*38。それは精神と身体との二元的対立に現われているが，プラトンの人間学で魂は神的起源のゆえに高き地位をしめているのに反し，エラスムスは魂を無記中立的(indifferens)なものとみなし，これが霊と肉との間に立つ中間的にして自由な存在である点を力説する。しかも中間存在であるとはいえ，両者のいずれかに味方し，一つに合体すべく態度決定をなすように措定されているとみなした。

（2） 魂は中間的で無記的であっても，その自由な選択行為により自己形成をなす。魂には決断の自由がある。先のテキストでは「しかし，二つのうちのどちらかに決定しようとするかは，魂の自由である」と説かれていた。「二つのうち」とは霊が求めるものと肉が誘うものである。つまり，「魂は岐路に立っていないのでしょうか。肉がこちらでは〔魂を〕誘惑し，霊がそちらでは促しています」*39。もし霊と肉との葛藤が原罪に由来するとするなら，現実の罪は肉と魂のより下劣な情念とに従う自由意志が実際に行なった決断の結果である。しかし二つの誘因は同等のものではなく，理性がかつて肉に対し支配力をもっていたように，堕罪以後においても精神は知性に命令し，意志はそれをある程度は選び実行することができる。したがって，「二つのうちの」葛藤は自由意志が知性の命令に従って徳を実現する過程において挫折したことを自覚することから生じている。このような状況においてはじめて決断の行為が功績と考えられる。それに反し「自然本性に属しているものは功績として数えられない」*40。「欲情を欠いていることではなくて，欲情に打ち勝つことが徳に属している」*41と主張される。人間の気質，傾向，特性も自然本性に属しているので，これらを徳と考えてはならない。また善でも悪でもない中立的な性質を徳性と見誤ってはならない。むしろ行為者の内的意図，行動の動機から行為を判定しなければならない。たとえば評判

---

38) オリゲネス『諸原理について』3.4, 2.8.
39) エラスムス前掲訳書，83頁。
40) エラスムス前掲訳書，53頁。
41) エラスムス前掲訳書，83頁。

や利益を目指して行為する人は霊ではなく肉の臭いがしている[*42]。エラスムスがいまや霊と肉を対象的にではなく行為の内的意図の下に区別している点を注意すべきである。そこには「神の前」(coram Deo) という宗教的規定が明らかに語られてくる。この自然本性とは異質な，決断によってはじめて明確になる「霊」の理解について次に述べる。

　(3)　霊を自然本性としてのみならず，霊的な生き方として主体的に理解するとき，キリスト中心主義ともいうべき理解が開かれてくる。霊的な人は神を中心とする生き方をしているため，断食しながら，断食しない人を非難したり，祈りながら祈らない人を裁いたりしない。外的に敬虔を装う偽善こそ内的意図からあばかれ，肉的人間として判断される。なぜなら神は霊であり，断食が外的に敬虔を装っても内的には他人を裁いたりする自己中心の動機を「肉」とみなすからである。この場合，肉とはもはや食物ではなく，他人を無視して自分のことばかりを神に向かって主張する態度である。だから次のように言われる。「あなたの断食が肉に関係ないように注意しなさい。兄弟があなたの助けを必要としているのに，あなたは兄弟の困窮をみすごしにして神に向かい自分の祈願をつぶやいているのです。神はあなたの祈りを拒絶したもうでしょう。あなたが人間として〔その兄弟である〕人間に聞かないとしたら，いったいどうして神が祈っているあなたに聞かれることがありましょうか」[*43]。

　エラスムスはもう一つの例をあげて説明する。それは妻に対する愛で，三つに分けられる。(1) 名目上の愛。妻であるという名目だけで愛する場合には異教徒と共通したものである。(2) 快楽のための愛。これは肉を目ざしている。(3) 霊的な愛。これについて次のように語られている。「あなたが妻のうちにキリストのみ姿を，たとえば敬虔，控え目，節制，貞淑を認めたからこそ，彼女をとりわけ愛するときには，あなたはすでに彼女を彼女自身においてではなく，キリストにおいて愛しているのです。否，あなたは彼女においてキリストを愛しています。こうして結局あなたは霊的に愛しているのです」[*44]。

---

42)　エラスムス前掲訳書，56 頁。
43)　エラスムス前掲訳書，84-85 頁。
44)　エラスムス前掲訳書，85 頁。

この三様の愛の説明のなかにエラスムスにおける霊と肉の意義が明らかになっている。外観上の愛は無意味であり、肉は快楽主義を指しているが、霊はキリスト中心主義的な生活を意味している。もちろんキリストの姿が依然として倫理的特性たる徳行によって述べられてはいても、「霊的に」(spiritualiter) はもはやプラトン主義的な精神性ではなく、キリスト教本来の意味で把握されている。このような宗教的な意味で次の勧めがなされている。「あなたが肉であるなら、あなたは主を観ないでしょう。あなたが主を観ていないとしたら、あなたの魂は救われないでしょう。だから、あなたが霊となるように配慮しなさい」[*45]。

　それゆえ、ここからフィレンツェのプラトン主義者たちとの相違が明瞭となる。フィレンツェのプラトン主義者たちは人間を、もともと二つの実体をもつものと考えていたので、戦いは罪とその結果に対してではなく、人間の低次の傾向性にだけ向けられていた。それに対しエラスムスは、人間における不和は悪魔の出現によって生じたということから議論を始める。創造者の手によって、よく据えられていたものを、悪魔が損なった。彼は人間の状態を、暴動で荒れ狂っている国家になぞらえる。最下層の群衆、すなわち低次の欲望が、王すなわち理性に対して蜂起するが。人間のこの最高の部分である理性 (ratio) は、損なわれることなく神的な状態を保っている[*46]。エラスムスにとって理性が人間の最高の部分であり、理性に脳という居場所を割り振ったことは特徴的なことである。しかし他の箇所でエラスムスは次のように説明している。「創造者はその指で、すなわち御自身の霊によって、人間の霊に永遠の徳義の法を刻み込まれた」[*47]、と。このようにエラスムスは粗野な合理主義を避けているが、彼にとっては合理的なものと道徳的なものとが重なっていることも同時に明らかである。神は各人に善と悪を理解する力を与え、その道徳的な意識は罪によっても失われることはなかった。人間はその霊によって、何が善であり何が悪であるかを知り、当然そこから自分のなかで霊と肉の戦いが生ずる。すべての注意はここに集中している。このような思考過程のなかで『エンキリディオン』は書かれた。エラスム

---

45) エラスムス前掲訳書、52頁。
46) エラスムス前掲訳書、37頁。
47) エラスムス前掲訳書、53頁。

スは教育者，司牧者として，キリスト教的生活の実践のための指示を与えようとした。

7 哲学的神学の根本命題

次に『エンキリディオン』にエラスムスの「哲学」が具体的にどのように展開しているかを考察してみたい。彼は現世の感覚的世界の中で人間が故郷を失ってどのようにさ迷い苦しんでいるかを見ており，そこから脱出することに彼の哲学の中心的課題をとらえ，具体的に思想を定着させた。これが「教則5」として定式化された。

エラスムスは人間を魂と身体とに分けて考察したさい，この二区分法の根拠として形而上学的二世界説，つまり知性的世界と可視的世界との二区分を，プラトンから導入し，魂と身体とから成る人間は「不可視なものへと可視的なものを整序する」(collatio visibilium ad invisibilia) という実践的基本法則を確立したのであった[48]。人間は二つの世界にまたがって存在する中間的なもの (res mediae) である。このような存在として人間はいかに行為すべきかということがエラスムスの実践哲学の中心課題である。

そこで「教則5」が人間学的前提から根本法則として定式化されているところを考察することにしよう。次のように規則が述べられている。

「わたしたちはそれになお第5の教則を補助として加えたい。それは，もしあなたが概して不完全であるか，中間的なものにすぎない可視的事物から不可視的事物へ人間のより優れた部分にしたがって常に前進しようと努めるなら，あなたがこの一つのことによって完全な敬虔を確立するようになるためです。」[49]。

ここに述べられている人間の優れた部分というのは前に解明された魂と身体の二区分にもとづいている。この人間存在に内在する区分と秩序にしたがって可視的世界から不可視的世界へ超越することが実践哲学の中心課題として示される。人間自身は「中間的なもの」であるからこの

---

48) A. Auer, op. cit., S.80.
49) エラスムス前掲訳書, 76頁.

超越を本質となし，自分を享受すべきでなく最高目的のために使用すべきであり，可視的世界を享受してそこにとどまり続けてはならない。つまり人間は「旅する人」（homo viator）として可視的世界においてはその「寄留者」（peregrinus）にすぎない。「可視的世界にあってはわたしたちは寄留者ですから，決して休息してはならないし，感覚に現われてくるすべてのものを適切な比較照合によって天使界へ，あるいは（さらに有益なことですが）道徳へ，またあの〔知性の〕世界にふさわしい人間の部分へ関係づけなければなりません」（同）。この超越のためにはプラトンが『パイドロス』で語っている例の「翼」が必要であり，創世記のあのヤコブの「はしご」もこの超越を暗示する。
　彼の実践哲学の特質を示すと以下のようになる。
　(1)「人間は寄留者にして旅人である」（homo peregrinus et viator）。二つの世界にまたがる人間存在の本質は超越であるから，現世に，「憩う」(conquiescere)，「定住する」（consistere）「ぐずぐずする」（restitare）また「地上を這い回る」（humi reptare）ことの間違いがたえず指摘される。現世に存在するかぎり，感覚的迷妄のうちにあってたえず欺かれ，神の顔を見る至福の観照には到達しがたい。そこにはプラトン主義の世界逃避や，「新しい敬虔」の世界蔑視に共通した見方があるが，エラスムスは可視的世界がより高い世界の比喩として現われていると考え，ただこの世界に執着し続ける生き方を否定する。彼自身が一生を「旅する人」に徹していたことがこの思想の根底にある事実である。
　(2)　敬虔の純粋性を説いている。家族や友人に対する自然的愛が徳でないように，自然本性から生じる敬虔を排斥している。「自然本性に属しているものは功績として数えられません」。徳は人格が霊的に改造されてはじめて成立する。また「性欲を欠いていることではなく，それに打ち勝つことが徳に属している」[*50]。自然本性は徳と敬虔とのための素材（materia）にすぎない。だから自然本性を用いて徳と敬虔とを実行しなければならない。「だから，あなたが霊となるように配慮しなさい」(Cura igitur, ut sis spiritus.)[*51]。世界も身体も神に造られているかぎり善である。しかし，これを使用して徳と敬虔との実現にいたらず，怠慢に

---

50) エラスムス前掲訳書，55-56 頁。
51) エラスムス前掲訳書，52 頁。

も現世のうちにとどまる「肉的人間」（homo carnalis）が悪徳の根源である。

（3）　さらに敬虔は迷信から区別されている。根本法則はこのことを教えている。「この誠命は，それをゆるがせにしたり知らなかったりすると，たいていのキリスト教徒が敬虔である代りに迷信深くなり，キリストの御名のほかは異教徒の迷信と大差のないものであるという事態に関わっているのです」[*52]。迷信は感覚的しるしにとどまり霊的現実に向かわないところに現われる。だから可視的しるしに依存する信心は出発点にすぎず，真の信心が完成されるにつれて，感性的対象から自由となっている。

（4）　ここからエラスムスの時代批判がその宗教生活に向けて展開する。それはキリスト教の本質の理解から発している。「キリスト教というのは霊的生命ではないのですか。……なぜなら，キリスト・イエスにおける生命の御霊の法則が罪と死との法則からわたしを解放しているからです」[*53]。つまり「神は霊であり，霊的犠牲により和解される」のであるから，キリストの犠牲は霊と愛から捧げられ，キリストに従う生活も霊と愛に導かれたものでなければならない。「神は，霊的な生活の実践が儀式よりも隣人愛のうちに場所をもつことを想い起こさせています」[*54]。そこで諸々の外的儀式，エルサレム巡礼，ローマ旅行，キリスト像の所有，十字架の破片の管理，パウロの骨や聖人の崇拝，献金，罪の告白を十回復唱することなどの無意味さが鋭く批判される。「だが彼らは何に対して無知だったのでしょうか。明らかにそれはキリストが律法の終りであり，またキリストが霊であり，愛でありたもうということです」（106頁）。

8　キリスト観

これまで考察してきた根本法則は，エラスムスの説明によるとさら

---

52)　エラスムス前掲訳書，76頁。
53)　エラスムス前掲訳書，92頁。
54)　エラスムス前掲訳書，101頁。

に上位の規則に仕える「補助のようなもの」(quasi subsidiaria) である[*55]。この最上位の教則は「不可視の世界は事実有効な中心キリストをもっている」というにある。この霊的世界の中心たるキリストは人間が目ざすべき唯一の目標であり，また教師にして模範である。

(1) 「唯一の目標」(unicus scopus) としてのキリスト。

エラスムスはフイリピ 3. 14 の「目標を目ざして走り」にしたがって唯一の目標としてキリストを立て，教則 4 で次のように述べている。

「あなたの全生涯の唯一の目標のようにキリストを前に据え，すべての熱意，あらゆる努力，いっさいの閑暇と仕事をこのお一人に向けることです。……唯一最高善のようにキリストにのみ目を注ぎなさい。こうしてあなたはキリストのほか何ものも，あるいはキリストのためでないなら何ものも愛さず，崇拝せず，追求しなくなるでしょう」[*56]。

ここにはキリスト中心主義の神学思想が明らかに語られている。唯一の目標たるキリストは宗教共同体の中心に据えられ，不純な傾向性から心を清め，敬虔の純化をもたらす。このことは単に宗教の狭い領域に限られないで，広大なすべての領域にまで広げられる。したがって善いものでもキリストを目がけてこそ善となる。当時の敬虔や信心が外的形式や方法にとらわれていたことに対する批判がここにうかがわれる。

こうしてキリストという究極目的から万物は真の価値を見いだす。「すべてのことがキリストに関わらせられているかどうか」(si omnia ad Christum referantur.) と問われている[*57]。無記的な中間的なものはそれ自身のために用いられるべきではなく，「敬虔のための素材」(materia pietatis) として根源と目標とに関係づけてはじめて肯定される。この目標の他に別の意図や目的を立てるならば，「あなたはキリストから転落しており，自分のために別の神を造っている」[*58]。このようなもろもろの偶像から宗教を純化する改革のわざは，キリストを中心とし，唯一の目標として承認するときにのみ達せられる。

---

55) エラスムス前掲訳書, 104 頁。
56) エラスムス前掲訳書, 69-70 頁。
57) エラスムス前掲訳書, 23 頁。
58) エラスムス前掲訳書, 73 頁。

(2) 「模範」(exemplum) としてのキリスト

模範としてのキリストについて『エンキリディオン』の教則6から考察してみよう。

「これはすべての人を救うのに必要なものなのに, わずかな人によって注目されているにすぎない。この教則というのは, キリストを熱心に求めている人の心は, 一般大衆の行動にせよ, その意見にせよ, それらから能うかぎり離れ, キリストひとりのほかどこからも敬虔の模範を求めるべきではない, ということなのです。というのもキリストは唯一の原型であり, だれもそこから指の幅ほどでも離れるとしたら, 正しさから遠ざかり, 道にはずれてしまうからです」[*59]。

キリストの原型 (archetypum) のうちに幸福な生活のすべての形が存在しているので, この原像と一致するかぎりで, 人間も模範となりうる。キリスト自身が自分の実例にしたがうように語っているのであるから, キリストの模範が力説されても不思議はないし, 「新しい敬虔」の代表作トマス・ア・ケンピスの『キリストに倣いて』(De imitatione Christi) の影響も否定できない。いずれにせよエラスムスは「模範」が人々を直接実例をもって導く力に注目している。「人間の本性はたやすく悪徳に傾き, ちょうど火が近くの油をすばやく捕えるように, 直ちに有害な実例を捕えるものです」[*60]。それと同じく有益な手本や実例の影響も大きな働きをする。

「賢い建築家はいったいその手本をごく普通の建物から得ようと努めるのか, それとも最善の建物からそうするのでしょうか。画家たちもただ最善の絵画のみを自分の前に置いて〔学んで〕います。わたしたちの模範はキリストであり, 彼のうちにだけ至福に生きるためのすべての原則が内在しています。キリストを模倣することは無制限に許されるでしょう。さらに信頼できる人たちの中から, それがキリストの原型に合致するかぎりで, そのひとりびとりを模範と呼ぶこともおこりえましょう。だが, キリスト教徒の大衆に関していうなら, 道徳についての意見に関するかぎり, かつて異教徒のなかにもそれ以上の不道徳なものは決して存在しなかったと考えなさ

---

59) エラスムス前掲訳書, 107頁。
60) エラスムス前掲訳書, 136頁。

い」*61。

　このように述べて真の最高の高貴さはキリストのうちに再生し，彼のからだに接木され，一つの霊になることである，とエラスムスは言って，キリストの模範に倣う共同体をキリストのからだなる教会の中に認めている。「最高の高貴は神の子と世継ぎであること，とはいえキリストの兄弟と共同の世継ぎであることなのです」*62。このようにエラスムスはキリストと共なる生活のなかに，つまりその模範に倣う共同生活のなかに神の霊を宿す人間の尊厳を認めている。

9　霊的な宗教

　ラテン詩人は言う，「神が霊であるなら，とりわけ純粋な心でもって礼拝すべきである」と*63。実際，すべての外的事物は，もしそれが心のなかに生じていることを反映しているのでないなら，何の役にも立たない。「ですから神の言葉を内的に聴く人々が幸せなのです。主が内的に言葉を語りかけて下さる人々は幸福です。このような人々の魂は救われるでしょう」*64。エラスムスがすべての期待をかけたのは，この福音的自由であり，外的な規則への奴隷状態ではなかった。彼によると確かに教会は，決まった儀式を設け，諸規則を作る権利をもっているが，キリストは自由となるようにわたしたちを呼ばれる。

　霊的な宗教は内的な宗教には相違ないが，宗教改革時代の再洗礼派のような神の言葉としてのキリストを無視するものではなく，その内容においてはルターと同じく「キリストとの一体化」をめざしていた。

　エラスムスがこの点を詳しく述べているのは聖餐についてである。そこでも霊と肉が対立しているという。キリストの体と血が霊的に食べたり飲むのでなければ，聖餐は軽視される。毎日ミサに参加しても，自分自身のために生きているのであれば，その人はサクラメントの肉の部分

61）　エラスムス前掲訳書，110頁。
62）　エラスムス前掲訳書，114頁。
63）　エラスムス前掲訳書，102頁。
64）　エラスムス前掲訳書，104頁。

にまだ留まっている。聖体をいただくことが暗示しているのは、人がキリストの霊と一つの霊であり、キリストの体と一つの体であるということである。この理想に到達しようと努力するなら、教会の生きた肢体となるだろう。ミサの外見上の形式はすべてより低く可視的なものに属する。これらは神に自分自身を捧げるという人間の内的態度が加わるとき、初めて価値のあるものとなる。彼は聖餐におけるキリストの礼拝をより高い次元にまで高めようとした。なぜなら人間は常により高いもの、不可視的なもの、霊を求めなければならないからである。

　エラスムスにとって二つの世界がある。一つは神が天使たちと共に住む霊的な世界であり、もう一つは天球とそれに囲まれている可視的世界である。前者に比べると後者は一時的、時間的なもので、前者のただの影で、せいぜいその写しにすぎない。それゆえ後者から前者に向かって超越することが真のキリスト者の理想となる。聖書は言う、「命を与えるのは霊である。肉は何の役にも立たない」（ヨハネ6.63）と。また「しかし真の礼拝する者たちが霊と真理をもって父を礼拝するときが来る。今がその時である」（ヨハネ4.23）。それゆえ肉はまったく役立たず、それが霊に導かれないなら、致命的なものとなるし、肉は霊なしには留まりえないが、霊は肉を必要としない[*65]。この種の霊と肉の対立は聖書において文字と霊、時間的なものと永遠のもの、闇と光などによっても示される。肉の知恵は死や神に対する敵意であるのに反して霊の知恵は命や平和である。ここに彼は聖書の福音の核心を捉えていた。エラスムスが不可視的で霊的な世界について語る場合、彼がまず考えていたのは天であるが、キリストを通してこの天のいくらかが地上にもたらされた。神が霊であるなら、わたしたちも霊でなければならない。それは愛、喜び、平和、忍耐、寛容、好意、温和、柔和、信頼、節制というかたちで、つまり、わたしたちがこの世でキリストの似姿であることにおいて現われている[*66]。要約的に彼は次のように言う。「しかし、あれこれの聖書の箇所をわたしはどこへと関連づけて引用しているでしょうか。パウロの全体は次の一点に集約されています。すなわち、争いを起こす肉が軽蔑されて、愛と自由との創始者が霊においてわたしたちを立たせてくだ

---

65) エラスムス前掲訳書, 83頁。
66) エラスムス前掲訳書, 92頁。

さるように，ということです」*67。

　ジャック・エティエンヌはこの著作を「純粋な霊に基づいた宗教」（la religio du pur esprit）と呼んだ*68。これは的を射た表現である。このことはエラスムスの著作一般に特徴的なことである。霊と肉の対立は教義にも適用され，教義が固定化されるに応じて愛は冷め，強制と脅迫に席を譲るようになる。儀式化と信仰の信条化の傾向に対して，彼は聖なる生活を守るために声をあげた。それは不可視的なもの，人間の霊的世界への上昇という同じ超越のモデルがここに認められる。その場合教会の教義はただ準備的な機能を果たすだけであって，本質的な目的はキリストとの一体化である。人間は二つの世界に関わっており，両方の世界から引っぱられる第三の世界である。肉的で動物的なものは恥部にはっきりあらわれ，可視的世界に対応する。最高のものである霊は神的世界に属する。

10　時代批判

　終わりにあたって注意しておきたいのは，この書物が同時代に対する意義である。エラスムスは悪徳から一人の宮廷人を改心させるためにこの書物を書いたのであるが，そこにはやさしくわかりやすいかたちで叙述されている時代の傾向に対する鋭い批判が隠されていた。当時の人々はこれを鋭敏に読みとり，彼を穏健でリベラルなカトリック教会の改革者とみなすようになった。彼は友人のコレットに次のように語っている。「わたしが本書を執筆したのは，才能や雄弁を発揮するためではなく，単純にこのこと，つまり宗教を儀式に依存させる誤りに反対するためです。しかも，そうした儀式は，不思議にも真の敬虔に属するすべてを無視して，ユダヤ人の儀式よりも進んでいます。わたしはそれに加えて，軍事訓練の教則をつくる人の方法にしたがって敬虔の技術を教えよ

---

　　67)　エラスムス前掲訳書，97頁。
　　68)　Jacques Etienne, Spiritualisme érasmien et théologiens louvanistes,14-16, C. Augustijn, Erasmus, p.50 からの引用。

うと試みたのです」[*69]。

　このような儀式に対する，とりわけ儀礼主義に対する批判は『エンキリディオン』の終わりにある言葉「修道士の生活は敬虔〔と同義〕ではありません」において頂点に達する。その真意は続けて語られているように「ただわたしが忠告したいのは，あなたが敬虔を食物のなかにも儀式のなかにも，また見える事物のなかにも基づかせてはいけない」ということである[*70]。エラスムスの力説するキリスト教的敬虔は当時の似ていて非なる敬虔に対する痛烈な批判となっていた。とりわけ外形的儀式を重んじる形式主義に批判が向けられ，断食したり，聖人の骨を崇拝したり，贖宥状を買い求めたり，巡礼に出かけたりすることは，悪いことではないけれど，救いは内面の霊において生じ，外的形式のうちには宿っていない。礼拝儀式や教会法規はそれ自体で価値あるものではなく，良く生きるという実践的に有徳な生活を形成するためにはかえって有害である。むしろ聖書と古典に帰り，単純明解な精神に生きねばならない，と彼は力説して，この書物を閉じている。

　このような『エンキリディオン』における警鐘は当時では未聞のものだった。人々はキリスト教人文主義の戦士からキリスト教界には聖職者と平信徒の区別があってはならない，洗礼がキリスト教への唯一の入口でなければならない，洗礼を受けた人々はすべて同等の価値をもっており，各人が自分のために選んだ生活の営み方のことを気にかける必要はないとの呼びかけを聞いたのであった。なお，『エンキリディオン』の表題にある「キリスト教戦士」の理念は，キリスト教の歴史に広汎にゆきわたり，ゆたかな伝承を形成している。それはアドルフ・フォン・ハルナック『キリストの軍隊――三世紀までのキリスト教と戦士の身分』（1905年）に詳しく解明されている[*71]。また，この理念の実現のために，テンプル騎士団のような中世騎士修道会の伝統も存在していたが，エラスムスは世俗のなかにありながらも各人の自覚に立って同じ理念を実現しようと試みた。ここにも近代の個人に立つ新しい生活の姿がすでに見

---

69) Allen, EP. I, 405, 46.
70) エラスムス前掲訳書，179頁。
71) アドルフ・ハルナック『キリストの軍隊――三世紀までのキリスト教と戦士の身分』小坂康治訳，教文館，参照。

えてきている。

付論 「フォルツ宛の手紙」について

　この手紙は1518年の夏フローベン書店から出版された『エンキリディオン』の新版に序文として書かれたものである。手紙の宛名はパウル・フォルツ(1480-1544年)で、この人はアルザス地方のシュレットシュタットの近くにあるフーグスホーヘンのベネディクト会修道院長であり、エラスムスはこの人の生活態度を『エンキリディオン』で示したもろもろの戒めを実践している模範とみなしていた。フォルツは1503年にベネディクト会士となり、1512年にフーグスホーヘンの修道院長に選ばれていた。その当時彼は修道生活の改革に着手していた。彼はシュレットシュタットの文学サークルにも加わり、ベアトス・レナヌスやヨハン・ウィベリングのような人文主義者たちと交際している。その後、彼は1526年にはプロテスタントに改宗したが、「ルター派に迷い込んだエラスムス主義者」としてルター主義の集会の中では若干のもつれがあったようである。彼はエラスムスとはいつも友好関係を保ちつづけ、エラスムスは彼に遺言で小額のお金を残した。

　この手紙のなかにはエラスムスの改革についての根本思想が簡潔に述べられているため「純粋な霊的宗教に関する真正のエラスムス的な宣言」[72]ともいわれている。

　この手紙は『エンキリディオン』が十数年経ってからやっと世間の注目するところとなったことから、とりわけフォルツに認められるようになったということから書きはじめられる。また、「敬虔な学識と学識ある敬虔」[73]を具えた人々の賛同を得たことは、自分とある宮廷人のために書かれた当初の目的が実現していなくとも、敬虔を喚起しえたことには意義があり、「真心から敬虔になりたいと欲することは敬虔の一部なのです」[74]と説かれている。エラスムスの思想はこの敬虔により表明さ

---

72)　A. Renaudet, Etudes Erasmiennes(1521-1529), 1939, p.175.
73)　エラスムス前掲訳書，7頁。
74)　エラスムス前掲訳書，184頁。

れ,当時の中世後期のスコラ神学との対立が鮮明に表明されている。「キリストがそのために死にたもうた未熟な大衆」が考慮され,巨大な神学体系ではなく,キリスト教的敬虔に立つ良く生きる術こそ大切であり,それこそ「キリストの哲学」(philosophia Christi) である[75]。

エラスムスは『新約聖書序文』の第一部「パラクレーシス」において,はじめて自分の思想を「キリストの哲学」と規定した。彼は『エンキリディオン』の根本思想もこれにほかならないとこの手紙で言う。そこで彼は中世後期スコラ神学者に対決しながら,自己の思想を「キリストの哲学」として次のように明言している。

「キリスト教的哲学のすべての源泉と水脈とが福音書と使徒の手紙のなかに隠されており,……福音書記者と使徒との最も純粋な源泉から,また最も信頼できる解釈者たちからキリストの哲学の全体を要約して集めるという任務,しかもそれを学術的である限度内で単純に,明晰であるという条件の下に簡略に行なう任務が幾人かの敬虔であり同時に学識がある人々に委ねられることが,私の意見では最も適切なことだといえましょう」[76]。

この思想こそ『エンキリディオン』(短剣)を錬成しあげたときのエラスムスの考えていたことであり[77],それは「キリストの天上的な哲学」[78]として語られ,これを汚す人間の諸々のサークルとその行為とに対する批判がこの手紙でも行なわれた。このサークルの第一は司祭,司教,枢機卿,教皇,司牧者のグループであり,第二は世俗の君主たちの群であり,第三は一般大衆であって,これら三者はキリストを中心とした同心円的構造をなしている。この三つの領域は「区別され,各々のものはそのふさわしい場所に配分され……世界の秩序は維持されねばなりません」[79]。したがって第三のサークルの秩序の外にある野望・金銭欲・情欲・怒り・復讐心・嫉妬心・中傷・その他の悪徳が三つの領域に侵入してくるとき,敬虔を装う悪徳の支配が生じてくる。これに対する痛烈

---

75) エラスムス前掲訳書, 186 頁。
76) エラスムス前掲訳書, 188 頁。
77) エラスムス前掲訳書, 189 頁。
78) エラスムス前掲訳書, 191-192 頁。
79) エラスムス前掲訳書, 194 頁。

な批判がこうして開始する。

　まずエラスムスは心の内面性を力説する。「キリストの完全性は心情のうちにあって，生活の様式にありません。つまり心のうちにあって，司教の肩衣や食物のなかにあるのではないのです」[*80]。こうした生活様式はすべて「それに応じた堕落の危険性」[*81] をともなう。とりわけ聖職者の危険は大きく，貪欲と野望という病気の外に，迷信・尊大・偽善・中傷がつきもので，キリスト教的敬虔から遠くへだたっている場合が多い[*82]。次にエラスムスはこのような批判は決して人々を修道生活から遠ざけようとしているのではなく，『エンキリディオン』に対するそのような批判は妥当しないと言う。その批判の根拠はエラスムスの儀式に対する態度にある。「このような解釈の理由とするところは，儀式にあまりに多くを帰している人たちが願っているほどには，わたしの教えは儀式に帰していないからであり，同時に人間の作った法令にも多く譲っていないからです」[*83]。そこでエラスムスはパウロ，アウグスティヌス，ベネディクトゥス，フランチェスコの例をあげて外的儀礼と迷信の誤りを詳しく指摘し，修道士の生活の真実なあり方を説いた。これは『エンキリディオン』の終わりで示された「修道士の生活は敬虔〔と同義〕ではありません」[*84] という激烈な批判の真意を伝えるための説明であるといえよう。

---

80) エラスムス前掲訳書，196 頁。
81) エラスムス前掲訳書，197 頁。
82) エラスムス前掲訳書，198 頁。
83) エラスムス前掲訳書，198 頁。
84) エラスムス前掲訳書，199 頁。

第4章
『痴愚神礼讃』の研究

───────

はじめに

　この時代にベストセラーとなって多くの人々に親しまれたエラスムスの不朽の名作『痴愚神礼讃』は初版が1511年に出され，多くの加筆を挿入した完成版は1514年にスイスのフローベン社から出版された[*1]。この作品は格調の高い文章で綴られており，ホメロス，プラトン，ウェルギリウス，ホラティウス，プリニウスなどの古典作家たちからの引用句に満たされている。そのため完成版ではエラスムス自身も加わって解説と出典箇所が示された[*2]。彼はこれらの文献から古代人の知恵の精髄を摘出し，時代の精神を諷刺しながら批判し，決して饒舌に陥ることなく，人生の豊かさを適正，流麗，軽快，明朗に描きだした。
　この作品には自由奔放な空想が古典的厳しい形式と自制によって，全体としてルネサンス的表現の心髄をなしている調和の完璧な姿を表わし

---

1) 1514年11月に出版された『痴愚神礼讃』には，第二部と第三部に重要な付加がなされている。第二部でエラスムスは，構成上の釣り合いのことは考慮せずに，神学者と修道士についての節を拡大した。第三部にも長い付加部分があるが，ここでは改訂はもっと巧みになされている。新しい部分はすべて教会や高位聖職者，特に神学者や説教者に関係しており，この作品はこの版で初めて焦点が絞られることになる。

2) 『対話集』を例外として，エラスムスの作品でこれほど大きな成功を収めたものは他にはない。彼の生前に出版された『痴愚神礼讃』は，21の印刷業者から36版にのぼる。それに数多くの翻訳と偽作がある。ラテン語の版にはしばしばリストリウスの解説が付けられた。またエラスムスの長い書簡もたびたび添えられたが，そこでエラスムスは，ルーヴァンで教えていたオランダの神学者マールテン・ファン・ドルプに対してこの作品を弁護している。

ているといえよう。彼はこの書物のなかでわたしたちの人生と社会には痴愚が不可欠であって，これを痴愚神の自己礼讃の愚かさを通して語る。だから痴愚と思われていることが実は智であり，智が逆に痴愚であることを軽妙に摘出している。とはいえ真の知恵は健康な痴愚のなかに認められ，うぬぼれた知恵は死にいたる疾病であることが二つながらに説かれた。痴愚を主題とする著作は阿呆もののジャンルに入るが，すでにセバスティアン・ブラント（Sebastian Brant, 1457-1521）の有名な『阿呆船』（Das Narrenschiff, 1494）がこれに先行している。エラスムスもこの流行の主題に取り組んで，当代社会の矛盾と幻想を批判した。

1　著作の動機

　この書が誕生したきっかけは，これに付けられた献呈の辞で彼自身が言っているように，1509年夏，イタリアからイギリスへ馬で帰る途中，エラスムスはアルプスを越えながら自分の学問研究のことや友人たちとの再会を楽しみに待つ気持ちに浸っていた。そのなかでも第一の友人はトーマス・モアであり，彼のことを考えた。彼の名前「モア」「モルス」（Morus）から，エラスムスは「モリア」（moria 痴愚）を連想し，あの賢明なモアがどうしてこのような名をもっているのかと，また痴愚がこの世でそれからもっとも遠い人の名前として付けられたかを考えた。そこで痴愚を礼讃した書を献呈したら，モアにはこのような遊び心が気に入るにちがいないと思った*3。二か月の旅の後，エラスムスはイギリスに到着し，モアの家の客となったが，病気になり，気晴らしにこの思いつきの最初の草稿を一週間で完成させた。

　だが，このように『痴愚神礼讃』は最初遊び心で退屈を紛らわすために生まれたのであろうか。エラスムス自身は一見するとこの作品にあまり重きを置いていないように語る。彼はそれを「遊び」と呼び，「冗談」，「ふざけ」だと言った*4。とはいえこの「ふざけ」の背後には真剣さが隠れ

---

　3) ASD IV, 3, 67, 2-16. 二年後にこの小品は，パリの二つの出版社の共同出版の形で世に出たが，あまり反響もなく，誤植の多い印刷だった。
　4) ASD IV, 3, 67, 14；68, 23.

1 著作の動機　　111

ている。彼がこの作品を弁護するとき強調したのは、「遊びの仮面」の下に『エンキリディオン』と同様の真剣な思想が隠されていることであった。彼はホラティウスの言葉「笑いながら真理を語る」を想起して、痴愚神を登場させることによって道化師の役割を演じさせたのである。つまり彼は自己の真剣な思想を皮肉な覆いを被せて言い表わしたといえよう。そこには軽い喜劇の筆致をもって厳しい批判をも巧妙に隠し、神学者、修道士、司教、枢機卿、教皇、また君主と廷臣への批判が、露骨な冒瀆と不敬に陥らず、たくみな弁論の綱渡りをしている点、さすがに無類の芸術作品であるといえよう。しかもこの作品では、痴愚神の自己礼讃という形でそれが面白おかしく展開する。それゆえ痴愚神が痴愚を礼讃すると、痴愚は痴愚を越えて反転し、どこで肯定が否定になるのかもはや見当が付かなくなる。たとえばこう語られる。「皆さん、拍手してくださいましたね。皆さんのうち誰一人として、この意見を分け合うほど賢明な、あるいは愚かな、いえいえ賢明な方はいないとわたしは知っていましたよ」[5]。

　『痴愚神礼讃』は当時のカトリック教会を痛烈に批判したエラスムスの代表作として有名である。彼自身教会に忠実な立場をとり続け、この作品を批判したマルチイン・ドルピウスには次のような書簡をおくり、自作を弁明した。

　　「また、わたしたちは、たとえ道筋は異なろうと、『痴愚礼讃』のうちにおいてもほかの仕事におけるのと異なることはなにひとつ見出すことはありませんでした。……わたしたちが欲したのは助言することであって、噛みつくことではありませんでした、傷つけることではなく、役に立つことでした、人間の習俗を反省することで、妨害することではありませんでした。あれほど厳しいプラトンも酒宴では少人数の招待客に対していつもより羽目をはずすのを許しています。というのは、峻厳さによっては正すことのできないいくつかの悪戯も酒の上の陽気さで追い散らすことができると彼は判断しているからです。そしてホラティウスもまた、まじめな助言に劣らず冗談めかした助言も役にたつと評価しています。彼は言っています、

---

5)　ASD IV, 3, 81, 177-178.

笑いながら真実を語ることを何が禁ずるだろうか？」*6。
　エラスムスは痴愚を人間性を象徴する表現とすることによって，人々の知的好奇心を刺激し，古代人のいきいきとした人間観を復興させたといえよう。著名な文化史家ホイジンガはこの作品を次のように評価する。
　「現代の読者にとって，『痴愚神礼讃』の意義は，大部分その直接の風刺にある。その永続的な価値は痴愚が智であり，智が痴愚であることを真に認める箇所である。エラスムスは一切のものの根拠がいかに究めにくいかを知っている」*7。

2　格言を用いての叙述とパラドクシカルな方法

　しかし，この作品にはきわめて特徴的な著述方法が明らかに認められる点を次に指摘しておきたい。それは格言によるエラスムスの叙述方法である。
　『痴愚神礼讃』には約 24,500 語の痴愚神の言葉のなかに 285 個の格言的な表現がちりばめられている。平均して 85 語に一つの割合で格言が登場することになる*8。序章で痴愚神は，自分が世のなかでは疎まれていてもどれだけ自己礼讃に値するか，世のなかの人々，特に知識ある者たちがいかに自分への礼を失っているかについて語る。そして，それを論証するため自己紹介の「結び」まで即興で語り続ける。その際，エラスムスの人文主義的精神は『痴愚神礼讃』の叙述ではギリシア・ローマの格言を用いて，現実と古くて善い伝統とを対置させる場合に顕著に現われてくる。それは，ドルピウス宛の書簡で述べられた次のような発言からも明らかであろう。
　「さらに，その昔，もっとも健全な処世の規則を，見かけは笑うべきで子供じみている寓意で述べるほうを好んだ最高の賢人たちによっても，このことが軽視されることはありませんでした，なぜな

---

6)　エラスムス『痴愚礼讃』大出晃訳，慶応義塾大学出版会，2004 年，218 頁。
7)　ホイジンガ『エラスムス』宮崎信彦訳，ちくま学芸文庫，2001 年，126 頁。
8)　C. H. Miller, The Logic and Rhetoric of Proverbs in Erasmus's Praise of folly, in: R. L. DeMolen, Esseys on the Works of Erasmus, 1978, p.84.

ら，それ自体ではどちらかというと厳しい現実も，欲望の魅力に誘われるといっそう容易に人々の心のうちに染み通るからです。疑いもなく，これはルクレティウス〔エピクロス主義の詩人〕の家で子供たちの治療にあたる医者たちがニガヨモギのコップに塗りつけたあの蜂蜜なのです。そして古えのあの君主たちは，彼らの宮廷にこの種の知恵足らずをひきいれては，彼らの自由なお喋りによってだれも傷つけずにいくつかの軽い誤りを明るみに出して矯正するのに彼らをもっぱら役だてたのでした」[*9]。

『痴愚神礼讃』がもっとも多くの人々に受け入れられたのは，格言を通して語られた痴愚神のことばのなかに人生に共通する知恵が隠されているからではないだろうか。エラスムスは人間の普遍性を痴愚のなかに見いだした。彼は格言とキリストの譬え話に共通点を認めている。しかし人間の警句と神と呼ばれた人の譬えのどこに類似性を見いだせばよいのだろうか。その答えは，一見他愛のない，ばかばかしいものにみえても，その奥に隠された意味を秘めているという点に求めることができる。キリストは民衆がわかりやすく理解できるよう，譬えを用いて神秘的な事柄を語った。これによって文字の殻を破って，霊的な意味に達することが勧められていたわけであるが，エラスムスも格言をもちいて，人生における訓戒を述べた。

そこで，ここで『痴愚神礼讃』のなかで明瞭に自覚して用いられている格言「アルキビアデスのシレノス」（Sileni Alcibides）[*10] を取りあげてみよう。これは修辞学的な慣用句であるが，この作品を解き明かす鍵を与えてくれる。そこには逆説的な方法，つまりパラドックス（para-doxa=「人々の意見に逆らう」）による叙述が展開する。それによって語られたことが単に裏返して理解されるといった単純なものではなく，語られた外面と意味する内面とが「逆対応」の関係にある点が示される[*11]。

9）エラスムス『痴愚礼讃』大出晁訳，前出 217-218 頁，この点で痴愚はシェイクスピアの道化（fool）たとえばフォルスタッフの役割と似ている。

10）この格言の詳しい説明については本書 170 頁以下を参照。

11）「逆対応」というのはクザーヌスが説いた「反対の一致」と同じ関係を指し，パウロは「罪の増すところに恵みはいや増せり」（ローマ 5. 20）と言い，ルターはキリストと魂との一致を清い花婿と卑しい花嫁との結婚として説いた。それは正反対なるがゆえに強烈に統合する作用を指し，親鸞の悪人正機説も同じ論理である。

この格言はエラスムスの時代批判の方法となった代表的なものである。彼はこの格言を使って，シレノスの箱を開けたときのように外見からはうかがえない内面の真の姿を力説した。1508年の『格言集』ではほんの僅かな注釈がなされていたが，1515年のフローベン書店刊行の新版は3411の格言を収め，社会批判の色合いが濃いエッセーが数多く登場する。そのなかでエラスムスは「アルキビアデスのシレノス」を教会批判への武器として最大限に活用した。これによってスコトゥス派の精妙な議論よりもキリストの教えに潜む英知を聖書から把握すべきであると語られた。現実を観察すると，この世の事柄には多くの相反する二面性がある。生と死，美しさと醜さ，富と貧困，無名と名声など例を挙げれば数限りないが，シレノスの箱を開けたときこれらがすべて逆転してしまう[*12]。彼は次のように言う。
　「もし人々が物事の判断によって確かめられるあの賢慮の方をお好みならば，この賢慮という名称に自惚れている人たちは，賢慮からどんなにかけ離れておりますことか，どうかお聞きくださいませ。はじめに，アルキビアデスの〈シレノスの箱〉のように，人間的な事柄はすべておたがいにたいへん異なる二面をもちますことが認められております。それは，まず，表は死であるものが，あなたが内側からよくご覧になれば，生である，つまり，生あるものの反対は死なのでございます。形の整っているものの反対は歪，富裕の反対は貧困，悪評の反対は好評でございます，博学の逆は無学，頑健の逆は病弱，目立つものの逆は目立たぬもの，歓びの逆は悲しみですし，好意的の反対は敵対的，友好的の逆は非友好的，健康的の反対は病的です，簡単に申せば，もしあなたがシレノスの箱をお開きになれば，すべてがたちまち逆転されるのを再発見されることであ

---

12)　プラトンの『饗宴』に登場するアルキビアデスはソクラテスを彫像屋の店頭に並ぶシレノス像に喩えた。この像は左右に開く造りになっておりなかには神の像が隠されていた。ソクラテスは聖価値を信じるがゆえに肉体を飛び出す死すらも恐れなかった。死を間際に「わたしの代わりに借りていた鶏を返しておいてくれ」という冗談を述べることができた。そしてワインを飲むように毒杯を仰いだのである。この種のシレノス像をもつ者にディオゲネスがいる。彼は犬のように暮らし陽の光だけで満足した。アレキサンダー大王に「何がほしいのだ」と尋ねられても何も求めなかった。

りましょう」[*13]。

　しかし誰よりもこのシレノス像をもっている人物はプラトンが説いたソクラテスではなく、キリストである。キリストは自ら貧しくなり謙遜にも社会的地位の最下層に身を置いた。貴族の宮殿からでもファリサイ派の指導者からでも、哲学者たちの講堂からでもなく、収税人の仕事場から、漁師たちが網を張るところから弟子を得た。彼はこの世の愚かさに身をおいた。そして、その十字架に至る道は何と肉体的快楽から遠ざかっていたことだろう。嘲られ、唾を吹きかけられ、拷問されたキリストを預言者（イザヤ書53章）は救い主として預言した。キリストに優ってシレノスである存在はない。彼は愚かさの極みにおいて神的な知恵を隠し持っている。

3　全体の構成

　序章で痴愚神は、自分が世のなかでは疎まれていてもどれだけ自己礼讃に値するか、世のなかの人びと、特に知識ある者たちがいかに自分への礼を失っているかについて語る。そして、それを論証するため自己紹介の「結び」まで即興で語りつづける。痴愚神はまず自分の生い立ちについて語り始める。この女神は人間の取り決めを支配する豊穣の神プルートスを父にもち、酒神バッカスの娘「陶酔」とパンの娘「無知」の乳で養われ、「自惚れ」、「忘却」、「怠惰」、「快楽」、「官能」と呼ばれる女仲間たち、「お祭り騒ぎ」、「熟睡」という男の召使を従えている。彼女はそれらの力を使い、人びとを操っているというのである。いずれにせよ、痴愚女神はこの世のなかはいかに愚かしいことに満ちているか、そして何人もその力なしには幸福を得ることはできないということを一貫して主張し、当時の社会を支配する者たちの狂気を糾弾する。

　ハドソンは『痴愚神礼讃』の構成を40の節に分けその意味段落を12箇所設けた。そして主な命題を次のように三つ挙げている[*14]。

① 愚かさとは痴愚神からの贈り物であり人間にとって良いものであ

---

13) エラスムス『痴愚礼讃』大出晃訳、前出2004年、63頁。
14) Hoyt Hpewell Hudson. The Praise of Folly. Princeton University Press, 1974, p.24.

る。
　②　すべての人々の生き方は痴愚神を崇拝している。
　③　痴愚神は詩人，預言者，そして神々たちから是認されている。
　しかし，これら三つの命題を文中で順を追ってたどるのは不可能である。なぜなら，これらはあらゆる箇所でたびたび形をかえて出現するとともに作品の中で一貫して主張されているから。さらに『痴愚神礼讚』の構造自体が，痴愚神の自慢話を介しての主張と痴愚神を礼讚しない者たちへの批判による論証の繰り返しで成り立っている。しかし，ハドソンも指摘しているように[*15]，この作品はエラスムスが痴愚神を通して彼の知性と教養を思いつくままに語っているのではなく，むしろ一貫した論理をもって当時の社会を支配する者たちの純粋な狂気を糾弾し，人間の営みの根底には痴愚が働いていると主張する。最初にきっぱりとすべての人間は愚か者であり，愚かさは人間の本性に適っていると語られる。この愚かさを擬人化したのが痴愚神であり，愚か者がその愚行を褒めるという構図になる。だがこれは，誰も褒めてくれる人がいない場合，自分で自分を褒めるのが当然であるという痴愚神の主張に沿っている。
　この作品のテーマが「痴愚は人間の本質である」ということに置かれていることは間違いない。だが，ここでの痴愚は，ただ単に理性の対極に位置づけられるものではない。むしろ彼は古典文学の流儀に則って愚行を賞賛したのであって，それ自体は人間のありのままの姿として肯定されており，これによって人文主義の精神をいかんなく発揮している。その精神は人間性の回復を目ざしたヒューマニズムであり，ユーモアにあふれている。この点に関してエラスムスはドルピウス宛の手紙で次のように述べている。

　　「わたしは多数の人々が愚劣きわまる意見によってどんなに腐敗してしまっているか，また，生活の個々の局面においてもそうであるのを見てきました，そして，治癒への希望を抱くというよりもそれを祈る方がはるかに現実的なのでした。そこで，このようにして繊細な心のうちにいわば忍び込んで，喜ばせながら癒す術を発見したとわたしには思われたのでした。そして，この種の楽しく冗談めか

---

15)　H, H. Hudson, op.cit., p.24-30.

した助言法が多くの人たちに成功をおさめるのをわたしは幾たびも目の当たりにしてきたのでした」[*16]。

　エラスムスがこのように語ることによって，愚行の賛美はそれを癒すという目的からみれば見せかけの賛辞のように見えても，実は愚かさの健康的な側面が把握されている。そこにはユーモアの効用があって，ここで言われる「冗談めかした助言法」とは，格言を用いて人生の豊かさを表現する方法である。とはいえ，すべての人間が愚かさに支配されていると言うとき，そこにはさまざまな愚かさの本質と形態が見いだされるのではなかろうか。そこには自らの愚かさという人間性の本質を無視して，自己神化するごとき純粋な愚かさがあるし，またそのような人間の視点から見れば揶揄したくなるようなキリスト教徒たちの愚かさも，『痴愚神礼讃』のなかで描かれている。先に述べた三つの命題はこういう痴愚の多様性に対応したものであり，それらは，単純に理性の反対に位置づけられる愚かさではない。

　わたしたちは叙述の順序にしたがって『痴愚神礼讃』には次のような三つの痴愚が存在すると言えよう。すなわち①健康な痴愚，②純粋な痴愚，③宗教的な痴愚が順を追って語られている。したがってこの作品は全体で三部構成をとっているが，そこには痴愚の三つの類型が意図的に展開する。それを簡略に述べてみると次のようになる[*17]。

　①　健康な痴愚——痴愚女神の自慢話——風刺や諧謔によって人間性を肯定するヒューマニズムの精神。

　②　純粋な痴愚——痴愚の狂気によって錯乱した人間像——徹底的な批判が時代の狂気に向けられる。

　③　宗教的な痴愚——常識を超越する痴愚の真理（狂気の擬態）——隠された形における痴愚の弁護。

　この区別をしない場合には痴愚を理性に対立させて否定的にだけ解釈し，その本来有する積極的な意義を把握することに失敗することになり

---

16)　エラスムス『痴愚礼讃』大出晁訳，前出，218頁。
17)　この分類にはエラスムスの聖書的人文主義が反映している。彼はギリシア・ローマの古典とともに聖書に立ち返っており，とりわけは彼が改訂した新約聖書は新訳が添えられることによって福音そのものを理解するところまで迫っており，そこから新しい人間観を導きだすように誘導した。

かねない。その結果，この作品に対する誤解が生じるのではなかろうか[18]。

4 痴愚の第一形態としての健康な痴愚

　痴愚神は『痴愚神礼讃』の冒頭で次のように語りはじめ，人々は笑いながら彼女の話に耳を傾ける。
　「至るところで人間どもがわたしのことをどのように語っているか，わたしは知らないわけではございません。とはいえ，ひどく愚かな人たちのあいだでもまたどんなに悪口を言っているか痴愚女神は聞いていますよ。そうはいっても，神々や人間が晴れやかにしていられるのは，このわたし，このわたしだけのおかげだと，わたしは言います。その有力な証拠は実に沢山あります」[19]。
　これが『痴愚神礼讃』の第一声である。この痴愚神は人々や神々を支配し，その父親はお金，乳母は陶酔と無知，侍女たちは自己愛，お世辞，忘却，怠惰，逸楽，無思慮，放埒なのである。これらの忠実な協力者たちによって，彼女は全世界をその手中に収めている。すべてのことが彼女のおかげだということを，痴愚神は事細かに説明する。戦争，国家，友情，愛，すべてが彼女から生まれる。彼女は多面体であって，貴族の

　18）渡辺一夫はエラスムスが礼賛しているのは痴愚神モリスではなく聡明冷静な友人モアであると解釈している。彼は『痴愚神礼讃』がルノーデと同様に理性的な啓蒙の立場から書かれたものと解釈しているように思われる。彼によると「エラスムスの真意は，つねに，痴愚神のことばを裏返しにすることによって補足できるとも言える」（『痴愚神礼讃』世界の名著，「解説」30頁）。そうすると痴愚を理性の対極と見なすことになり，その肯定面が見失われる。
　19）ASD IV, 3, 71 この私訳を次の二つの訳として比較してもらいたい。「この世のなかの人たちは，わたしのことをいろいろと取りざたいたしますし，とびきりの阿呆瘋癲のあいだでさえ，この痴愚の女神様について悪口が叩かれていることを知らないわけではありません。でも，このわたしこそ，またこのわたしだけが，神々や人間を浮き浮きさせるのですから，ねえ。その動かせない証拠は，ほら，このとおりたっぷり」（渡辺・二宮訳）。「地上の人たちがわたしについてどのように語り合っておられるのか，また，もっとも愚かな人々の間でさえどんなに悪し様に申されているのを痴愚神は耳にしているのか，実のところ，わたしが知らないわけはございません。それでも，このわたし，このわたしだけが力づくで神々と人間たちを楽しませてさしあげているものなのだと，わたしは申します。実際その動かぬ証拠はたくさんございます」（大出晁訳）。

狩猟の愚かさ，御婦人方の虚栄やお世辞，若者の人生経験の不十分さ，老人の子供じみていること，楽しい食事のときの陽気や冗談も，彼女なしには考えられない。

　こうした痴愚は実は人生と社会にとって不可欠な要素である「健康な痴愚」である。たとえばエラスムスは人生がお芝居であって，人生喜劇の仮面を剝ぐ者は追い出されるという。

　「役者が舞台に出てきて，その役を演じていますときに，だれかが役者の被っていた仮面をむしり取って，その素顔をお客さんたちに見せようとしますよ。こんなことをする男はお芝居全体をめちゃめちゃにすることにはならないでしょうか。また，こういう乱暴者は，石を投げられ劇場から追い出されるのが当然ではありますまいか。……幻想が破り去られてしまうと，お芝居全体がひっくりかえされます。いろいろな扮装や化粧こそが，まさに，わたしたちの目をくらましていたからです。人生にしても同じこと，めいめいが仮面を被って，舞台監督に舞台から引っこませられるまでは自分の役割を演じているお芝居以外のなにものでしょうか。そのうち舞台監督は，同じ役者に，じつにいろいろ雑多な役をやらせますから，王様の緋の衣をまとった人間が奴隷のぼろを着て，また出てまいりますね。あらゆる場合が，要するに仮装だけなのでして，人生というお芝居も，これと違った演じられかたはいたしませんよ」[20]。

　エラスムスはこの人生劇場の多種多様な姿のなかに痴愚が，愚人の役を演じなければならないことが，必要であることを説いていく。また，痴愚の妹分たる「自惚れ」が人間の行動を推進する力になっていることも説く。「自惚れという人生の塩を除き去ってごらんなさい。演説家は弁舌をふるっているうちに熱がさめてきますし，音楽家の奏でる調べは退屈になってきますし，役者の演技はやじり倒されます。……他人の喝采を博したいなら，めいめいがいい気になって自惚れ，自分がまっ先になって自分に喝采を送ることが肝心要，どうしても必要なことなのですよ」[21]。このように述べてエラスムスは痴愚神に自分の存在理由を次のように語らせる。

　20）エラスムス『痴愚神礼讃』渡辺一夫・二宮敬訳，前出94頁。
　21）エラスムス前掲訳書，84頁。

「要するにこのわたしがいなかったら、どんな集まりもなく、どんな楽しく安定した結縁もありません。皆がお互いに幻を作り合うこともせず、お互い同志のペテンや追従もなく、賢明にも目をつぶるというようなこともなく、結局のところ、痴愚の蜜をやりとりしてお互いにまるめ合うことがなかったとしたら、人民はその領主様を、下男はそのご主人を、侍女はその奥方を、生徒はその先生を、友人はその友人を、妻はその夫を、使用人はその雇い主を、同僚はその同僚を、主人はそのお客を、そう長いあいだがまんしていられるものではありますまい」[*22]。

このような痴愚女神に支配され、騙されることは不幸であると哲学者は言うが、この抗議に対し、誤まるのは「人間らしい人間」であり、「あるがままの人間でいて不幸なことはなにもありますまい。……なぜなら、痴愚は人間の本性にぴったり合っているからですよ」[*23]とエラスムスは反論する。

ここでエラスムス自身はどのような役割を担っているのだろうか？ 痴愚神は事実を誇っているのだろうか？ 見せかけは、赤裸々な真実よりも追求するに値するものだろうか？ 彼は確かに熱狂的な理想主義者ではない。しかしここで彼は、見せかけで満足すればよいのに、そうすることができず、物事の本質を追求する愚か者として、自分のことを描いているという印象を受ける。

5　第二形態としての純粋痴愚

『痴愚神礼讃』の第二部でエラスムスはさまざまの身分や社会階層への批判という伝統的テーマを扱っている[*24]。彼は愚かさという人間の限界を飛び越えて、人間であることを忘れて、至高の神々に成り上ろうとしたり、学芸を武器にして自然に挑戦したりする「純粋な痴愚」に対しては、これを間接的に諷刺するのみならず、直接的に非難もする。た

---

22) エラスムス前掲訳書、83頁。
23) エラスムス前掲訳書、100頁。
24) ASD IV, 3, 134, 185-178, 885.

5　第二形態としての純粋痴愚

とえば教師, 詩人, 雄弁家, 知識のつまった本やつまらない本の著作家, 法律学者, 弁証家, 自然哲学者, 神学者, 修道士, 君主や廷臣, 教皇, 枢機卿, 司教など, 社会的知的エリートの代表者の誰をも容赦なく彼は批判する。そのために痴愚神の語り方は, 第一部よりも一貫性のないものになっている。第二部の終わりに, 礼讃があやうく風刺になってしまうところだったという言葉が飛び出すのは, 理由のないことではない[*25]。痴愚神は他の神々のところに居を定めて, 上から地上の芝居を観察しようとし, ときには確かにこうした距離がとられる。たとえばストア派の哲学者セネカは「賢者はいっさいの情念に基づくべからず」と言いながらも, 情念を欠いたために, 人間的な感情や愛情, また憐憫にも心を動かされない。その様は理性だけの石仏で, 何事にも迷わず, そつがなく, 間違わないが, 自己にのみ満足する。また自然哲学者たちが, 風変わりで, 全く物を知らない山師として批判される場合などそうである。かつてピタゴラスであった雄鶏は言う, 「人間というものは, 生物のなかでもいちばん悲惨だが, その理由は, どの生物もその本性の分限に甘んじているのに, 人間だけがその分限を超えようと努力しているからだ」と[*26]。このゆえに哲学者たちも「自分が生まれたことを忘れ去り, 至高の神々に成り上がろうと望んだりしますし, 巨人族を気どり, 学芸を武器として自然に宣戦するのです」[*27]と揶揄される。さらに教師もまた慇懃無礼に扱われる。確かに「彼らぐらい哀れで, 惨めで, 神に見放された人々を思い浮かべることができない」と, この類の人たちへの同情がかすかにみえるが, 痴愚神は教師の自惚れが気になる。教師は生徒を無能であると思い込ませ, 無意味なことを教え, 体罰まで与える。だが, 教師はこの自惚れのおかげで「愚かな母親や単純な父親を操って, 自分が自分で思っている通りの人間だと彼らに信じ込ませるのです」。このようにするのは, 教師が有能な文献学者だと思われたいからである。

　話題が神学者, 修道士, 高位聖職者のことに及ぶと, 痴愚神は自分の役割を逸脱して来る。この部分は1514年の改訂に当たって大幅に書き加えられた。そこには宗教改革の気運が高まり, 批判的な態度が鮮明に

---

25)　ASD IV, 3, 176, 856-857.
26)　エラスムス前掲訳書, 104頁。ASD IV, 3. 144, 362-363.
27)　エラスムス前掲訳書, 104頁。

表現されるようになったことに示されている。彼らとの間に設けられていた距離がすべて取り除かれており，嘲笑と茶目っ気が怒りと憤りに屈している。あるいは痴愚神が今やエラスムス自身に彼女の席を譲らなければならないといえよう。

　まず槍玉に挙げられているのは神学者である。このような「傲慢で怒りっぽい」連中は，避けて通るほうが確かにもっとよいのではあるが*28，彼らが非難されているのは，とりわけ探求しがたい神秘と取り組んで，次のような馬鹿げた問いを出しているからである。「神は女性や悪魔や驢馬やカボチャや砂利の形をとることができるのか？　そのときカボチャは，説教したり，奇跡を行なったり十字架につけたりすることができるのか？」*29。これは，これまで数世紀にわたって行なわれてきたスコラ学の方法への分かりやすい批判である。しかしスコラ学の方法が馬鹿げているというだけではない。エラスムスのもとでは神学することの新しい形が既存の神学システムに依存しないで，聖書原典研究から生じているということが重要である。そこで彼は新しい世代と古い世代の相違をはっきり指摘する。

　　「神学者たちのなかにも教養のある人々がいて，彼らは自分たちの考えによるとばかげているこのような神学の細かい区別立てに嫌悪感を抱いています。追究されるよりは崇拝されるに相応しいそのように神秘に満ちた対象について，あのようにべらべら喋ったり，これを異教徒の低俗の巧妙さで議論したり，思い上がった概念規定を作ったり，聖なる神学の崇高さをあのように冷たい，そしてみすぼらしい言葉や考えで汚したりすることは，神への冒瀆であると弾劾し，そこに敬虔の欠如をみている人たちもいます」*30。

　この観点から神学者に向けた非難が次のようになされる。「彼らが聖書をまるで蝋の塊のように思うままにあれこれ捏ねているとき，彼らがどれほど幸福であるかおわかりでしょうか」*31。エラスムスが確立した神学することの新しい形では，テキストや文法にそれ自身の価値が与え

---

28) エラスムス前掲訳書，138頁。
29) ASD IV, 3, 148, 402-404.
30) エラスムス前掲訳書，144頁。大出訳137頁。
31) エラスムス前掲訳書，144頁。大出訳137頁。

5　第二形態としての純粋痴愚　　　　　　　　　　123

られる。

　スコラ神学についてエラスムスは『痴愚神礼讃』のなかでさらに詳しく扱っている。彼はすでに指摘したようにスコラ神学をその馬鹿げた問題提起のゆえに，嘲笑していた。今や彼はこの神学に使徒たちを対立させる。彼らはキリストのために世界を，あの知らせによって，征服したのではなかっただろうか？　彼らはスコラ神学を理解することさえないだろう。「聖パウロはなるほど信仰の生きた模範を示すことができましたが，彼が〈信仰は，希望していることを保証し，見えないものを確信させるものです〉（ヘブライ書 11.1）と言うとき，これは全く学者のする定義とはいえませんね。たしかに彼は，愛のわざを立派にやり遂げはいたしましたが，コリント第一書 13 章に書いてある愛の定義や区別は，弁証学の規則に従ったものではありません」[32]。

　エラスムスは修道士についてはいっそう詳しく語っている[33]。彼らは自分の愚かさを敬虔のしるしだと思っている。托鉢修道士は全くの厄介者である。彼らには服装や生活の形成についての規定が最も大切なことだと思われるらしい。すべてのことが事細かに定められている。ここではエラスムスは自分の経験から語っている。やがて彼は修道服を脱ぐのであるが，とりわけ彼を怒らせたのは修道司祭の説教であった。神学的に無意味なことを愚かにもひけらかし，馬鹿馬鹿しい作り話に満ち溢れている，粗野で間の抜けた演説に彼は苛々する。終わりになってやっと痴愚神の言葉に戻る。「このような連中がどれほどわたしの厄介になっているか，皆さんお分りでしょう。彼らは少しばかりの取るに足りない儀式，滑稽な茶番劇，大げさな叫び声などで人々を支配して，自分では聖パウロやパドヴァの聖アントニウスのような人間だと自惚れています」[34]。

　しかし最も辛辣なのは第二部の最後の一節である。そこでは教皇，枢機卿，司教や他の聖職者が話題になっている。すべてが名誉，権力，栄光，権利，華やかさ，虚飾の周りを回っている。書記や文筆家や数えきれないほどの役職がある。聖務執行停止や聖餐停止や破門状が投げつけられ

---

32) エラスムス前掲訳書，140 頁（改訳）。
33) エラスムス前掲訳書，146-155 頁。
34) エラスムス『痴愚礼讃』，大出訳 154 頁。

る。教皇たちは自分の名誉のために戦争をする。教皇ユリウス2世のことを念頭において「そのなかには老いぼれた白髪頭がいますが，彼は青年のように若々しく力強い。出費にも怯まず，疲労をも物ともせず，何物の前だろうと一歩も退かずに，法律，宗教，平和，世界全体を目茶苦茶にしてもおかまいなしです」[*35] と言う。聖職者の上から下まで，この人たちに一番大切なのはお金である。エラスムスはこれを「金銭の刈り入れ」と呼んだ。ここでエラスムスが主題を二つの方法で扱っていることは注目に値する。(1)まず彼は司祭の衣服の象徴的な意味を議論する。たとえば白色の祭服は汚点のない生活，司教杖は民の監督といったように。衣服の象徴的な意味は，ずっと以前から規定されているものであり，手引書によって一般に知られていた。(2) 他方でエラスムスは当時の教会のやり方を，使徒時代のそれと対比させた。

「枢機卿たちは次のことを自覚してもよさそうなものですのにねえ。つまり，自分たちは使徒たちの後継者で，彼らが行なったのと同じことをするよう要求されており，また教会の恵みの賜物の主人ではなくて管理者であり，ほどなくそれについて釈明しなければならないということです。……それからキリストの代理人である教皇ですが，もし彼らがキリストに従って生きようとするなら，すなわちキリストの清貧，労働，教え，御苦難，地上のものの拒否などを模倣しようとするなら，……この世の中でこれ以上打ちひしがれた人間があるでしょうか」[*36]。

このモチーフも新しいものではない。しかしエラスムスがこのモチーフを使ったのはこれが初めてである。そしてまもなく，この過去の時代に対する郷愁，初代キリスト教の黄金時代への郷愁がエラスムスの思想を決定する要因の一つとなる。

6 宗教的な痴愚狂気

最後の第三部で痴愚神は，その言葉と行動が彼女の権力を証言して

---

35) ASD IV, 3, 174, 818-821
36) ASD IV, 3, 172, 753-756. 768-771. エラスムス前掲訳書 160-161 頁。

6 宗教的な痴愚狂気

いるようなもろもろの権威者を数え挙げている[*37]。しかしすぐに痴愚神は，キリスト教徒たちにとってはおそらく他の諸々の権威よりも高く評価されるであろう聖書の言葉で自分の礼讃を飾ることの許しを神学者たちに請う。ここで変化が起こっている。ここまでは聖書は特別何の役割も果たしていなかった。今や痴愚神は神学者として登場し，ドゥンス・スコトゥスの霊によって照らされることを望む。実際次に続くのは「愚かな者の数は限りがない」という『コヘレトの言葉』(1.15)と「痴愚は愚かな者を喜ばせる」という『箴言』(15.12)，またパウロ書簡，とくに『第一コリント書』1.18にもとづいて次の議論が立てられる。「あなたがたのうちに自分をこの世で知恵ある者と思う人がいるなら，ほんとうに知恵のある者となるために愚かな者となりなさい」。このように痴愚神は聖書の言葉を引用し，キリスト教にとって愚かさが重要であることを論証する。十字架上のキリストも自分を処刑する者たちのために「父よ，彼らをお赦しください。自分が何をしているのか知らないのです」と祈った。実際，キリストが罪をあがなうために，「十字架の愚かさ」と「宣教の愚かさ」という二つを手段として選んだ。十字架の愚かさとは，十字架にかけられても神の道を説くという未信者からは痴愚とも思われるような道である。また宣教の愚かさとは無知で粗野な弟子たちを派遣することを指す。キリストは弟子たちをこの世の賢さから遠ざけ，法廷でどう答弁するか思い煩うことすらも禁じた。キリストを信頼しすべて任せることが神の御心であるのだと痴愚神は説明する。

　かつてイスラエルの偉大な預言者エレミヤは「すべての人間は自らの知恵によって愚かになる」(10.14)と述べたことがある。実際，預言者たちは愚かさの遊戯に他ならない人間の生活を眺め，智者の名は神のみにふさわしいということを示した。ソロモンも「智慧が深まれば悩みも深まり，知識が増せば痛みも増す」(コヘレトの言葉1.18)と語る。パウロでさえ「いかなる人にも勝る愚か者としてわたしは語る」(IIコリント

---

37) ASD IV, 3, 178, 886-194,277. 有名なあるいはそれほど有名でない作家たち(Autoren)からのさまざまの引用が期待されることとなる。というのはこれは「権威者」(Autoritäten)という表現がまず示唆していることだからである。始めのうちはそのとおりである。たとえば『カトーの二行詩』(Disticha Catonis)からの，全く逆説的な意味を持った句が引用されている。「時宜にかなって，愚か者のように振る舞いなさい。それは最高の知恵である」(ASD IV, 3, 173, 893)。

11. 23)と愚者の名を自分のものとして受け入れている。さらに彼は「あなたがたのだれかが，自分はこの世で智恵のあるものだと考えているなら本当に智恵のある者となるために愚かな者となりなさい」(Ⅰコリント3. 18)とまで述べて，痴愚を勧めてさえいる。事実，キリストは福音書のなかで賢明さを鼻にかけているファリサイ派の人々を嫌い，この世の愚かな者である民衆を選んだ。そして当時社会的弱者であった女子供や漁師たちを好み，驢馬に乗って彼らと行動をともにした。キリストは自分に従う者たちのことを「羊たち」(ヨハネ1. 29, 36)と呼び，自分がこの群れの牧者であると宣言した[*38]。

　一見軽い冗談とも思えるものに深いものが隠されている。痴愚神は「キリスト教はある種の痴愚と血のつながりがあり，賢さとは合致しないように見える」[*39]と語る。キリスト教信者が苦労して求めている至福こそ，ある種の狂気と痴愚なのである。なぜならキリスト教徒の幸福とは天の国の生活を意味するからであり，断食が評価されるのも肉体上の煩わしさから解放されて精神が天上の善を味わって喜ぶのに努力するためであるから。普通の人たちは富を第一の関心事とし，次の部分を肉体の快適さに，最後の部分を魂に残しておく。多くの人たちは，魂が目では見分けられないのだから存在しないと信じている。それとは反対に，敬虔な人々は自分の内の最初のものを神に向かう努力に費やす。その次に神に近く現われるものである魂へと努力を向ける。こうして魂が肉体との絆を断ち切ろうとする点において，キリスト教徒たちは肉体を牢獄とみなすプラトン主義者たちと一致していると痴愚神は指摘する。実際にプラトンが『パイドン』のなかで哲学は「死の瞑想」であると定義しているように，哲学は目に見える肉体的なものから不可視の対象に向けて魂を運び出す。魂が肉体の諸器官を正しく用いているのが健全な状態であるが，それとは対照的に自由を主張して身体という牢獄から逃亡しようする状態は一般に不健全であると呼ばれる。このことは狂気へとつながるが，プラトンは『パイドロス』のなかで恋人たちの狂気がもっとも幸福

---

38) だが「羊」というのはアリストテレスの『動物史』によれば，最も愚かで間抜けな動物である。これはすべての人間が，敬虔なキリスト教徒でさえも愚かであるということを明らかにしている(アリストテレス『動物誌』下巻，島崎三郎訳，1999年，岩波書店，121頁)。

39) エラスムス『痴愚神礼讚』渡辺一夫・二宮敬訳，前出183頁。

であると書いた。つまり，はげしく愛する者は自分のうちに生きるのではなく愛する者のうちに生きるのであり，俗に「われを失う」と言われるように魂は身体から旅立って神のうちに生きようとする。この場合，愛が絶対であればあるほど狂気のようになっても，それでも幸福になる。天上の生活に憧れるキリスト教徒たちにとって，これと同じことが敬虔を熱愛するあまり生ずるのであれば，普通の人の目から見ると，それは狂気の沙汰に映るであろう。だが敬虔な者は天上の生活を瞑想することによって肉体を凌駕し超越することになり，最高の精神に到達し，もはや一般には理解されないとてつもない快楽のなかにいる。すなわち痴愚狂気という語は一般の人たちよりも敬虔な者たちにはるかにあてはまるということが主張された[*40]。

どうして愚か者たちは神に気に入られるのか？その答えはまず，君主が賢い洞察力のある人間を憎み，愚かな人々と付き合うのを好むのと同じ理由からである[*41]。ここでは痴愚神は何を語っているのだろうか？その議論を裏返す必要はない。なぜなら続けて次のように言われているから。「これと同じくキリストも，自分の賢さに頼っているいわゆる賢人たちを嫌い，彼らを非難しています」[*42]。このようにして自分の知性に頼っている人が，キリストに特に愛されている子どもや女性や漁師と対比される。ここから途方もない手品が続き，大切なのは小さいものであること，信頼して自分自身を委ねること，心配しないことである。イエスが愚かさの象徴である驢馬に好んで乗られたのは偶然ではない。そればかりかイエス御自身が，人間の本性を担われたときに，ある意味で愚かな者となったのだ。エラスムスは次のように結論する。

「際限もなくおしゃべりするのはやめにして，簡単に言うことにしましょう。つまりわたしにはこう思われるのです。キリスト教はある種の痴愚と確かに密接な関係にあり，それに対して知恵とはあまり関係がありません。その証拠をお望みでしたら，ごらんください。誰よりも子供や老人や女の人や愚かな人が，神聖な礼典の行ないをことのほか喜びますし，ただ自然の衝動に駆られて祭壇のそばにい

---

40) 本書 129 頁参照。
41) ASD IV,3,186,79-189,147.
42) ASD IV,3,186,84-85.

つもいたがるものです」*43。

　終わりに『痴愚神礼讃』の末尾で，痴愚神自身が「われを忘れて」エラスムスの本心を直接語っているところを考えてみたい。この部分を当時の人々はまじめに受け取らなかったが，時代の危険な狂気に対してキリストを信じる者に固有の「超越的な狂気」が対置されている。「キリスト教徒たちが，多くの試練を受けつつも追い求めている幸福は，一種の錯乱狂気にほかなりません。こんなことばをこわがらないでくださいよ。それよりか，事実そのものを十分考えてみてください」*44。

　またそこにはエラスムスの人間学が人間学的基礎概念によって説明される。彼はまずキリスト教とプラトン主義とが魂と肉体に関して一致することを指摘し，魂が肉体の絆を断ち切って自由となろうとする「狂気痴愚」について語る。さらにプラトンの洞穴から出た人の狂乱は囚人たちに嘲笑されるように，敬虔な人間と普通の人間とは全く相違している。

　「普通の人間もこれと同じこと，肉体的な物であればあるほど，すっかり感心してしまい，それだけが存在する唯一のものだと思いこんでいるのです。それとは逆に敬虔な人間は，肉に近いことであればあるほど軽視し，見えないものを観照し，心身ともに忘我の状態となるのです。……敬虔な人々は，その魂の全力をあげて，粗雑な感覚とはいちばん無縁なものに向かって進んでゆき，粗雑な感覚を鈍らせ，無に等しくしてしまいますが，逆に凡俗の徒は，この粗雑な感覚を大いに活用しますから，それ以外の点では無力になってしまうのです。……ミサ聖祭についても同様です。敬虔な人々の申すところによりますと，典礼の外的形態はけっして軽蔑すべきものではないけれども，目に見える表象によって表わされているはずの霊的な要素が，これにはいっていないかぎり，外的形態のごときは，あまり役にたたぬばかりか有害でさえある，というのです。ミサは，キリストの死を表わしたものであり，信者たるものは，新しい生命に甦り，だれもかれもいっしょに，主キリストとひたすら合一するために，肉体のもろもろの情念をいわば埋没せしめ，消え去らしめ，これを抑圧しながら，キリストの死を，おのおののうちに再現せね

---

43) エラスムス前掲訳書，183頁。ASD IV, 3, 189, 141-146.
44) エラスムス前掲訳書，183頁。

ばならないのです。……わたしは今，いくつかの例を述べたわけですが，敬虔な人間は，その生涯全体にわたって，肉体的物象から離れ，霊的で不可見な永劫のものへと飛躍してゆくわけです。ですから，この両者のあいだにはあらゆることについて深い対立があり，どちらも相手から見れば痴愚狂気ということになりますね。けれどもこの痴愚狂気ということばは，わたしに言わせれば，凡俗の人間よりも敬虔な人々のほうに，はるかにぴったりとあてはまることになるのです。……事実，恋に熱狂した人間は，もはや自分のうちにではなく，自分の愛しているもののうちに心身をあげて生きています。この相手のなかへ溶けこむために自分から出れば出るほど，当人は幸福を感じます。……それに精神は精神で，無限に強い力を持っているあの至高の知恵のなかに吸収されてしまいます。このようにして，人間全体が自分自身の外に出てしまい，もはや自分が自分でなくなること，いっさいを自分に引き寄せる至高の善に従うこと以外には，幸福はないということになります。……そしてこれこそ，この世からあの世へ移っても取り去られることなく，かえって完璧なものとなる，あの痴愚狂気というものです」*45。

キリスト者が熱心に求めている至福は，敢えて言うならば，一種の狂気か痴愚である。プラトンの有名な話で，洞窟に囚われていて影以外に何も見ていない人が，真実を見た人を笑い飛ばすように，物質的可視的なものに留まっているキリスト者の群集は，霊的で不可視的なものを求めている個人を嘲笑する。ここでわたしたちが『エンキリデイオン』で説かれていた思想が，ある一つの面から詳しく述べられる。すなわち物質から逃げて，純粋に霊的なものを求める人は，もはやこの世には属していない。彼は，身体から逃げることに成功したあの気が狂った人々，あるいは死に直面して霊的忘我の状態にいるかのように話す瀕死の人のようである。身体は彼らにはもはや価値がなく，より粗野な感覚は死んでしまい，自然的な情愛ですら圧倒されてしまう。多数と個人がこのように対立しているので，互いが互いのことを愚かだと呼ぶことになるが，

---

45) エラスムス前掲訳書，185-188 頁（一部変更）。ASD IV, 3, 192, 229-230 ここには神秘主義的な表現が多く用いられており，彼が育った「新しい敬虔」との関連がみられる。本書第 1 章を参照。

「わたしに言わせればこの言葉は，むしろ敬虔な人々の方に当てはまります」。

そして最終段階に入る。天的な至福にあっては，人間の魂は身体から解かれ，神の霊というすべてのものを自分に引き寄せるあの最高善のなかに吸収されてしまう。この至福はこの世では，ただ先触れとして，ごくわずかの雫，薄あかり，いくばくかの香気としてではあるが，いくらかの人に体験される。「これを感じられる人は——ごくわずかしかいないのですが——何か狂気のようなものがその人を襲っています」。彼が再び正気に戻ると，彼が覚えているのは自分が幸福であったということだけであり，あの狂気の状態に永久に留まっていたいと願う。「しかもこれは，未来の至福の杯からごくほんのわずかを味わったにすぎません」[*46]。それから痴愚神は突然話をやめて，いくつかの言葉で話しを締め括る。

終わりに

『痴愚神礼讃』に展開するエラスムスの人間学は魂と肉体，精神と感覚とから成るプラトン的二元論に立っているといえよう。先の引用にあった敬虔な人間と凡俗な人間の区別もこの二元論にもとづいている。ここにはキリスト教的霊・肉の区別も明瞭ではなく，それゆえ肉体に対する強い肯定も明瞭ではない。もちろん健康な痴愚では人間的な自然が明瞭に認められている。だが，それは古代的倫理のゆえにむしろ否定される傾向を示す。確かにエラスムスはキリスト教の本質を精神が脱自的にキリストと合一することに求めており，単に情念に死ぬことや，典礼の外的形態なども重視していない。この本質理解の点では彼に「新しい敬虔」運動の神秘主義的な思想が影響していることが明らかである。しかしキリスト教を痴愚狂気と捉えた観点は彼の独創であって，格言「アルキビアデスのシレノス」に見られるパラドキシカルな方法が見られるばかりか，そこには「何か狂気のようなものがその人を襲っています」

---

46) エラスムス前掲訳書，188 頁。ASD IV, 3, 193, 257-194, 267.

と語られているような，一般的な理解を超えた霊性の姿が洞察されているように思われる。確かに痴愚と知識とは絶対に相容れない対立物である。この正反対なものを結びつけているのが霊性の論理である。だが，どうして「反対の一致」として一つに結びつけられるのか。先の引用にあった「精神の脱自」がそれを行なっているが，プラトンのように，精神が目に見えないイデアを目ざすときには，ギリシア的な知性が働いている。プラトンの愛であるエロースは価値を追求する，上昇する運動である。エラスムスはこのプラトンの精神的志向を愛好し，これをもって『エンキリディオン』の第5規則にあるような根本思想を確立した。しかしその思想は『痴愚神礼讃』では踏襲されながらも，さらに深まっているように感じられる。というのは上昇傾向は一転して下降を辿り，愚かな極みである「受肉」のさ中において最高の知恵を把握するからである。こうして最低が最高であり，もっとも悲惨なことがもっとも高貴なのである。それは一般的な理性の観点からはそうした知恵は「痴愚狂気」としか思えない。とはいえ対立している両者が最高度に高まった時点で「反対の一致」において合一している。そこには霊性の論理が展開しているとしか考えられないが，これを捉えるのは信仰である。このようにエラスムスの思索はその背後にある「霊性」から思想を展開させているのではなかろうか。このような霊性は当時の一般的なカトリック教会によってはとうてい理解されず，この著作はカトリック信仰に対決する挑戦的文書とみなされ，禁書のなかに入れられざるをえなかった[47]。

そこで，わたしたちはこの知恵の内実は何であろうかと問わざるをえない。それこそ次に扱うエラスムスの「キリストの哲学」に他ならない。

---

47) この時期には，古いカトリック教会の神学者たちは『痴愚神礼讃』に対して嫌悪感は懐いていた。それは，宗教改革を背景として理解されなければならないかも知れないであろう。しかし，注目に値するのは，ルターがエラスムスの激しい敵対者たちと内容的に同じ批判を，この作品に対してもっていたということである。彼にはエラスムスの余裕ある姿勢と遊び心をもはや理解できなくなっていたといえよう。

第 5 章
『対話集』と『キケロ主義者』の研究

はじめに

　16 世紀と 17 世紀のヨーロッパでは『対話集』がエラスムスのもっとも愛読された著作であったが，彼の生涯を通して絶えず攻撃された作品でもあった。ソルボンヌの神学者の間でも『対話集』は猛烈に攻撃され，無傷なものは一つもなかった。またルターもこれに激しく反論した。ドミニコ派のアンブロシウス・ペラーグスはエラスムスとは親密な間柄にあったが，エラスムスに次のように書いている。
　「わたしはあなたの意図に反対しようとは思いませんが，多くの人が誓っているように，あなたの対話集で若者の大部分がいっそう悪くなることが少なくとも真実であるなら，その成果を残念に感じます。若い人たちを訓練し，若い人たちの間で言語の知識を促進する，別のもっと適した方法を考えることが実際できたでしょう。権威ある神学者たるものは，とりわけそのような悪趣味な冗談にまで転落すべきではないでしょう」[*1]。
　この考えにルターも同意している。1533 年にヴィッテンベルク大学で『対話集』の序文が攻撃の的になったとき，彼は言った。「わたしは臨終に際し，エラスムスの『対話集』を読むことをわたしの子どもたちに禁じるであろう。というのは彼は他人の口に信仰と教会に衝突する彼

---

1) Augustijn, Erasmus, His Life , Works, and Influence, p.161 からの引用。

の不敬虔きわまる見解をつぎ込むから。むしろ彼にわたしと他の人たちをあざ笑わせよう」*2 と。これは強烈な感情の表現であり，激しい憤怒の表出である。ルターにはエラスムスの偉大さが全く理解できなかったとしか思われない。

　わたしたちはこうした問題作の成立事情をまず述べてから，今日でも注目すべき対話編をその内容に即して考察してみたい。またこれに類似した『キケロ主義者』の概要もそれに加えて付記しておきたい。

1　作品の成立事情

　この作品『対話集』はとても単純な思いつきからはじまった。16世紀の初めにエラスムスは貧乏な青年として生活していた。彼は生活の資を得るために裕福な家の若人たちにラテン語を教えていた。この仕事は若人にラテン語の必要な知識を得させる最善の方法を考えるようにさせた。このことは長々しい文法の学習では無理であって，むしろ教師と生徒との生き生きとした対話においてはじめて実現すると彼は悟った。この方法はまだ知られていなかったので，エラスムスは自己流にはじめた。その後20年経った1518年にエラスムスが知らない間に出版元のフローベン社からこの当時口述された対話形式の練習帳が出版された。エラスムスはこれに不満であった。多くの誤りがあったからである。彼はこれが売れることが分かったので，改訂版を作ってルーヴァンから出版した。この版もよく売れた。人気があった理由はかんたんであって，そこにはたとえば挨拶の多様な仕方やある人の健康について尋ねる正しい方法，またあらゆる種類の親族関係のラテン名や正しいラテン語と正しくないラテン語の実例などがあがっていたからである。つまり，とても役立つ実用的な手引きであったからである。実際，こういうことが当時は重要であった。教養ある若人にはラテン語の命令文の受動形の知識が必要であったばかりか，それを実際に使う能力も求められていた。エラスムスは7歳か8歳の子どもがラテン語を学びはじめることができるように，

---

2)　Luther, WA. Tr. I, 397, 2-5.

また教師は最初から多く使われる語句を暗唱することによってよいラテン語を教えなければならないと想定した。子供らは楽しんで学び，模倣によって容易に学ぶことを彼は知っていた。この点で彼の方法は独創的であった。

　1522年には改訂版が出され，会話の単純な心得の部分は最初に置かれ，二人の対話形式でもってさまざまな主題について論じられた内容となった。さらに改訂が続けられ1537年までに新たに11の項目が加えられた。最終的には48項目となった。これによって人気がいっそう高まると同時に多方面から激しい批判が寄せられた。対話は生き生きとした展開をもって続けられ，長文のものが含まれていたにもかかわらず，それらも16世紀には余り冗長だとは感じられなかったようである。千差万別な人物が登場し，恋愛・結婚・旅行・宗教・政治など，社会生活のさまざまな面について語り合われた。登場人物にはいわゆる高貴な青年，着飾った市民の妻，詮索好きな聖地ガイドに導かれた巡礼，修道会の代表者に付きまとわれる死者，哲学者の石を探す錬金術師，取引にたけた男と何も知らない先生，性病に感染した老いぼれと結婚させられた若い婦人などである。失敗作もあるがその数は少ない。話し手はどれも典型的な人物であって，決して陳腐ではない。驚きがときどき挿入される。幼児は登場しないが，青年と婦人が多く登場し，時代の慣習に反してまことに多弁であり，能弁である。聖職者たち，とりわけ修道士と托鉢修道士は，ほとんど例外なく悪い仕方で振る舞う。それはさまざまな批判が飛び交う卓上座談のようなものである。ここに展開する批判は腐敗と堕落が付き物の特権階級，つまり社会で重要な地位を占めていた教会とその奉仕者に向けられた。中世とは異なってエラスムスとその同時代人は教会の組織を自明なものとしてもはや受け入れず，その外に立ってそれに攻撃を加えたので，宗教の神髄を攻撃しているように考えられた。

　1526年2月フローベン書店から『日常会話文例集』(Familiarum colloquiorum formulas et alia quaedam, 1518) を増補改訂した新版がだされ，このときから表題が『対話集』(Familiarum colloquiorum opus, 1526) に改題された。そこには新たに四編の新作が加えられた。この時期にはすでに彼は自由意志論争のゆえにルター派から別れ，やがてル

ター派からもカトリック教会からも等しく批判を受けるようになった。だが，それでも彼は，どちらの党派にも属さず，厳正な中道を歩み続けている。したがって彼は依然として時代批判をこの作品でも続けながら，キリスト教的人文主義の姿勢を堅持している。

　しかも教会批判を含んだ社会風刺は，『対話集』の改版が進むにつれて，次第にその鋭さを加えていく。そこにはさまざまな題目が付けられた対話が展開し，一種の皮肉な処世訓のほかに，社会のあらゆる階層の人々に見られる痴愚と狂気の姿が，対話という自由な叙述形式によって冷徹にも突きつけられ，そこには時代批判と風刺がいっそう鋭く明瞭に感じとられた。さらに他方では人間に関する豊かな洞察が盛り込まれており，わたしたちは優れた人間知が披瀝されていることを理解できる。だが，当時は宗教的な寛容の精神に乏しかったがために，カトリック教会からは異端の書として告発され，禁書とされた。

　『対話集』は『痴愚神礼讃』よりも遥かに文学的で多彩な喜劇的短編集であるといえよう。だが，そこには時代の急激な変化が影を落としている。『痴愚神礼讃』は「光明」の時期における陽気な戯作書と呼ぶことができるとすれば，『対話集』は，「暗闇」の時期にいたっても衰えないエラスムスの批判精神が継続して発揮されていることを証明する風刺書と呼びうるであろう[3]。この時代にはルターとの論戦が始まっており，彼は1524年の『評論・自由意志』以来ルターおよび宗教改革派の陣営からはあたかも裏切り者のごとく非難され，カトリック教会の側からも依然として異端者の匂いの濃い人物のように見られていた。それにもかかわらずエラスムスは，教会の道徳的な頽廃を批判し続け，教会の自己粛正を願った沈痛な努力を『対話集』のなかで継続している。

　それゆえ，わたしたちは『対話集』のなかで，真剣であれ，冗談であれ，どのような役割においてでも，彼の発言のなかに彼の本来の姿であるキリスト教人文主義の精神が見事に結晶している点に注目すべきである。この点に的を絞っていくつかの作品を扱ってみたい。

---

3) 渡辺一夫『エラスムス』，世界の名著，34頁。

2 「修道院長と教養ある女性」

　人文主義は古典語教育によって人間らしい教養を身につけることをめざしていた。したがって，それが言語と教養について問題にするのは当然の要求であって，その精神によって「修道院長と教養ある女性」が作成されたといえよう。この点を念頭に置いて初めてこの対話は理解されるであろう。まず，修道院長が女性の部屋に書物がいっぱいであるのに興味を覚え，しかもその書物がフランス語の本ではなく，ラテン語とギリシア語の本であることに気づいて対話がはじまる。しかもこの対話の終わりには，女性が神学校を支配し，教会で教え，司教の冠を付けるようになると修道院長を脅かしている。この対話に登場する修道院長は愚かさの典型で，狩りや宮廷生活，飲酒と下品な娯楽・お金・名誉を愛している。彼は女性が高貴で，洗練され，教養があって，家事を営み，子どもを育てることがその仕事であることをわきまえている。この二人の間に悲劇的な対決が生じやすくても，この危険をエラスムスは避けるように按配する。

　まず修道院長は身分の高い女性が暇を紛らわすために何かすることがゆるされると尊大に語りだす。それから次のような会話が続く。

　　マグダリア　まあ！　もうお若くもないのに，僧院長をなさり宮廷にも出仕なさっていらっしゃるのに，婦人がたのお館で蔵書をごらんになったことはございませんの？
　　アントロニウス　見ましたとも見ましたとも。だがそれはフランス語の書物でござった。ここにあるのはギリシア語，ラテン語の書物じゃて。
　　マグダリア　叡知をさずけてくれるのは，フランス語の事物だけでございましょうか？
　　アントロニウス　いやさ，貴婦人がたにはのう，つれづれの慰みとなる書物がふさわしいのじゃ。
　　マグダリア　知識を広め，人生を楽しむことは貴婦人がただけに許

されておりますの？
アントロニウス　学ぶことと楽しむこととをいっしょにするのはまちがいですぞ。知の道はご婦人がたとは関係ないのじゃ。楽しく生きること，これこそ貴婦人の道なのじゃ。
マグダリア　だれもが正しく生きねばならないのではございませんかしら？
アントロニウス　さようさよう。
マグダリア　正しい生きかたをしないものが，どうして楽しく暮らせるでしょうか？
アントロニウス　いや逆じゃな。正しい生きかたを志すものが，どうして楽しく暮らせようか，じゃ。
マグダリア　では神父さまは，楽しく暮らしているかぎり，まちがった生きかたをしていてもさしつかえないとお考えですのね？
アントロニウス　拙僧は，楽しく暮らしておる者は，正しい生きかたをしておると信ずる次第。[*4]

　こうした会話は全編を通して展開し，いつも対立した仕方で双方から対話が交わされる。よく生きるのはよい時間をもつことか，それともよい時間をもつことがよく生きることか。修道院長は快適な生活が最高善であると熱心に論証しようとする。それゆえ彼は所属する62人の修道士に学問することをゆるさない。どんな本も独房にもってきてはならない。それは彼らを反抗的にする。それゆえ彼自身一冊の本ももっていない。女性たちは糸巻き棒に終わりまで関わるべきであって，それ以外は無意味である。書物は知恵をもたらさない。これに反して女性は人がよく生きることによってのみよい時間をもちうると考える。こうしてこの対話は一つの大きな誤解を生むことになる。修道院長は女性の議論を少しも理解できないし，自分の答えがいかにナンセンスであるかも理解していない。「あなたはそんなに鋭く論じるので，わたしを詭弁家のように撃ちます」と彼は叫ぶだけである。男性としての自尊心が，両者の役割のひっくり返っていることを理解させようとしない。修道院長は，あ

---

4)　『対話集』二宮敬訳，世界の名著「エラスムス」，中央公論社，252頁。

らゆる点で女性に劣っている。『痴愚神礼讃』におけると同様に女性が真実を明らかにするまでは外観と実在とがその場所を取り違えている。ラテン語についても正反対の態度が見られる。修道院長はラテン語の書物を読むのは女性にふさわしくないと言うが，その理由は僧侶の甘言に引っかかるからだとうそぶく。だが，ラテン語を勉強している僧侶が修道院にいないから，その点は安心だと女性は言い返す。「でも，わたしがラテン語を学んで，あれほど雄弁で，博識で，賢明な大勢の著者たち，言い換えればあれほど信頼のおける相談相手と，毎日話しを交せるようになったら」お困りでしょうとも反撃する。そして修道院の無知を救うために鷽鳥〔つまり一般人〕が説教することになると脅かす。

　「もし今まで通りのやり方を続けていらしたら，これ以上あなたがた唖しの指導者をがまんするのはまっぴらとばかり，鷽鳥たちがお説教を始めるかも知れませんわ。ごらんのように世界の舞台は上を下への大混乱。役者の仮面を脱いでいただくか，それとも各の役をきちんと演じていただくか，二つに一つでございます」。

ときとところが変わって今日でも，こうした会話は通用しているのではなかろうか。

3　「敬虔な午餐会」（宗教的饗宴）の研究

　『対話集』はエラスムスの生涯にわたって拡大されていったが，「敬虔な午餐会」（Convivium religiosum）という作品は1522年版にはじめて加えられた。しかし，それはこの対話の一部分に過ぎなかった。だが，その後にかなり改訂が加えられて同年の8月か夏頃に完成版が出版された。

　この対話の魅力は少なからずそのセッティングにあるように思われる。この対話では多くの友人たちが都市の郊外にある，よく設計された美しい庭のある家に集まったことが述べられている。ルネサンス時代にはこうした家と庭園での生活が対話的な作品の背景として一般に設定されていた。古典的な例としてはホラティウスのサビーネの農場とかキケロのトスクラムにあった別荘などが有名である。こうした文学における

事例をエラスムスはよく知っていたが，現実にもそういう庭園を知っており，イギリスの友人たちもそうした庭園を建設する計画をもっていたようである*5。実際の別荘と庭園に関しては，エラスムスがよく逗留したバーゼルには，印刷業者フローベンの庭園があって，そこではバーゼルとその近郊に住む何人かの人たちが常に集っていたと想定してもよいであろう。というのは1522年にはバーゼルの人文主義者たちは未だ分裂していなかったからである。

　この対話で描かれているエウセビオスの家の内部は，ある点で，エラスムスの友人でコンスタンツの大聖堂付き参事会員ボッツハイムのヨーハンのものとよく似ている。エラスムスはそこを1522年の10月に訪ねて客となっている。翌年の手紙でこの家をよく整った優雅で表情に富む，学芸の神の住まいと呼んでいる*6。エラスムスとヨーハンとは気質と趣味とが似ていたと言えよう。

　この対話は芸術的な力量においてもエラスムスの卓越した才能と訴える力を発揮している。彼は対話の巨匠であって，対話を通して多様な思想を表現し，その性格によって諸々の意見を示唆し展開させる。この対話の冒頭は客人と一緒に読者を気楽にくつろがせるような書き出しとなっている。心から歓迎を受けたのちに客人たちは家や庭を見て回る見物に加わる。それから昼食のご馳走のもてなしを受け，その間に暇に任せて重要で，ときには深遠な主題について討論する。その後彼らは意味深いおみやげをもらい，お屋敷の他のところを見せてもらってから，解散する。対話の全体を通して真に迫った統一性と一貫性が見られ，そこには他の対話に見られるようなエラスムス的な揶揄・冗談・風刺といったルネサンスに特有な傾向は全く見られない。対話にはプラトンやキケロの対話編を偲ばせるような文学的な卓越性が認められるばかりか，古典文化とキリスト教との統合というエラスムスの生涯の課題が見事に展開する。それこそエラスムスにおいて開花したキリスト教的人文主義の精神である。しかもその統一は，単なる二文化を折衷するような混合で

---

　5) たとえばチェルシアにあったトマス・モアの家は1523年になってから購入されたし，コレットは引退後にリッチモンド近郊のシェーンのカルトジオ会修道院に山小屋を立てる計画を進めていた。

　6) Allen, EP.1342, 336-54; CWE EP. 1342, 372-90.

はない。宗教こそ彼の主たる関心事であって、キリストが目には見えないが主賓となっている。こうして午餐会はキリストの聖なる晩餐を想起させるものとなった。

　事実、この長大な対話においては古典文化とキリスト教信仰の関係が追求されている*7。世俗の作家と聖書の間に絶対的な対立はない。果たして人間に由来する言葉とキリスト教の言葉との間には違いがあろうか。そこで客人の一人が聖パウロの言葉の意味について長いこと会話を交わした後に、世俗の作家から一節を引用した。それは大カトーの次の言葉であった。

　「また、生きてきたことに不満を覚えるものでもない。無駄に生まれてきたと考えずに済むような生き方をしてきたからな。そしてわしは、わが家からではなく旅の宿から立ち去るようにこの世を去る。自然はわれわれに、住みつくためではなく仮の宿りのために旅籠を下さったのだから。魂たちの寄り集う彼の神聖な集まりへと旅立つ日の、そしてこの喧騒と汚濁の世から立ち去る日の、何と晴れやかなことか」*8。

これに付け加えて言う、「キリスト教徒たるものはこれに優って敬虔に何を言うことができようか」と。もう一人の客人はこれに続けて、どれほど多くのキリスト教徒がこういう仕方で生きて来ており、この言葉を口にする権利をもっているのか、と意見を述べる。すると三番目の客人が次のソクラテスの言葉をその発言に加える。

　「人間の魂は身体の中に陣営にいるように置かれており、最高指揮官の命令なしにはそこを立ち去るべきではないし、その部署につかせたお方によしと思われるよりも長くそこに滞在すべきではない」*9。

　このことはこの身体を幕屋と呼んだパウロやペトロの言葉に完全に一致する。そこで次のように語られる。

7）　Erasmus, Colloquia ASD I-3, 251; 610-254;712 Tompson, Colloquis 65-68.

8）　エラスムス『対話集』「敬虔な午餐会」金子晴勇訳、聖学院大学総合研究所紀要、2009 年、No.45、125 頁。キケロ『老年について』中務哲郎訳、「キケロ著作集」岩波書店、9、57-58 頁の訳文による。

9）　エラスムス前掲訳書、127 頁。

「キリストがわたしたちに求めていることは，他でもないすぐにでも死ぬかのようにわたしたちが生き，かつ，目覚め，いつまでも生きるかのように善きわざに励まねばならないということではないでしょうか。あの栄光に輝く日よ，という声を聞くときには，もうパウロ自身が〈この世を去ってキリストとともにいたいと熱望する〉（フィリ1.23）と語っているのを聞くように思われないでしょうか」[*10]。

エラスムスはこれに対し，わたしたちはキリスト者にふさわしくないカトーの言葉にある種の確信もしくは信念を見つけ出すことができるとしても，毒人参を飲む前にソクラテスが何と言ったかを聞くべきであると言う。彼が行なったことを神が承認してくださるかどうか分からないが，確かに彼は神に喜ばれようと努力してきたし，神がこれを聞きとどけて下さるように願っていた。これに対しエラスムスは「このことにまして，正しいキリスト教的な人間にいっそうふさわしく一致するものを，異教徒の間ではかつて読んだことがない」と付言する。すると客人の一人が即座に次のように応答する。

「それは確かにキリストも聖書も知らなかった人における賛嘆すべき精神です。ですから，わたしはそのような人についてそうしたことを読むときには，聖なるソクラテスよ，わたしたちのために祈ってください（Sancte Socrates ora pro nobis），と，どうしても言わざるをえません」[*11]と。

この箇所は多くのことをわたしたちに告げている。それはエラスムスが信仰と文化との，つまり古典的な古代に対する深い感嘆とキリストによって捉えられたこととの間に見いだした総合を的確に示している。この長大な対話の狙いは古典文化とキリスト教信仰の総合という彼の最大の関心テーマの追求にある。双方の比較の尺度はキリスト教信仰であり，これによって彼は古代世界の英雄たちを取り込んでいる。このことは一巡りして他の仕方でもしばしば提示された。キリスト教と古代とは同等な権利をもって相互に併存すると，あるいはキリスト教は異教的な内容の再形成にすぎないと，言われた。この対話はそのような関係を別

---

10) エラスムス前掲訳書，127頁。
11) エラスムス前掲訳書，128頁。

の仕方で示している。会話は全体としては聖書の章節とキリスト教信仰を扱っている。会話の中にこのような部分をエラスムスは有機的に挿入したと言えよう。一方においてカトーとソクラテスの間には相違があり，他方において聖書の意見との間にも相違があるが，それらは絶対的な差異ではない。この点についてエラスムスは『エンキリディオン』では明瞭に「最も大切なことは，すべてのことがキリストに関わらせられているかどうかということです」とキリスト教の立場に立って主張していた[*12]。異教徒をキリスト教徒にすることなしに，神に関する何かが人間の言葉を通して到来するのである。強調点はむしろ神の霊の活動にあって，それは一般に理解されるよりも広く捉えられている。この議論のはじまるところで最初の語り手が世俗の作家を引用することに関して弁明すると，饗宴の主人は次のように言う。

「敬虔であって良い道徳に役立つものはすべて，世俗的であると呼ばれるべきではありません。もちろん聖書はどんな場合でも第一の権威にふさわしい。しかし，わたしはときどき古典の作家たちによって語られたものに，あるいは異邦人の書物に，また詩人たちの書物にさえ出会います。それらがとても高潔で，信心深く，素晴らしいので，彼らがそれらを書くときに，何か善い神性が彼らの心を突き動かしていると信じないわけにはいきません。恐らくわたしたちが認めるよりも広範囲にキリストの霊が注がれているのでしょう。わたしたちの名簿には含まれていない多くの人たちが聖徒の仲間にはいるのです」[*13]。

ここにある神性を感得する作用は，人間学的に言うと，霊性の働きである[*14]。この引用文にある最後の言葉は先に引用した「聖なるソクラテスよ，わたしたちのためにお祈りください」と同じ方向を示している。それはエラスムスの上品で率直な性格をよく表わす表現である。この有名な一句は，「聖母マリアよ，われらがために祈りたまえ」という祈祷の一節をもじったものであるが，異教時代の哲学者ソクラテスに祈りを捧げるエラスムスの無信仰や古代への心酔の証拠として，しばしば問題

---

12) エラスムス『エンキリディオン』金子晴勇訳（前出），23 頁。
13) エラスムス『対話集』「敬虔な午餐会」（前出），124 頁。
14) 本書第 3 章にある『エンキリディオン』の人間学的三分法を参照。

にされたことがある。しかしエラスムスの真意は，「ソクラテスの異教の叡智は，我を忘れたキリスト教徒の狂信よりもキリスト教的だと，思われたからである」[*15]。つまり宗教的な熱狂主義に対抗する冷静な理性的な判断への確信にあったといえよう。

次にこの対話編で重要な思想はキリスト教的な自由に関する主張である。食事を始めようと座席に着いたときに聖書の箴言が朗読されるが，そこには「キリスト教的な自由」が述べられており，この対話の精神的な中核が示される。

「水の分流のように，王の心は主なる神の手のうちにあり，主が欲するところへこれを向けたもう。人の歩む道はすべて自分には正しいと思われる。しかし，主は人の心を吟味したもう。あわれみを施し，正しい判決をなすことは犠牲を捧げることよりも主に嘉せられる」（箴言 21. 1-3）[*16]。

これは内面的で霊的な自由であって，慣習や政治的な拘束と対立させられる。それは実に王者的な自由であって，次のように解説される。

「そこに〈王〉とあるのは完全な人間とみなされることができ，その人は肉の情念を抑制して，ただ神の御霊の力によってのみ導かれています。さらに，このような人を人間の法によって規制しようと強いることは不適当なことであり，彼は自分の主——その御霊によって彼は動かされているのですが——に委ねるべきです。彼は，それによって不完全な人々の弱さがともかくも真の敬虔へと前進していくようなものによって，判断されるべきではありません。しかし，もし彼が悪しきやり方で事を為す場合，パウロとともに次のように言わなければなりません。〈主は彼を受け入れて下さった。彼が立つのも倒れるのもその主による〉（ロマ書 14. 3-4）と。また同様に〈霊の人はすべてのことを判断するが，自分自身は誰によっても判断されない〉（Ⅰコリント 2. 15）。したがって誰もこのような人に命令することはできませんが，海と川の行き先を定められた主は御自身の王の心をその手のうちに収めておられ，望むところへはどこへでもそれを向けます。そこで，人間の法が果たすよりもより良

---

15) 二宮敬「解説」『平和の訴え』岩波文庫，282頁。
16) エラスムス前掲訳書，110頁。

いことを自発的に為す人に命令したりすることが必要でしょうか。あるいはまた，神の御霊の息によって支配されていることが確かな証拠によって明かであるような人を，規則によって拘束することはどれほど無思慮なことでしょうか」[*17]。

　これをルターの『キリスト者の自由』と比較するとその特質が明らかになるように思われる。ほぼ同時に提起された「キリスト教的な自由」に関する宗教改革者と人文主義者の相違はどこに求められるであろうか。ルターの書物が当時の最高権威者である教皇レオ10世に献呈されており，教義の改革を通して宗教改革を目ざしているのに対して，エラスムスの友人たちは古典によって教育されており，その精神，とくにソクラテスの精神を新時代に生かそうと試みるが，それでも聖書の指針に忠実であって，キリスト教的な敬虔な精神をもって自発的に生きる人は自由であると説く。彼らは聖職者ではなく，平信徒であり，その認識は明瞭でなくおぼろであっても豊かな霊的な生活を目ざしている。この対話の中にはエラスムスの宗教改革における聖書を重んじる基本的姿勢，それに伴われた論争の実体，平信徒の役割，キリスト教的な敬虔の内実，古典文化とキリスト教の総合などが見事に説かれていると思われる。

4　「魚売りと肉屋」

　この対話は1526年の改訂版にはじめて収録され，『対話集』全体を通じてもっとも長い作品であり，扱っている内容も重要であるが，それだけもっとも多くの非難を浴びた作品でもある。この対話の主題のひとつは，カトリック教会の大小斎〔断食〕の掟をめぐって，宗教改革とともに白熱化した論争にある。大斎は一日一回の食事と，ほかに一定の軽食が許されるが，地方により特に厳格な断食を課する場合は，パンと水と塩と干した果物のみという例もある。小斎も肉と肉の加工品の食用を禁じるが，卵や乳製品（バターなど）は許される[*18]。

17）　エラスムス前掲訳書，113頁。
18）　一年を通じて毎金曜日は小斎を守るべき日とされ，復活祭に先だつ四旬節中は大斎を守るべく定められている。そのほか大小斎をとくに守るべき一定の日が指定されている。

対話は魚売りと肉屋の間で交わされる。魚を食べてからあまり日が経たないうちに全体で九人が死んだことを肉屋が責めても，魚売りは商売に不慮の出来事は付き物とばかりに，全く無頓着な様子でその袖で鼻をぬぐいながら肉屋の前に立っている。肉屋は教会がいつか魚を食べるのを禁じるであろう，それだけが彼の商売を助けることができるのだ，と希望するほどに抜け目がない。肉屋は対話をリードするが魚売りは馬鹿ではないから，双方の議論は円滑に展開する。主題はもちろんレントの断食とそれに関連した魚の食事である。この食事はエラスムスの確信によれば毎年死の際にいたるまで彼のところにもたらされる。会話は当然教会の命令に関わっている。神学の議論が一般に分かるような言語に翻訳され，日常生活の中に議論の出発点が求められた。どうしてキリスト教徒は昔のユダヤ人よりもさらに厳格な律法でもって悲しまねばならないのか，といったように，エラスムスはやさしく書くように要望する。彼の議論は新しく，世界も新しく，昔見いだされたものではない。その富はキリスト教からとってきたものだが，キリスト教をその地に導入する試みを聞いたことがない。キリスト者であることは信仰と愛を意味しており，寄せ集めの規則ではない。ある箇所で肉屋は教会における法王と司教の法律のすべては結び付いているのではないかと尋ねる。答えは然りである。しかしこれはあまりにせっかちな主張であるように思われる。というのはある法王の決定はその後継者によって廃止されたことがあるから。ここから会話は次のように展開する。

　　肉屋　するとペトロは新しい律法を立てる権威をもっていたのか。
　　魚売り　彼はもっていた。
　　肉屋　パウロもまた他の使徒たちと一緒にもっていたのか。
　　魚売り　ペトロがキリストによって任せられていたそれぞれの教会においては権限があった。
　　肉屋　またペトロの後継者たちもペトロ自身と同じ権限もっているのか。

なお，肉とは混血動物の肉をさし，魚や貝は含まれないがドイツの諸都市においては宗教改革成立後にいたるまで金曜日に鮮魚の販売が禁じられていたところが多い。この魚屋は塩漬けの魚売りである（二宮敬，世界の名著『エラスムス，モア』281頁）。

魚売り それではいけないという法があるのか。[19]

　大胆な会話はなお続けられ，法王の法と司教の法との間に権威に関する区別があるかどうかについて探求が続けられる。このとき突然次のようなびっくりする問いが肉屋から出されて泡のような議論を撃破してしまう。「高位聖職者の統制がそんなにも高い価値があるなら，どうして主は申命記にある律法にだれも何かを加えたり，取り除いたりしてはいけないと厳格に禁じられたのか」と。魚売りはこれによって窮地に追い込まれることなく，それは律法の手直しの問題ではなく，ときの状況にもとづいていっそう広くかついっそう厳格に説明するかの問題なのだ，と言う。しかし肉屋は，自分の考えに固執する。それでは解釈のほうが律法よりも権威があるのか，と彼は反論する。魚売りがこれを理解できなかったので，彼はそれをさらに明らかにする。

　肉屋 もっとはっきり言おう，神の法は両親を助けるようにわたしたちに命じている。ファリサイ派の解釈によると神に捧げられるものはすべてこれ，おのが父に与えられるものなり，ということになる。なぜなら神はすべての人の父であるから。神の律法はこの解釈を認めないのか。
　魚売り それは確かに間違った解釈です。
　肉屋 しかし解釈の権威がひとたび彼らの手にわたされた後には，だれの解釈が正しいかをわたしたちはどうして論じることができますか。とくに解釈者たちの間に意見の相違がある場合にはなおさらです[20]。

　肉屋は司教たちの言葉に耳を傾けるように忠告されるが，それでもって満足しない。神学博士らに従うようにとの忠告も歓迎されない。彼らは時折有名人たちより愚かであり，教養ある人たちは決して彼らに同意しない。終わりに魚売りは次のようなソロモンの意見を述べる。「最善

---
19) エラスムス『対話集』二宮敬訳，世界の名著，302頁（改訳）。
20) エラスムス前掲訳書，303-304頁（改訳）。

の解釈を選び，説明できない問題は他の人に残しなさい。そのさい主人や普通の大多数の人たちによって承認された見解を採用しなさい」[21]と。わたしたちは今日でも，こういう話題に直接関係している人々がどんなに熱心にこのような議論を読んでいるかを想像できる。それも理由がないわけではない。研究者は中世後期に行なわれた議論がここに反響していることを容易に見いだすに違いない[22]。

エラスムスは1526年に出版された『対話集』の新版に弁明を付加しなければならないと感じた。そのなかで彼はこの作品の性格について次のように言う，「ソクラテスは哲学を天上界から地上にもたらしたが，わたしはそれをゲーム・非公開の会話・酒飲み仲間にまでもたらした。というのはキリスト教徒の真の楽しみには哲学的な香味料が添えられていなければならないからです」[23]と。後代の多くの人たちは彼に感謝することであろう。

このような「真の楽しみ」についてとくに解明したのが『対話集』の最後に書き加えられた「エピクロス派」である。そこで次にこの作品を考察してみよう。

5 「エピクロス派」の研究

この『エピクロス派』は1533年の『対話集』改訂版に初めて収録されたものであり，『対話集』最後の作品として注目に値する。なかでもルターが『詩編九〇編の講解』[24]においてこの作品を名指しで批判していることが意味をもってくる。そこには宗教に関する基本姿勢が問題になっているので，エラスムスとルターの対決点が明瞭に示されている。

他の多くの『対話集』の叙述と同様に，この作品も一つの問でもって始まる。次いでこの問が説明され，分析がなされた上で，それに対する

---

21) Erasmus, Colloquia ASD I-3 507: 441-510: 532 Thompson Colloquies 327-329.
22) たとえばヴェッセル・ガンフォートの教会の権威に関する論文がこの対話集の作品の後しばらくして出版されている。
23) Erasmus, Colloquia ASD I-3 746: 179-81 Thompson Colloquies 680.
24) ルター『生と死の講話——詩編九〇編の講解』金子晴勇訳，知泉書館，2007年，75-87頁参照。

エラスムスの解答が記される。問われているのは諸々の善悪の「目的」に関してである。実際「目的」はラテン語では同時に「終わり」を意味するので, このテーマは『対話集』全編の終結にふさわしい論題である。というのは, ここにはルターの批判と指摘にも関わらず, 初期の対話集に見られたような軽快さや陽気さが, もしくは軽薄さがもはや見られず, わたしたちが彼から期待する適切さ・愛想の良さ・格式ばらない態度といった本来のエラスムス的なエートスと人間知が現われているからである。この作品に登場してくるエピクロス主義の解説者ヘドニウスはいつものエラスムス的な確信と言葉でもってスプダエウスを説得しようと試みており, もし幸福主義が, エウダイモニズムのギリシア語の意味にふさわしく,「良い神の賜物」であるならば, キリスト教はエピクロス派やストア派よりも優れた幸福の源泉であり, 真の快楽の仲立ちとみなされうると説かれた。

(1) エピクロスの快楽説

では, そもそもエピクロスの快楽説とはいかなるものであろうか。彼はヘレニズム時代の哲学者であって, 当時支配的であったアリストテレスよりも遥かに厳しくプラトンと対立し, エロース説についても「反プラトン」の大立者となった。プラトンがエロースを神から授けられた賜物とみなしていたのに対し, 無神論者でデモクリトス的原子論に立つエピクロスは, エロースを「狂気と苦悩の伴う性の快楽の激しい衝動」とみなし, 知者の平静心を乱す敵として攻撃し, アリストテレスと同様に友愛（フィリア）をエロースより優れたものと唱導した。これはエピクロス主義の名の下でわたしたちが予想する特質に反している。わたしたちは快楽主義というと無軌道な放蕩無頼な生き方を考えやすいが, 彼の説く快楽はそれとは全く異質なものであることを知らなければならない[25]。

---

25)「それゆえ, 快が目的である, とわれわれが言うとき, われわれの意味する快は, 一部の人が, われわれの主張に無知であったり, 賛同しなかったり, あるいは, 誤解したりして考えているのとはちがって――道楽者の快でもなければ, 性的な享楽のうちに存する快でもなく, じつに肉体において苦しみのないことと霊魂において乱されないことにほかならない。けだし, 快の生活を生み出すものは, つづけざまの飲酒や宴会騒ぎでもなければ, また美少年や婦女子と遊びたわむれたり, 魚肉その他, ぜいたくな食事が差し出すかぎりの

古代の快楽説は節度を保った知者の主張であり，ここで説かれている「素面の思考」は冷静そのものであって，プラトンの詩人的感動を冷徹にもしりぞけ，その少年愛などもきっぱり拒否している[*26]。

　同様にエロースに対する彼の理解も卓越しており，たとえば「見たり交際したり同棲したりすることを遠ざければ，恋の情熱は解消される」[*27]と彼は言う。また彼の考えにしたがえば性欲は自然的だが必須なものではないがゆえに，これを作為的に過度に刺激しなければ，これなしにも生きられるわけで，エロースに対するわたしたちの観念のなかにこそ病が潜んでいる。こうして彼は性愛に対し女色を遠ざける独身主義者のような態度を採る。これに対し肉体の衝動が募ってくる場合はどうしたらよいかとの質問に対し，彼は「いまだかつて性愛がだれかの利益になったためしはない」[*28]と言明してはばからなかった。したがって感性的な快楽を説いても，それが心身に苦痛をもたらす程に過度となることを知者エピクロスは批判した。

(2) ルネサンス時代のエピクロス理解

　一般的な理解ではこうしたエピクロスの快楽説はストア派の禁欲主義と対立するものとして理解された。だがストア派の哲学者キケロは，さまざまに解釈することができる思想家であった。そこでエラスムスは処女作の『現世の蔑視』以来キケロをキリスト教的に解釈する視点を導入した。その際，エラスムスはキケロの『善悪の目的』（De finibus bonorum et malorum）に注目し，ここから古代の古典的精神を汲み出した。まず彼は古典に表われている偉大なる観念・著作・哲学大系が倫理や政治に関して何を説いたかを考察してから，それらを批判的に吟味す

美味美食を楽しむたぐいの享楽でもなく，かえって素面の思考が，つまり一切の選択と忌避の原因を探し出し，霊魂を捉える程度の動機の生じるもととなるさまざまな臆見を追い払うところの，素面の思考こそが，快の生活を生み出すのである」（『エピクロス——教説と手紙』出隆・岩崎允胤訳，岩波文庫，72頁）。

　26）エピクロスは欲望のなかでも食欲のように，自然的で必須なものと，性欲のように，自然的だが必須でないものとを区別しているばかりでなく，自然的でもなくて，むなしい臆見によって生じるものを指摘し，それに属するものとして名誉心，金銭欲，少年愛をあげている。このような区別は実に知者にふさわしい優れた分別から説かれている。

　27）前掲訳書，90頁。
　28）前掲訳書，96頁。

る。実際，彼の生活と仕事の多くはこういう仕方で古典的な文化を解釈することに捧げられた。

　この「エピクロス派」という対話の中でストア派と逍遥学派の倫理学について簡潔にそれとなく言及されているが，中心的な主題は，エピクロス派の幸福主義に意味があるとしたら，キリスト教は「エピクロス的」であるか否かという論点である。エラスムスはエピクロス派の自然学については何も語っていない。この自然学はエピクロスがデモクリトスから借りてきた原子論であって，彼が関心を寄せているのは直接的な快楽が唯一の善であるというアリスティッポスから受け継いだエピクロス派の典型的な教えだけである。そして対話者ヘドニウスによって初めのところで「敬虔な生活を送っているキリスト教徒に優ってエピクロス派である人たちはいない」[*29]という主たる命題が提示され，対話をとおしてこれが弁護される。それゆえ，わたしたちはこの命題が「真の」快楽は徳であり，正しさであるという共通な同意にもとづいていることを学ぶことになる。現実のキリスト教はもっとも正しく生きることを教えており，善の規範がエピクロス派では快楽であるため，キリスト者は真のエピクロス派でなければならないとの結論に達する。

　ところでエピクロス派は「放蕩者」「好色家」「不敬虔者」と同義に理解されてきたので，こうした要求についてスプダエウスが疑問を懐いたのは当然である。15・6世紀においてはエピクロス主義は哲学者たちや他のスコラ学者たちから注目されていた。そして快楽説の功罪については，それまで断続的に論じられている中でロレンツォ・ヴァッラの対話編『快楽について』（De voluptate）が最初の大作であって，その表題は1533年以降は『真の善について』（De vero bono）に変更されたが，内容に変化はなかった。この著作は対話形式によって人間の本性について論じ，本性が徳により癒されなければならないが，この世の悪に関してはストア派の嘆きをもってそれを叙述した。次いでヴァッラはエピクロスが人生の目的を道徳的な美徳にではなく，快楽に求めており，その快楽が有用性に一致していると説いた。最後に彼は人間における真の善として天上的な快楽を挙げてキリスト教を擁護した。彼はストア派，エピ

29）エラスムス「エピクロス派」金子晴勇訳『エラスムスとルター』聖学院大学出版会，121頁。

クロス派，キリスト教の三者の道徳説を論述しているが，ストア派やエピクロス派の概念が古代におけるそれと一致せず，用語が厳密さを欠いている[*30]。

さらにエラスムスの同時代人であるトマス・モアは『ユートピア』（1516年）においてエピクロスとエピクロス派という言葉を用いていないが，真の快楽に従う生き方を幸福の条件と見ている。ユートピア人たちは「快楽を擁護する学派の立場」に傾いており，「魂の不滅」や「神の慈愛」と「死後の審判」さらに「宗教」を積極的に説いた。だが，これらはすべてエピクロス自身が否定していたものである。モアは言う，「こういう原理は宗教的なものでありますが，彼らはそれでも人は理性によってそう信じ，認めるようになると考えている」[*31]と。快楽のなかでも肉体的な快楽の代わりに人間性と善意の義務を行なう「大きな快楽」を果たす者には「終わりを知らぬ歓喜をもって報いてくださる。……徳さえ含めてすべてわれわれの行為は，究極的には快楽を目標ないし幸福とみなしている」[*32]と説かれた。こうして宗教は強制されないが，人々は意志の自由によって神を信じ，福音の信奉者となっている。

(3) エラスムスの快楽説

エラスムスは快楽がこれまで間違って考えられており，「エピクロス派」という言葉も正しく使われてこなかったことをまず指摘し，次のように語っている。「人々は名称に関して思い違いをしているのだ。ですからもしわたしたちが真実について語るなら，敬虔な生活を送っているキリスト教徒に優ってエピクロス派である人たちはいないのです」[*33]。したがって敬虔な生活こそ真実な意味での快楽であると説き始めている。

こうした敬虔な生活は心に苦しみがないことであって，この点ではエピクロスと同様な見解が述べられているが，最大の苦しみは「やましい

---

30) クリステラー『イタリア・ルネサンスの哲学者』佐藤三夫監訳，みすず書房，42-50頁参照。
31) モア『ユートピア』沢田昭夫訳，世界の名著「エラスムス，モア」中央公論社，431-433頁。
32) モア前掲訳書，434頁。
33) エラスムス前掲訳書，121頁。

良心」に求められる。「やましい良心よりも悲惨なものがないとすれば，やましくない良心にまさって幸福なものはないことが帰結します」*34。この点ではルターの基本的な主張と一致している。しかし，エラスムスはルターと相違して「偽りの快楽」と「真の快楽」とを区別している。「快楽の妄想や影にあざむかれて，精神の真の快楽をなおざりにし，本当の責め苦を自分に招き寄せている人々が思慮あり賢明であるとあなたはいま思わないのですか」*35。そこで「真の善を享受する」ことこそ賢明な人であり，神の内に真の善を求める敬虔な人こそ真に「快適な生」を生きていることが次のように力説される。「敬虔に生きている人，すなわち真の善を享受している人だけが，真に快適に生きているのです。しかし，最高善の源泉である神と人とを和解させる宗教的敬虔だけが人間を至福にするのです」*36。したがって慈しみ深い神を所有している人がまことに富んでいる人であって，そのような保護者をもっている人は何も恐れることなく，死をも恐れない。「死は敬虔な人たちにとり永遠の至福にいたる通路にすぎません」。この敬虔な人たちは清い心の人たちで，彼らとともに神はいましたもうが，「神がいましたもうところにはどこでも，パラダイス，天国，幸福が存在し，幸福のあるところには，真の歓喜と偽りのない快活さとが存在しています」*37。したがって神とともにある快楽こそ最大の快楽であって，肉体の快楽はあっても小さなものに過ぎない。

>「たとえ快楽の最小の部分が交合にあるとしても，はるかに大きな快楽は絶えざる交友にあり，交友というものはキリスト教の愛でもって自己を正しく愛し，互いに対等に愛し合う人たちのあいだよりも快適でありうることはないのです。他の人たちのあいだでは時折，快楽が衰えると愛も衰えてしまいます。しかしキリスト教的な愛は肉の歓びが減少するに応じて，かえってそれは高まってきます。それともわたしはまだ，敬虔な態度で生きる人に優ってだれも快適に生きる人はないことを君にわかっていただけないのでしょう

---

34) エラスムス前掲訳書，122頁。
35) エラスムス前掲訳書，127頁。
36) エラスムス前掲訳書，128頁。
37) エラスムス前掲訳書，135頁。

か」*38。

このように語ってからエラスムスは対話の結論として「もし快適に生きている人がエピクロス派の徒だとすると，清純にかつ敬虔に生きている人たちよりもいっそう真実なエピクロス派の人はいないことになります」*39 と説いた。

(4) ルターのエラスムス批判

ルターはエラスムスと宗教改革に関しては共通理解をもっていたが，相違した宗教生活の出発点をもち，神の怒りと死の経験から神学思想を確立した。この宗教的に厳しい経験から福音の真理が追究されたがゆえに，彼によると人間の本性はその罪のゆえに神の怒りを感じており，神の怒りから死をも招き寄せていると説かれた。だから，どうして人間の本性はこうした事態を真剣に受け止めないままに「鈍感な動物」のように平然たる心をもっていられるだろうか。それなのに人間の理性は神の怒りを回避するため，軽蔑という道か，もしくは冒瀆という道かをとって進んでいる。その一例としてエラスムスの『対話集』にある「エピクロス派」を取りあげ，徹底的に批判する。

「その対話でキリスト教の宗教について論じられ，この宗教は現世のさまざまな不幸の後になお永遠に尽きることのない火で人々を脅かしているから，頭上に落下するタンタロスの石を説いている，という。エラスムスは，このような脅迫的な害悪に対しては不信と発狂以上に適切な救済手段はあり得ないではないか，それはあなたがこうした脅迫を真理であると信じないためである，と言う。こういう具合に理性は論じる」。*40。

ルターによるとこういう言葉は不真面目な忠告であって，「今あなた

---

38) エラスムス前掲訳書，140-141頁。
39) エラスムス前掲訳書，141頁。
40) ルター『生と死の講話』（前出）77頁。続けてこういう。「というのは，現世のもろもろの禍難の後に永遠の死をも恐れなければならず，しかも恐れなければならないのが，このように不幸のきわみにある人間に対し神が憤っている怒りから由来するということは，耐え難いのみならず，神の知恵と慈しみには相応しくないように思われるからである。理性はこうした思想を冒瀆に陥ることなしには支持しえない。だから，エピクロスは，あなたが発狂もしくは不信になるように，かつ不幸と死のなかにあって怒りと罪との感覚から自己を解放するように，と忠告している」。

が軽蔑していることが，現世が過ぎ去った後で，真理であると感じられはしないかと恐れるとしたら，どうするのか。あるいは，あなたがこの将に来たらんとする危険について考えることがないように発狂しようとしてもできないとしたら，どうするのか」[*41]と問い返している。そうではなく，わたしたちは神の怒りと死とを深く感じとることにより，救いを追求するようにすべきであると彼は言う。したがって，エピクロス派の自己満足とキリスト教徒の畏怖との相違は実に大きい[*42]。ここで彼がエピクロス派と言って非難しているのは，エピクロスの快楽主義が無神論であるばかりでなく，死後の審判とか地獄とかいう表象で精神に無益な苦痛を与えることを，極力しりぞけている点に対してである。この観点からエラスムスの対話にある「エピクロス派」まで批判されるようになった[*43]。

6 『キケロ主義者』（1528年）の研究

エラスムスは1528年フローベン社から『対話集』と『キケロ主義者』の二つの対話作品を合本して出版した[*44]。それは千頁を超える大作であった。これによっても分かるようにこの二つの作品は共通する内容をもっている。この『キケロ主義者』（Ciceronianus）という作品は人文主義の共和国という思想界に爆弾を投じて，炸裂させたものであって，彼が生涯をかけて実現するように努力してきたキリスト教人文主義に批判

---

41) ルター前掲訳書，77頁。
42) 「人間精神の安心しきった自己満足が，いかに戦慄すべきものであるかをわたしたちは知っている。彼らは自己と他者に日毎に襲っている極めて不快な災禍が告げ知らされているにもかかわらず，神を求めようとしない。イザヤが，〈しかもなお，この民は自分たちを襲った者に帰らない〉（イザヤ 9.13）と語っている通りである。彼らは実際，豚に似ている。そして明らかに感受性が全く欠けている。その心は神によって加えられた災禍に気づいていない」（ルター前掲訳書，87頁）。
43) なお，この詩編講解についての諸々の解釈とその内容の学問的検討をわたしは「生と死の弁証法」（金子晴勇『ルターの人間学』創文社，453-483頁）で試みているので，参考にしていただければ幸いである。
44) その年は出版社の当主ヨハンネス・フローベンが死去したばかりであった。翌年の第二版では『対話集』と合本で出版されたが，余りに大きな本であったので，その後は単独の出版となった。

的な人文学者のグループに対する攻撃であった。当時盛んであったすべての運動に対して自己の独立を保ちたいというエラスムスの態度は，人文主義者の陣営とも事を構えさせることになった。この作品は『キケロ主義者』あるいは『最も正しい措辞について』と題されたもので，ラテン語の作法や話法に関する批判であった。これは純然たる文献学的な著作であり，これによって同時代人の間に 18 年前の『痴愚神礼讃』によって引き起こされたのと同じ激論が巻き起こった。だが，その公然たる攻撃目標は神学者たちではなく，ラテン語の純化と有効性にばかり没頭している学者たちであった。

　エラスムスの主たる関心もしくは批判は，保守的な神学者もルターも，不正確で不明瞭な言語に魅了されていることに向けられた。エラスムスは彼らの文体がキケロ的でないと烙印を押しながら，同時に彼自身の実践的なラテン語の文体を擁護することであった。古典研究によって文化を救う手段が見いだされうるとしても，それはどこまでもキリスト教に奉仕するものでなければならない，と彼は考えた。彼の誠実な倫理的な感情は当時の人文主義者の猥雑さと無道徳を嫌っていた。同時に彼の繊細で自然な趣好から，古代の範例を衒学的に，卑屈に模倣することには何の救いも意味もないことを彼は知っていた。彼はラテン語に精通していたため，厳密に古典的に書くことは，かえって時代にそぐわないと感じており，ラテン語は彼にとって現実に生きていなければならないし，同時に自由に表現できなければならなかった。したがって彼の初期の作品のなかには精密すぎるラテン語の用法に対する強い非難が認められ，すべてのラテン語の著作家の中で最も耐え難いのはキケロの猿真似どもであった。

　したがって古典の研究によってキリスト教と人文主義を統合する新しい試みに彼は大きな期待をかけていたにもかかわらず，そこに一つの危険が伴われているのを感じていた。その危険とは古代文学の復活という美名に隠れて，異教主義がその頭をもたげようとしていることであった。とくにイタリアではキリスト教が名目だけになっており，その内実が異教主義のままであることに彼は危惧の念を抱いていた。異教的な「良い学問」（人文学）に余りにも排他的になって没頭する偏狭な態度は，彼のキリスト教人文主義から見ると危険な因子を孕んでいた。彼はかつて

は人文主義者として古代の学問を大いに促進してきたのだが，歳を重ねるに連れて今や保守的になり反動的にさえなって来ていた。というのは革新的な人文主義者であった当時の保守陣営から，彼の思想が異端的ではないかという謗りを受けるようになったからである。さらには彼はジャーナリストとして活躍して来たがゆえに，学問の厳密さと学者としての完全性とを疑われ，それに苦しまなければならなかった。この事情はトレドの一教授に宛てた1527年10月13日附の手紙に明らかであり，そこには『キケロ主義者』の素描が見いだされる。その手紙になかでエラスムスは正統信仰のために古典研究を憎む人たちばかりか，異教的な思想に閉じこもる人たちが出てきていることに言及もしている。

　「最近，新種の敵がその隠れ場のなかから立ち上ってきている。こうした連中は異教的なものでなければ典雅なものはあり得ないかのように，良い学問がキリストのことを語るのを嘆いている。彼らの耳には，ジュピテル〔大神〕と言うほうが世界の贖罪者イエス・キリストと言うより快く響き，召された父たちと言うほうが聖なる使徒たちと言うより気持がいいのである。……彼らはキリスト者でないよりは，キケロ主義者でないほうがもっと大きな不名誉だと考える。まるでキケロが今生き返ってきたなら，彼がその時代に自分の宗教を語ったのとは別の言葉でキリスト教のことを語らないかのように。このキケロ主義者という名を鼻にかけて威張り散らす厭わしい流行は何であろう。簡単にちょっとお耳に入れようか。それは実は白粉なので，これをもって彼らにはキリストの栄光よりもっと大事な異教主義を粉飾しているのだ」[*45]。

エラスムスにとって，キケロの文体は決して理想的なものではなかった。ホイジンガによると彼はもっと着実，簡潔，雄勁で，彫琢の少ない，男性的なラテン語を好んだ。ときには一日で一冊の書物を書かなければならなかった彼は，文体を調琢する暇もなく，読み返すことさえできないことがよくあった。「キケロから戴いてきた十ばかりの言葉をあちらこちらに揃べた，空っぽの言葉の皿が何だというのだろう。わたくしの欲しいのはキケロの精神だけである」から，こういう連中は笑ってやっ

---

45) ホイジンガ『エラスムス』（前出）179頁からの引用。

てもいい猿真似どもにすぎない*46。

そこで彼は『痴愚神礼讃』と『対話集』の場合と同じように，キリスト教的な感覚の情熱的な真剣さと高い節度に対する愛惜の念をもって，再度，新しい対話編の著述を開始する。

この『キケロ主義者』は，最初『対話集』と合本して出版されたように，多面的な知識，説得力のある雄弁，豊富な論題を自由に駆使して構成された傑作である。これは一種の喜劇のような作品で，登場人物は三人である。まず，エラスムスの見解を代表するブレフォルス（よい忠告者で，70歳ぐらい）と，そのごますりで興味を懐いて質問するヒポログスと熱心なキケロ主義者ノソポヌス（病んでいる人）である。この三人のあいだに長い会話が流れていく。

エラスムスがノソポヌスの姿を「彼は精神の明晰を維持するために朝飯には十箇の乾葡萄をたべるのである」などと描くとき，それは当時高名であった人文主義者クリストフ・ロンゴリウスを指しており，この人は1522年にすでに死去したために反論できないのであるから，この人物をはっきりと指定したことはやや不当であったであろう。

対話はパドュアの街路の場面からはじまる。ブレフォルスはヒポログスと一緒に散歩しているときに，彼らが暫くの間会わなかった懐かしい人がいるのに気がつく。その人は小学校以来の知人である。かわいそうに彼はいつもの彼ではない。彼は以前はもっと太り気味であって，とても活発であったのに，今は自分の影にすぎないような亡霊のようだ。

こんな具合にわたしたちはこの喜劇の作品の主人公に出会うことになる。この人がキケロ主義者であって，誤まって理解されたキケロ主義者の餌食となった人である。ブレフォルスとヒポログスは昔の友人とその病気について冗談のやり取りをする。彼を悩ませているのは何であるのか。それは水腫か。いいやそれはもっと深い苦悩である。新しい皮膚病か。結核の病か。肝臓の病か，それを言うのは難しい。というのはこの種の新しい種類の発熱は体温を高めたりしないから。だからまだその病には名前がない。病気の名前を付けることが癒しの第一歩であることをわたしたちは知っている。それにはラテン名がないが，ギリシア語では

---

46) ホイジンガ前掲訳書，180頁。

ツェロドゥレイアと呼ばれる，換言すれば真似したり競ったりするために圧倒したり虜にしたりする欲望によって引き起こされる狂乱である。

この患者はここ7年間それに悩まされてきた。明らかにそれは精神的な不調である。ブレフォルスは自分もまた同じ悩みをもっていると装って，医者に診てもらった方がいいとヒポログスに請け合う。それゆえヒポログスとその友人は今近づいてきたノソポヌスと激烈な敵対関係を引き起こさないために，ここでゲームを演じはじめる。

対話の第二場面は，ノソポヌスの率直な誠実さと若者らしい熱意が，友人たちによって仕込まれたトリックを見破ることを妨げているため，キケロ主義の馬鹿げた努力が続けられていく。彼は学者的な営為と努力で満たされており，二人に馬鹿にされるのを怖れてキケロ主義の恐るべき結果に陥る。これは一つの喜劇的な対話となっている。

『キケロ主義者』の核心は，あまりに熱心な古典主義がキリスト教信仰にとって危険であることを指摘しているところに求められる。これはすでに標題のなかに示されている。エラスムスはキケロ主義者とキリスト教徒という対立を彼の愛するヒエロニュムスから借りて来たのであるが，ヒエロニュムスはすでに自分がこの選択を迫られているのを知っていた。ブレフォルスは烈しく叫んで次のように言う，「ノソポヌスよ，信じてくれ，わたしたちの耳と心をこのようなことで魅惑するのは異教主義だ，異教主義だ。わたしたちは名前だけの異教主義者であって，まだキリスト教徒なのだ」。なぜ聖書の引用よりも古典のことわざがよく響くのか。「預言者のなかのサウロ」より「野菜のなかのはこべ」(Corchorum inter olera) のほうがなぜよく聞こえるのか。キケロ主義の馬鹿らしさの証拠として，彼は教義上の文章を古典ラテン語に翻訳したものを挙げる。すなわち，「永遠の父の御言葉また御子なるイエス・キリストは預言者たちの証しに従ってこの世に来た」という代りに，ラテン語ではこうなる。「至善至大のユピテルの仲介者にして子，救世者，王なる者，予言に従って，オリンボスより地上に舞いおりた」。当時の大抵の人文主義者は実際こんな文体で書いていたようである[*47]。

---

47) Emile V. Telle, Erasmus's Ciceronianus: A Comical Colloquy, in: Essays on the Works of Erasmus, ed. by R. L. Demolen, 1978, p. 211ff. 参照。なお引用はホイジンガ前掲訳書180-181頁による。

ここでわたしたちはエラスムスに問うてみたい。あなたは自分の過去を攻撃していたのに気がついたでしょうか、と。彼が新約聖書ヨハネ福音書冒頭の Logos（言葉）を訳して Sermo といい，Verbum と言わなかったとき，反対者が非難したように，彼は結局キケロ主義者ではなかったのか[*48]。この場合も古典主義，つまりキケロ主義が，キリスト教のロゴス概念を侵し，その代りに古典的な言葉でもってそれを置き換えたのであった。聖母と聖人に寄せたエラスムス自身の詩や讃歌はここで言わないとしても，教会の讃美歌のなかでも韻律を改正しなければならないと願ったのは，彼でなかったか。古典の格言や諺，また語法に対する偏愛に向かって発せられた警告は自作の『格言集』に優って的中するのではなかろうか[*49]。

　青年時代のエラスムスは人文主義者として活躍し，やがてキリスト教と人文主義との統合を自己の思想的な核心に据えたのであったが，ここにわたしたちが見る彼は，キリスト教を退ける純粋な人文主義に対して対決姿勢をとるようになった。このように老齢を迎えたエラスムスは今や保守反動の道を採るにいたったが，やがて最後には人文主義からも遥かに遠ざかってしまう。実践的な倫理的なキリスト教を説き続けてきた彼は近代のピューリタン運動に近づいていくような兆しを見せはじめている。

---

　48)　この点は次章で論じる『校訂ギリシア語新約聖書』のなかで行なわれたエラスムスの新しいラテン訳でヨハネ福音書第1章のロゴスの訳語で示されたことを指す。
　49)　ホイジンガ前掲訳書，181頁。

第6章
「キリストの哲学」の確立

　エラスムスが『エンキリディオン』で展開させた人間学は哲学と神学との総合を目ざしていた。この総合は内容的には「キリストの哲学」（philosophia Christi）として結実した。彼は青年時代に「ドイツのペトラルカ」と言われたアグリコラからはじめてこの表現もしくは概念を学んでいたと思われる[*1]。エラスムスの初期の著作『エンキリディオン』ではいまだこの用語は見られないけれども、この書物の基本思想はこれによって最も適切に表現されうる。この書物に対して当時二つの抗議がもちあがっていた。その一つは教養が無視されていること、もう一つは修道院と儀礼に対する否定的態度に向けられていた。これに対する反論として「フォルツ宛の手紙」が1514年のフローベン版にはこの書の序文として加えられ、そこに彼の教養と敬虔についての思想の中核が「キリストの哲学」として次のように述べられている。

　　「それゆえ、キリストが死にたもうたのは、確かに、富・宝・武器・その他世俗的王国の華麗さ——それはかつて異教徒たちのものか、少なくとも俗っぽい君主たちのものでした——が、いまや若干の司祭たちの手に渡るためではありません。わたしの考えが尋ねられているとしたら、わたしたちは武器をためすよりもはるか以前に、彼らの精神を手紙や小冊子によって励ますよう試みなければならないのです。では、どのような手紙によってなのでしょうか。脅迫的な手紙でも暴君的な手紙によってでもなく、真に父のような愛に満

---

[1]　本書第2章第1節「少年時代と勉学期の教育」48-49頁とエラスムス『新約聖書序文』木ノ脇悦郎訳「宗教改革著作集2　エラスムス」所収、230-231頁参照。

ちており，ペテロやパウロの心を反映し，使徒的表題を単に示しているだけでなく，使徒の力が味わわれるような手紙によってなのです。わたしがこのように言うのは，キ・リ・ス・ト・教・的・哲・学のすべての源泉と水脈とが福音書と使徒の手紙のなかに隠されていることを知らないからではなく，その言語が外国語であってしばしば混乱しており，さらに表現のあやと婉曲な比喩とが，理解するよりも前にわたしたちにたびたび汗をかかせるほどの困難さをもっているのを知っているからなのです。したがって，福音書記者と使徒との最も純粋な源泉から，また最も信頼できる解釈者たちからキ・リ・ス・ト・の・哲・学の全体を要約して集めるという任務，しかもそれを学術的である限度内で単純に，明晰であるという条件の下に簡略に行なう任務が幾人かの敬・虔・であり同時に学・識・がある人々に委ねられることが，わたしの意見ではもっとも適切なことだといえましょう」*2。

　ここに「キリストの哲学」および「キリスト教的哲学」(Christiana philosophia) の用語が最初に出ている。しかもそれの簡潔な内容と『エンキリディオン』との関連が示される。このことばには「キリスト教的教養」(humanitas chrisitiana) というエラスムスの人間の理念が含意されている。ところでこれより二年後に，この「キリストの哲学」なる概念は再度，『新約聖書序文』の『パラクレーシス』で表明されている。そこには，「パラクレーシス即ちキリスト教的哲学研究への勧め」(Paraclesis id est adhoratio ad Christianae philosophiae studium, 1516) との表記が与えられている。そこでまずこの序文におけるこの概念の使用法と特質を検討し，次に『エンキリディオン』にみられる彼の哲学の内容を再び考察し，さらに彼のキリスト論について述べ，全体としてこの概念の意義を明らかにしてみたい。

1　「キリストの哲学」の意味

　エラスムスは philosophia chrisistiana また philosophia Christi を好んで

---

2)　金子晴勇訳『フォルツ宛の手紙』,「宗教改革著作集2　エラスムス」教文館, 188頁。

用い、あるいは「天的な哲学」(caelestis philosophia) と名づけた。これらの表現でエラスムスは何を言おうとしたのだろうか。ともかくこれは、多くの誤解を招いた表現である。これまで一般に用いられてきた「教義」(dogma, doctrina) の代わりに「哲学」を使うことにより、新鮮な感覚を呼び起こしている。ルノーデによるとこの表現はエラスムスの福音的実証主義を表わしており、それは哲学と神学を嘲笑している。エラスムスは福音に基づく道徳を提供しようとし、信仰のあらゆる定式化と義務付けられた教会の実践に反対して、完全な霊化に到達するような自由を弁護しているという[*3]。「キリスト教的哲学」という聞き慣れない表現が示しているのは、神的であると同時に親しみを感じる教師の教えがエラスムスにとっては大切であるということである。したがってエラスムスは特にプルタルコスとキケロに向かい、福音にしたがってそれらを修正している。これに対してルイ・ブイエ (Louis Bouyer) は、この表現はギリシア教父たちに遡るもので、エラスムスによる意図的な擬古主義であると正しく指摘し、ルノーデの見解をはっきりと否定している[*4]。他の研究者たちも、この用語は中世の修道的伝統にも未知のものではなかったと説明している。

　エラスムスは一方においてスコラ的思弁神学を退けながら、他方、民衆の呪術的・迷信的信心を嫌っていた。そこで前者に対して単純明快に「キリスト」を、後者に対して、理性にかなった「哲学」を対置して、自分のキリスト教人文主義の特質を提示したといえよう。しかし彼はキリスト教哲学によって一般に想起されるような哲学と神学の融合を考えていたのでも、哲学によってキリスト教を体系化することを構想していたのでもない。中世スコラ哲学はこの種の壮大な試みであったとしても、彼はこのような知的体系化の試みには疑いをいだいていた。そうではなく、『エンキリディオン』に展開していたように、ギリシア哲学に匹敵する内容がキリスト教自体のうちに存在すると彼はみており、「キリストの哲学」というべきものが預言書と使徒書によって確証できるということを説いているのである。つまり彼はキリスト教、とりわけその源泉たる聖書のなかにプラトン哲学の内容と一致するもの——彼はこの一

---

　　3) A. Renaudet, Etudes érasmiennes 1521-1529, VII-XIX, 122-189.
　　4) Louis Bouyer, Erasmus and his Times, trans. by F.X.Murphy, 1959, p.105-121.

致において真理を捉えようとしている——を認めたので,「キリストの哲学」なる名称を選んだといえよう。このことはアウグスティヌスがキリスト教を彼の時代における真の哲学として確信していた態度と共通している。エラスムスもキリスト教をプラトン哲学に解消しないで,プラトン哲学との比較を通してキリスト教の教えの真理を解明し続けてた。

そこでまず『パラクレーシス』から代表的なテキストをあげ,その内容について検討してみよう。

「とりわけこの種の知恵はたいへんすぐれているので,現世のすべての知恵を断固として愚かなものに引き戻してしまうでしょう。ですからこれらの僅かな書物から,あたかもきわめて明澄な泉から汲むように,それを汲みだすことができます。しかも全く分厚く難解で,解釈者の相互に矛盾している無数の注解書からアリストテレスの学説を捉えるよりもはるかに苦労することなく味わい,そのため何と多くの実りが伴っていることでしょう。あなたはあの学科の息苦しい道具をたずさえて近づく必要はここではないのです。旅の費用は簡単にすべての人に準備されております。何よりも単純で純粋な信仰によって与えられる,敬虔深く意欲的な心をあなたは準備するだけでよいのです。ただ学ほうとするだけで,あなたはこの哲学の中で大いに上達しております。この哲学は単純な心にだれよりもいっそう喜んで自らを分かち与える聖霊を教師として授けます。……この種の哲学は三段論法の中よりも心情の中にあり,論争ではなく生活であり,博識ではなく霊感であり,理性よりも生の変革です。学者になることは少数の者にとって辛うじて成功しますが,キリスト者であることや敬虔であることは誰にでもできるのです。わたしはあえて付言したい,神学者であることは誰にでも可能なことです,と。さらに最も自然にふさわしいことは,すべての人の心のなかに容易に入って行きます。キリストが〈再生〉と呼びたもうたキリストの哲学とは良いものとして造られた自然の回復にあらずして何でありますか。したがってキリスト以上に誰も決定的にかつ効果的にこれを伝えたものはなかったのです。しかし異教徒の書物のなかにもこの教えに合致する多くのものを見いだすことができま

す」*5。

　ここにエラスムスが説く「キリストの哲学」がはじめて明確に内容的な特質が与えられている。その特質のいくつかをあげてみよう。
　(1)「理性よりも生の変革である」　ここでいう理性（ratio）は三段論法，論争，博識と述べられている事柄を総括する概念であって，スコラ神学的思弁を指して語られている。これに対立するのが「生の変革」（transformatio）であり，これは心情，生活，霊感と並べられていて，聖霊の導きの下に立つ霊的生活であり，その中心は不断の自己改造を志す態度である。このような自己改造こそキリスト教による哲学の目ざすもので，人間の心情に迫る高次の宗教的生に属している。
　(2)「良いものとして造られた自然の回復」　キリストの哲学は創造における自然本性が罪によって壊敗している現実に働きかけ，それを新生させること，もしくは改造することを内実としている。この「回復」はキリストご自身「再生」（renascentia）と呼ぶものだと説明されている。このレナスケンティアは「ルネサンス」と後に呼ばれた名称の一つの源泉となったと言うことができよう。ルネサンスという概念は本質的には宗教的意味をもっており，新約聖書の語法「新しく生まれる」（ヨハネ3.3以下），宇宙的再生をいう「世が改まって」（マタイ19.28），「再生の洗い」（テトス3.5）につながっている。またこの哲学の教えに合致する異教徒の書物を指摘している点で人文主義者としての特質が示されている。しかしキリストの方が「決定的にかつ効果的に伝えた」とあるように，キリスト教に立つ人文主義がここでも明瞭に語られている。『新約聖書の序言』と同じ性格の書『真の神学に近道で達するための学習法あるいは方法論』（Ratio seu methodus compendio perveniendi ad veram theologiam, 1518）では次のように語られる。「修辞学者は雄弁にかつ素晴しく語ることを目的とし，弁証論者は鋭い論理を展開して反対論者を罠で捕らえることを目的としなければならないが，ここでは，あなたは自分の学習によって変えられ，捉えられ，泣かされ，改造されることを第一の，また唯一の目標とし祈願として，このことだけを行ないなさい。魂の糧は，胃のなかに留まるように記憶のなかに留まるのではなく，心

---

5) Erasmus, Ausgewählte Schriften, Bd.III, S. 12, 22-24.

情のなかに,また心のなかに投入されてはじめて有効である」*6。このような自然本性の変革による回復を目ざすのがエラスムスの実践的な「キリストの哲学」の目標である。

(3) 聖書主義の神学　「これらの僅かな書物から,あたかもきわめて明澄な泉から汲むように,知恵を汲みだすことができる」とあるように,「僅かな書物」は新約聖書の諸書を指し,そこに知恵の源泉があって,そこから知恵がゆたかにあふれでているという。この聖書について『パラクレーシス』は次のようにも語っている。

　「純粋で真実なキリストの哲学は福音書と使徒書から汲みだされるのにまさって,他のどこにもそれほどまでに豊かには与えられていない,とわたしは思います。この書物によって敬虔に哲学するものは議論よりも祈り,武装することよりも生活が改造されることを求めています。……わたしたちが何かを学びたいと願うなら,どうしてキリストご自身よりも他の著者を喜んだりするのですか」*7。

キリストが哲学することの対象となっている。というのはキリストは天上的な教師であり,永遠の知恵をもち,「人間に救いをもたらす唯一の創始者として救済に必要なことを教えたもうた」からである。こうして「死すべき者たちに教示するために神であった方が人となったこと,不死であった方が死すべき者にされたこと,み父の心のうちにいた方が地上に派遣されたこと,このことは新しい驚嘆すべき種類の哲学であるにちがいない」*8。

キリストの哲学は人格の改造と再生とを目標としているが,それをもたらしたキリストとの生ける人格的出会いをエラスムスは力説し,救済のため受肉したキリストとの交わりを徹底的に追求している。聖書のなかのキリストは「今なおわたしたちのために生き,呼吸し,語り,人々のあいだに滞在したもうたときよりもいっそう活動的でありたもう,とわたしは言いたいほどです」。だからスコラ神学が説いているように膨大な数のアリストテレスの注釈書を播読する必要など全くない。

6) Erasmus, op. cit., S.128.
7) Erasmus, op. cit., S.26-28.
8) Erasmus, op. cit., S.10.

2 「キリスト教哲学」と「キリストの哲学」

　この「キリスト教哲学」と「キリストの哲学」という二つの名称は何ら区別なしに用いられているのであろうか。『パラクレーシス』では「キリスト教哲学の最初の誓約がなされる洗礼はすべてのキリスト教徒にとり等しく共通なものです」[*9]と語られている。したがってキリスト教哲学は洗礼のようなサクラメントをも含む総称であるといえよう。ところが「重要なのは，キリストが何をお教えになったのかを知ることであり，次いですぐそれを実践することです」[*10]とあるようにキリスト自身の言行が特別に重んじられている。これが「キリストの哲学」であるとすると，この表現の方が概念の外延が狭いことになる。フォルツ宛の手紙には二つの名称の区別が次のように語られている。

　　「〈キリスト教的な哲学〉のすべての源泉と水脈とは福音書と使徒書のなかに深く隠されていることをわたしは知らないのではない。……福音書記者と使徒たちの最も純粋な源泉から最も好ましい解釈者によって〈キリストの哲学〉の全体を要約して簡単に示すことが，敬虔であり同時に学識ある若干の人々の責任によって行なわれねばならない。これがわたしの考えでは最も有益なことであったのです」[*11]。

　ここにも示されているように「キリスト教的な哲学」という名称は福音書と使徒書，つまり新約聖書の全体を材料とする思想の総称である[*12]。そしてこの全体のなかにキリストの哲学が含まれている。それはキリスト自身の言行から成っており，キリストはわたしたちに直接語り

---

9) Erasmus, op. cit., S.14.
10) Erasmus, op. cit., S.26.
11) エラスムス『エンキリディオン』前出，188 頁。
12) 同じ思想が次のようにも述べられている。「真正で純粋のキリストの哲学は，福音書と使徒の書簡からもっとも豊かに汲み取ることができる。この書物をもとに敬虔に哲学を進め，議論を戦わすよりはおりふし祈りを捧げ，論争の武器に身を固めるよりはもっぱら回心に努めれば，およそ人間の幸福とその生活の諸相とに関わる問題は，みなこの書物のなかに伝えられ論じられ解決されているのだと，誰でも苦もなく気がつく筈である」（『パラクレーシス――キリスト教哲学の勧め』月村辰夫訳，「人類の知的遺産」267 頁）。

かけ，わたしたちと交わりをもち，わたしたちを愛の実践へ向けて呼びだしている。この中核をめぐって使徒たちは活動し，キリスト教思想の全体を形造っている。これが「キリスト教的な哲学」と呼ばれていると解することができる。こうして敬虔と教養とをもった人間形成という新しい教養人の理念がキリスト教人文主義の基礎を造りあげているといえよう。

　さらにキリストの哲学と他の哲学諸派との関連が問題となる。この関連について次のように語られている。

　　「かつて，いかなる哲学の学派も，金銭は人間を幸福にするなどと教えるほど粗雑ではありませんでしたし，また，人間の最上の善は現世の生活での名誉や快楽にありと定めるほど，恥知らずでもありませんでした。ストア派の人たちは，善良な人間を除いては誰も知者ではない，ただ真の美徳を除いて善なるものも讃うべきものもない，ただ悪行を除いて何も憎むべきものも悪徳もない，と看破していました。ソクラテスは，プラトンの著作のさまざまな箇所で，不正には不正をもって報いるなかれ，また，魂は不死なのであるから，十分に生きたという確信をもってこの世を去り，さらに幸福な生を迎える人のことを嘆くべきではない，そうして，いかなる手段を尽くしても魂を肉体の問題から遠ざけ，目には見えないが真実であるところのものに導くべきである，と教えています。また，アリストテレスは『政治学』の中で，それをことさら軽蔑する必要があるというわけではないが，ただひとつ美徳を除いて，ほかの何ものも心地よくは感じられない，と述べています。さらに，エピクロスも，人間の生活に心地よさが存在し得るのは，心に悪徳を宿していないと確信できる場合のみであり，泉から水がほとばしるようにこの確信から真の快楽が生じる，と述べています。

　　このように，少なからぬ数の哲学者，わけてもソクラテス，ディオゲネス，エピクロスらが，キリストの教えのかなりの部分を示し得たのは，これはいったいどうしたわけでしょう。しかも，キリストはそれ以上に十全に教え，そして実践もしたのであります。キリスト教徒がその教えを知ろうとせず，あるいはないがしろにし，その上さらに笑いとばしてしまうことさえあるのは，もはや一種の不

思議とでも称して差しつかえないのではありますまいか。ところで，これら異教徒の教えのうち，キリスト教の精神に合致するものがあれば，これに従えばよいのです」[*13]。

このようにキリスト教人文主義の観点から主張されてはいても，エラスムスの核心は「キリストの権威」に求められており，「現世の神学者たちの学派」ではなかった。キリストの権威は「天上の神ご自身が二度ほど，初めはヨルダン川でキリストが洗礼をお受けになった時，次いではタボル山で変容なさった時，〈これはわたしの愛する子，わたしの心にかなう者である。その言うことを聞け〉と，神々しいお声でお認めになった」[*14] 点に確証されている。彼は当時の神学界の権威者トマスもスコトゥスもキリストと同じ権威はないと言う。「わたしはスコトゥスの精妙さを，またトマスの聖性を讃えるものであります。しかし，どうしてわたしたちは，もっとも偉大な著作に従って哲学を進めないのでしょうか。どうしてこの著作〔聖書〕を，肌身離さず持ち運ばないのでしょうか。どうしてこの著作の中に成果を求めないのでしょうか，この著作を十分に探索しないのでしょうか，研究しないのでしょうか。どうしてわたしたちは，福音書ではなくアヴェロエスのために，生涯の大部分を消費してしまうのでしょうか。また，たかだか人間の定めた法令であるのに，またたがいに矛盾する解釈であるのに，これにほぼ一生のすべてを費してしまうのでしょうか。たとえそれが最高の神学者の名論卓説であるにせよ，理にかなったことではありません。いや，来るべき時代の偉大な神学の訓練は，これはむしろ福音書の中でおこなわれるべきなのです」[*15]。

3　キリスト像とシレノス像

1515年に補足出版された『格言集』には「アルキビアデスのシレノス」という長文の解説を付した項目があって注目に値する。エラスムス

---

13) Erasmus, op. cit., S. 24-26.
14) Erasmus, op. cit., S. 32.
15) Erasmus, op. cit., S. 34.

が先の表現「キリストの哲学」（Christiphilosophia）を最初に使ったのは，おそらく1515年版の『格言集』である。エラスムスはそこで「アルキビアデスのシレノス」という修辞学的な慣用句を説明している。これはプラトンの『饗宴』に由来する慣用的な表現であるが，エラスムスによって初めて哲学的な意味が与えられた。エラスムスの説明によると，この表現で言われているのは，最初の一瞥で笑うべき軽蔑すべきものに見えるが，より詳しく観察してみると感嘆に値するものであることがわかるようなことである。彼の記述によるとシレノスは，開けると神の像が現われるちょっと変わった小さな彫像である。ソクラテスは，その笑うべき外見，単純な言葉，わずかな財産のゆえに，まさにシレノスのような人物であった。しかしシレノスの像の真ん中を開けてみると，そこに見いだされたのは人間的な像ではなく，黄金の神像である。同じことはアンティステネス，ディオゲネス，エピクテトスにも当てはまる。しかしキリストは，とりわけシレノスではないだろうか。無名の貧しい両親，粗末な家，貧乏な弟子と一緒に生活し，空腹と苦しみに耐え，その生涯は十字架で終わった。彼はまことに見る影もない存在であったが，純化された魂の目にその姿を現わすとき，筆舌に尽くしがたい豊かさが見いだされる。

　「そのような卑しさのなかに，どれほどの崇高さがあることか。貧困のなかに豊かさが，弱さのなかに考えられないほどの力が，恥辱のなかに栄光が，労苦のなかに完全な安らぎがあることか。結局，とても苦い死のなかに，不死の尽きることのない泉がある。キリストの名前を標榜しているあの人々が，なぜこの像を嫌悪するのか？ 全世界の支配権を掌握し，かつてローマの君主たちが得ようとしても無駄だったものを自分のものとし，クセルクセスよりもっと強大な親衛隊で自分の周囲を固め，富に関してはクロイソスを凌駕し，すべての哲学を黙らせ，いわゆる賢人たちを屈服させることは，もちろんキリストには容易いことであろう。しかし彼に気に入り，そして彼が弟子たちや友人たち，したがってキリスト者にはっきり示した唯一の模範は先に述べたことである。彼はこの哲学を選んだ。この哲学は哲学者たちの規則やこの世の原則と全く違っており，すべての人が何らかの方法で手に入れようと思っているもの，つまり

3 キリスト像とシレノス像

幸福を与えてくれる唯一のものである」[*16]。

　この長い引用からわかることは，エラスムスは哲学という言葉を生き方，あるいはおそらくより的確には外的表出の意味で使用していることである。問題にされているのは，ある特定の教えや教義ではない。エラスムスはこの哲学という言葉を，イエスが誰であり，イエスが何をもたらしたかを示すために使った。イエスは幸福を与えたのである。教会はその華やかな外的表出によって，その創始者の生活と一致しているのであろうか。教会の奉仕者たちは権力を揮い，その儀式で社会を全体として指導し，教会の学者たちが大学を支配し，社会的経済的生活は教会によって管理されている。すべての人が教会の成員であり，司教が権力をもち，教皇がすべての民族のうえに君臨する。それゆえ「大部分の人々が逆さまのシレノスを表わしている」とエラスムスは痛烈に批判した[*17]。

　ここには後にキルケゴールが『キリスト教の修練』のなかでキリストを「微行者」(incognito)つまり外面的には認識不可能なものであると説いたのと同じ思想がある。エラスムスによるとこういうことはキリストだけではなく，預言者たちや洗礼者ヨハネ，使徒たちにも認められる。この連関でエラスムスはイザヤ書53章を引用している。「彼には見栄えも高貴さもない。人々が彼の前では顔を隠すほど，彼はひどく軽蔑された」[*18]。したがってエラスムスは，世のなかで幅を利かせている教会に反対し，あらゆる出世主義をひどく嫌悪し拒否している。つまり帝王キリストに対して，神の苦難の僕が対置されたのである。どのようなやり方でキリストがこの世に打ち勝ったかを，エラスムスは『新約聖書の序文』に含まれる『方法』(methodus)で詳しく述べている[*19]。「わたしは

---

16) ASD II, 5, 164, 81-93.
17) ASD II, 5, 166, 120-121. これに続いて言われる。「人が外面的な肩書き，博識，華美，豪華さを誇示しても，その内面はどうであろうか。自然的な秩序ともそれは矛盾する。種子のなかには樹木の生命力があるが，それは真に小さい。鉱石（黄金と宝石）は地中に深く隠されている。空気と水は最も大切な元素であるが，それらを摑むにはとても難しい。人間も例外ではない。人間の神的で不死の部分である霊は目に見えない。人間の身体の最も生気に溢れた部分である息は摑むことができない。そして人間の感覚で最も把握できないのは神である。神は人間のすべての知識と理解力を超えている」。
18) ASD II, 5, 164, 67-168, 161.
19) Erasmus, LB V, 97C-98F.

決して拳闘家を目ざしているわけではなく，神学者たることを目ざしています。そしてその神学者は自分が公にすることを三段論法よりも，むしろ生活によって表現することを好むことなのです」[20]。キリストはイザヤが描いたような神の僕であり，傷ついた葦を折らず，ほの暗い灯心を消さない。「とりわけこのようなやり方で，キリストと彼に従う使徒たちは，ユダヤ人の頑なさに打ち勝った。キリストはギリシアの高慢な哲学の尊大さを打ち負かし，こうしてこんなにも多くの民族の，武器によっては征服されえない野蛮性を屈服させた」[21]。エラスムスの心が求めていたのは，このような柔和で謙遜そのものであるイエス，温和によって打ち勝ち，死によって勝利を収めたイエスであった。

4　模範としてのキリスト

「キリストの哲学」という表現は，エラスムスにおいては抽象的なものでは全くなかった。それは具体的にイエス・キリストの姿を指しており，つまりこの世に自らを現わされたイエス・キリストのことである。イエスが神であることに，エラスムスは全く疑いを差し挟まなかった。したがってイエスはエラスムスにとっては神の子ではないといった告発は，全く根拠のないものである。エラスムスはイエスを真正のもの，唯一のものとして認め，したがってイエスは彼の思想の中心にある。そしてそれは人々の上に君臨しているのではなく，人々と共にあるイエスである。

エラスムスは「キリストの哲学」という表現を，とくに『パラクレーシス』で，キリスト者とキリスト教にも適用している。この哲学の教師はキリストであり，その任務に神御自身によって任命された[22]。そこにおいて決定的なのはギリシア的な知性ではなくてキリストの愛である。したがってエラスムスは両親に勧めて，その幼い子供たちがキリストの教えによって満たされるよう配慮しなければならないとしている。人間

---

20) エラスムス『新約聖書序文』木ノ脇悦郎訳，242頁。
21) Erasumus, Ausgewählte Werke, hrsg. H. Hollorn, 223, 6-10.
22) エラスムス前掲訳書，213-214頁。

が人生の初めの頃に学んだことは,決して忘れられるようなことはない。「幼児がまわらぬ舌で最初に話す片言は〈キリスト〉でなければなりません。彼の福音書によって幼児が育まれますように。わたしが願っているのは,子供たちがキリストを愛するようになるほど,教育のなかでキリストが優先されるようにということです。子供たちもキリストを好きになるように,そのようにキリストについて語ってください。そして子供たちが気が付かないうちに成長してキリストにおいて成熟した者となるまで,この学習に留まってほしいものです」[*23]。エラスムスは,キリストに従って彼のように貧困と謙遜のうちに,愛と自己否定のうちに生きるよう呼びかける。キリストの名前を名乗っているなら,キリストのうちに留まらなければならない。

このような関心を抱いてエラスムスは,キリスト教の信仰と生き方の本質を可能なかぎり簡単にまとめるように努めた。『エンキリディオン』でも「ある種の生活の簡潔な方法を教示する」ことが目ざされていた[*24]。このように初心者に手引きを与えようとしたのは当時の神学が余りに難解な問いと,それに輪を掛けて難解な答えによって,未熟な人の学ぶ気を失わせてしまった事態に由来する。それゆえ彼の時代の典型的な神学者に対立するものとして彼が求めているのは,数々の馬鹿げた問題に時間を費やさず,聖書を説明し,信仰と敬虔について語り,涙を流して人々を天的な考え方へと駆り立てるような神学である。そのためキリストの哲学は,神学者にとっても初心者にとってもよく理解できるキリスト教的哲学となることを求める。事実『パラクレーシス』においても最初から最後まで目的としているのは,このことに他ならない。

> 「ただ従順でありさえすれば,この哲学の道は容易にはかどります。この哲学は先達として聖霊をつかわし,その聖霊は単純な魂の持ち主にもっともよく伝えられるのです。……キリストの哲学は誰かれの区別を設けず,等しく万人にその身丈を合わせます。幼い者たちに対してはその寸法を縮め,その身を彼らの丈に合わせ,彼らがキリストのうちに成育する間,乳で養い,腕に抱き,暖め,支え,何くれとなく世話を焼いてくれるのです。さらに,小さき者に配慮を

---

23) エラスムス前掲訳書,224頁参照。
24) エラスムス『エンキリディオン』前出,7頁。

怠らないこのキリストの哲学は，そのかたわらで，なお大いなる者に対しても偉大であります。それのみか，この哲学の道を進めば進むほど，人は一層その偉大さにうたれることになるでしょう」[*25]。

このキリストを模倣することは，すべての人に教えられなければならない。とりわけ君主や司教，司祭，若者の教育者には大きな責務がある。

---

25) Erasmus, Ausgewählte Schriften, Bd, III, S. 12.

第7章
神学方法論
──『真の神学の方法』の研究──

　エラスムスの『校訂ギリシア語新約聖書』（Novum Testamentum 1516）はキリスト教思想史における真に記念碑的業績であった。それは聖書の原典を提供したばかりか，宗教改革を引き起こした原因ともなった点でもきわめて画期的な出来事であった。この業績はまた文献学的に言ってもルネサンスを特徴づける古代文化の「源泉に帰れ」というスローガンを実現させた模範でもあった。こうした文献学的な聖書研究の優れた意義について一例を挙げて紹介しておきたい。それは「悔い改め」（poenitentia）という一語に秘められていた重要な意味の発見である。ルターが『贖宥の効力についての討論の解説』（Resolutiones disputationum de indulgentiarum virtute, 1518）に付した序文によると，シュタウピッツはプロテスタントの宗教改革の先駆者であったばかりか，その父でもあることになる。なぜなら，この書の序文における「悔い改め」の解釈が直接シュタウピッツに由来するとすれば，宗教改革の発端は彼に淵源すると言えるからである。しかし，この序文を注意して読むならば，それに続く「悔い改め」のギリシア語の真義を発見したのは古典語の専門家の示唆に負うていることが明らかである。この専門家がだれであるかは明確には示されていない。ところがエラスムスの『校訂ギリシア語新約聖書』を参照するならば，「悔い改め」の原語メタノイアの語義を「心を再び立て直すこと」（resipicentia）として初めて世に提示したのは他ならぬエラスムスであったことはきわめて明白である。ルターはこの事実をあえて隠しているとしか考えられない[*1]。この時代に一般に使われていた欽定ラテン語訳聖書ウルガタによると「悔い改めなさい」

（poenitentiam agite）という語は一般には「改悛の秘跡を受けなさい」という意味で理解されていた。この「悔い改め」のサクラメントはカトリック教会と民衆とを繋ぐパイプであって，当時人々は罪を犯すと教会に詣でて，このサクラメントに与ることになっていた。ここにある「悔い改め」という言葉は教会が授けるサクラメント（秘跡もしくは聖礼典）を意味しており，その内実は「痛改（contritio）・告白（confessio）・償罪（satisfactio）」という三つのわざから成り立っていた。これに対しエラスムスがギリシア語のメタノイアを「心の転換」と訳したことは，サクラメントとしての「悔い改め」を否定するばかりか，宗教改革を引き起こすほどの意味内容が秘められていた。というのは悔い改めのサクラメントにある「償罪」のなかには「巡礼」や「十字軍」に参加する以外に，お金で買う「贖宥状」（免罪符）も含まれており，1517年にこれをめぐって宗教改革運動が勃発したからである。

　ところでエラスムスの『校訂ギリシア語新約聖書』に付けられた有名な『新約聖書序文』と膨大な『注解書』はこれまでは批判的に吟味されてこなかった。最近になってジャン・ピエール・マッサウは『注解書』を研究し，エラスムスにおける「神秘」の概念と使徒パウロの影響を問題にし，アルバート・ラビルはエラスムスの方法論を新たに発掘するために『ローマ書の注解』を吟味した[*2]。また人によってはそこにオリゲネスの影響を捉えてその影響を強調する者もいる。『新約聖書序文』に関する研究も進展し，ホフマンやヴィンクラーによって認識論や「神学的文芸学」を論じる研究も現われた[*3]。こうしてキリストの哲学である真の神学がその中心的な対象として「神秘」に置かれていることが解明された。ここから神学者としてのエラスムス像が回復されるのみならず，彼の神学方法論には「神秘」思想をどのように解明すべきかが説か

---

1) この点を初めて指摘したのはベイントン『エラスムス』出村彰訳，日本基督教団出版局，174頁である。しかし，この指摘も正確さを欠いており，マタイ4. 17の初版の訳はpoeniteat vos「悔い改めよ」となっており，第2版になって初めて訂正されたと言われているが，実際は初版のマルコ1. 15ではすでにResipiscite「心を変えよ」となっている。

2) Rabil, Erasmus and the New Testament: The Mind of a Christian Humanist, 1972, p.115-127.

3) Hoffmann, Erkenntnis und Verwirklichung der wahren Theologie nach Erasmus von Rotterdam, no.44; Winkler, Erasmus von Rotterdam und die Einleitugsschriften zum Neuen Testament, 1974. このヴィンクラーは『真の神学方法論』の独訳者でもある。

れていると認められるようになった[*4]。

そこでわたしたちは彼の『新約聖書序文』からその内容が拡大されて発展してきた『真の神学の方法』（Ratio seu methodus compendio perveniendi ad veram Theologiam, 1518）を取りあげ，その神学方法論を問題にしてみたい[*5]。

1 『真の神学方法論』の著述意図

エラスムスは『真の神学方法論』の冒頭で次のように言う。「わたしたちに再び知られるようになった新約聖書が，ある友人たちの切なる願いによって出版されるようになったとき，わたしの願いは，神学研究のためのいわゆる方法論，あるいは理論的基礎づけをつけ加えるということであった」[*6]と。ここには『校訂ギリシア語新約聖書』の出版に続いて，聖書理解のために組織だった神学方法論の必要性が感じられたことが明らかに述べられている。この書では三つの序文の一つに「方法」という形で神学方法論が簡潔な仕方で論じられたに過ぎなかった。これがさらに一年を経て，詳細にわたって考察された『真の神学方法論』にまで発展した。

エラスムスはこの書物において神学の方法論を詳しく論じ，まず聖書解釈を土台として，言語，歴史，実践へとその問題を発展させてから，再び聖書理解においてこれらの諸問題を統合的に論じるという仕方でその方法論を展開させた。したがって，そこには土台としての聖書の解釈から展開したものが，再度，聖書によって検討されるという循環構造が見られる。

それではエラスムスの神学的な方法とは何であろうか。彼によると神

---

4) M. O. Boyle, Erasmus on Language and Method in Theology, 1978: J. B. Payne, Towards the Hermeneutics of Erasmus, in: Scrinium Erasmianum, 1969, 2, 13-49, Georges G. Chantraine, The Ratio Verae Theologiae, 1518, in: R. L. DeMolen, Essays on the Works of Erasmus, 1978.

5) 『新約聖書序文』は「呼びかけ」「方法」「弁明」の三つからなっている。いずれも簡略な叙述に過ぎなかったが，これが拡大発展したものが『真の神学の方法』である。

6) Erasmus, Ausgewählte Schriften Bd.III, Ratio seu methodus compendio perveniendi ad veram Theologiam, S. 118.

学はその対象のゆえばかりか，その学問の性質のゆえに求められる主体的性格のゆえに，聖なる学問である。それは古代人のいうカタルシス（心の浄化作用）を求める。つまりそれに携わる者の道徳的清めという浄化作用を要求する。したがって神学は，聖書解釈という単なる技術的な問題なのではない。つまり自分の内に宗教的な素質や態度を養おうとしない人，したがって人格的な改善を求めない人は，神学において進歩することはない。というのは神学は厳密に預言者的な作業であるから。それを起こすためには聖霊の特別な恵みが心にそそがれていなければならない。それゆえ次のような勧めがなされる。

「あなたの唯一にして第一の目的は，あなたが変えられ，連れ去られ，あなたが学んでいるものへと造りかえられるという，一つの要求を実行することである」[*7]。

ここから最初の結論が次のように下される。

「こうして，遂に，あなたが鋭く討論することによってではなく，次第に他のものに変えられると感じることによって，あなたは自分が進歩したと判断することができる」と[*8]。

このことは，同時に，当時の神学が単に論争的であるような，情けない状態にあったことに対する批判であった。この批判は16世紀のスコラ神学が論争神学となっていたことに対する，新たなる批判と論戦の試みと見なすべきではなく，むしろ論争で用いられた論理的展開，つまり弁証法に対決する「反－弁証法的な姿勢」をエラスムスが採用したと見なすべきである。この方法を彼は古代教父であるナティアンズスのグレゴリオスの神学的説教から直接受容したと考えることができる[*9]。そこには預言者的な神学の観念を回復させようとする意図が明らかに窺われる。したがってエラスムスの神学方法論の主たる思想は次のように要約することができる。

① 聖書を読む訓練をする人は清い心をもたねばならない。

② 聖書の言語であるヘブル語・ギリシア語およびラテン語を学び，自由学芸とくに文法と修辞学によって鍛えるべきである。彼は言う，

---

7) Erasmus, op. cit., S.128.
8) Erasmus, op. cit., ibid.
9) Louis Bouyer, Erasmus and his times, 1959, p.158.

「討論をする前に，まずなすべき第一の研究は，ラテン語，ギリシア語，ヘブル語の三つの言語を徹底的に習得することである」。というのは現行のラテン訳聖書ウルガタが不正確であるから。しかし聖書には神秘的な生命が隠されている*10。
③　聖書のさまざまなテキストはそこに内在する教義的な複雑さがあって，それが多面的なものであっても，すべてを中心としてのキリストに還元させることができる。
④　聖書本文に対する冷静な霊的な釈義を実行すべきである。
⑤　聖書解釈という釈義の仕事は特定の方法にもとづいて行ない，弁証論を濫用させてはならない。

　これが神学の初心者にエラスムスが呼びかけた勧告の内容である。それは恐らく神学研究の基本的な勧告であるが，決して初歩的な内容ではなく，神学の基礎となる根本的なものである。言語の知識がないと読んでも理解できない。言語といってもラテン語だけでは充分ではない。しかしヘブル語やギリシア語を流暢に話すことが求められているわけではない。聖書を正しく理解するためには言語の理解が不可欠である。さもないと判断を誤ることが起こる。翻訳が間違っていることもあるし，人間的な教えによる歪曲も生じるからである。エラスムスは聖書の権威を重んじるがゆえに，原典研究を重視し，言語研究の必要性を説いたのである。これを土台にして初めて堅実で揺るぎない神学が確立されうると彼は主張した。そこで次に彼の神学方法論の幾つかの特質を論じてみたい。

2　神学方法論の特質とスコラ神学批判

　エラスムスが聖書を重んじる基本姿勢には，当時の神学に対する彼の批判が隠された意図として潜在していた。彼は聖書を原典に即して研究することによって現実の教会を改革するという意図をもっていた。そのさい彼は人文主義者らしく聖書原典に帰ることによってキリスト教の根

---

10)　この点に関しては本章第3節を参照されたい。

源を明らかにし，教会の歴史の中で形成されてきた教義を批判的に検討しようとした。ここには新しい学問を復興させた人文主義者としての革新的な精神と手法とが隠されている。しかし彼は本質的には中世のスコラ神学で試みられたような，キリスト教思想を組織的に構想する教義学者ではない。それゆえ教会の個々の教義を取りあげて信仰の源泉である聖書からそれを批判的に検討しているのではない。むしろ「彼自身の聖書理解を前提とした上で，その理解との関係においてキリスト教の教義の全体が何であるかと問い，その視点から現実の教義を論じている。言いかえるならば，聖書の指し示していることを教義と同一の意味で捉えていると言うこともできる」[11]。そこには教会とキリスト教社会の現実，人間の罪の現実に関心が絶えず寄せられており，理路整然たる教義体系よりも，いわばもっとも単純で素朴な聖書の教えが分かりやすい仕方で提示されており，無意味となった空疎な教義体系に対する批判が看取される。

　それゆえ「キリスト教教義の大綱」（Summa doctrinae christianae）を論じた箇所でもエラスムスは教義についての詳細な論議を試みないで，聖書の単純な教えを提示することによって教会の現実に対する批判を展開する。また聖書の教説は，ときに相互に矛盾する場合もある。たとえばバプテスマのヨハネは，自分が光ではなく，「光について証しをするために来た」（ヨハネ 1. 8）と述べているが，他の箇所では，イエス自身が，「あなたがたは世の光である」と語っているし，ヨハネ福音書には「わたしの肉を食べ，わたしの血を飲む者には，永遠の命がある」（同 6. 54）とあるが，少し後には「人を生かすものは霊であって，肉はなんの役にも立たない」と語られる。とはいえ，こうした聖書の表現上の矛盾は，信仰にとって躓きとなるものではない。このような表面的な矛盾は，全体の文脈や論述の仕方や置かれた状況から判断され，精神に有益であるように理解されるなら解消される。

　　「この種の困難に出会ったならば，わたしたちは憤慨すべきではなく，書かれた言葉の真理を疑うべきでもなくて，事情のすべてを考量し，困難さを説明する手段を探究すべきである」[12]。

11）　木ノ脇悦郎『エラスムス研究』日本基督教団出版局，119 頁。
12）　Louis Bouyer, Erasmus, p.163 からの引用。

このように聖書を読むためには，単純な心とその準備となる知識が必要である。そこでわたしたちはエラスムスの聖書神学の特徴点となっているものをいくつか取りあげて考察していきたい。

(1) 聖書の核心にある神秘の霊的理解

青年時代に「新しい敬虔」の精神運動の影響を受けたエラスムスには，聖書の中にはその核心として「神秘」(mysteria) が見いだされるという優れた見解もしくは洞察がある[*13]。しかもその神秘の核心部分は理性によって解明されることができないし，その深部には聖霊だけが入ることができるがゆえに，聖霊の導きに従順であることだけが聖書を理解させるに当たって不可欠の前提となる。ここでいう従順とは心を純潔に，かつ，平和に保ちながら，精神をして理解するように渇望させることを意味する。それはまた「不敬虔な好奇心」に惑わされないで，もろもろの神秘を敬うことである。この神秘に触れることは，わたしたちが理解できるものによって高められ，霊感を与えられ，改造されることによってのみ実現する。それゆえ人は，このことのほかには何らの目的も，願望も，行動ももってはならない。聖霊は，内的な教師として，自己の行為に服従する人に神秘を把握する能力を授け，その人を高める。それは聖パウロが預言する力と呼んでいるような聖書理解であって，人を改造する力をもつ知識である。それゆえ「あなたの唯一にして第一の目的は，あなたが変えられ，連れ去られ，あなたが学んでいるものへと造りかえられるという，一つの要求を実行することである」と説かれるとき，そこには神秘な力の関与が前提されている[*14]。

(2) 理性的な弁証論の問題

したがって理性的な弁証論を濫用しないこと，およびそれを使いすぎないように抑制することが大切である。実際，理性的な議論である弁証論は理性と対立する情念を克服するのに役立つのみならず，合理的な知

---
13) 「新しい敬虔」の運動に関しては本書第2章第1節を参照。
14) Erasmus, Ausgewählte Schriften Bd.III, S. 128. 引用文にある「連れ去られる」(rapitur) というのは神秘主義で使われた最高段階の神秘的な「拉致」を意味する。この点について金子晴勇『ヨーロッパ人間学の歴史』知泉書館, 105, 117, 147–148 頁参照。

識をもって本性的に情念を治める。しかし神学的知識は理性的な知識とは異なる秩序をもっている。

「神学者というのは，その名称を人間的な意見からではなく，神の神託から（a divinis oraculis）得ている。また神学の大部分は霊感で導かれており，全く純粋な行状がないならば，近寄ることができない」[*15]。

このように神学的知識は霊的であって，単なる理性的な弁証論を服従させ，自分の意志にもとづいて合理性に従わねばならない。神学は知識のためにそれ自身の道具を，つまりそのオルガノンとしての論理をもたなければならない。この神学のオルガノンはアリストテレスの哲学的な論理学とは異なっているが，どのようにして両者を混同しないで一致させるかを知るべきである。

(3) 聖書知識の道具としての方法

では，そのような神学的な道具とは何か。どのようにそれを用いることができるのか。これが「方法」（Ratio）の扱う問題である。それは聖書のもつ合理的なものに適用されなければならない。この方法は人間的な論理にではなく，霊的な発展に一致していなければならない。この Ratio は聖霊が授ける Ratio であって，人間の Ratio ではない。それはエラスムスによるといわば神学のアプリオリ〔先験性〕なのである。こうして，わたしたちがもっている知識とそれが指し示す実在との一致は直接的に提示される。それは理性的な推論による知識からは区別される。なぜなら理性的な推論による知識では，知識と実在との一致が最初から理論的に意図され，構築されているからである。

それに対し聖霊の導きに従順になると，人間の理性は発端から霊感を受けて聖書を受容する。そして聖書を霊的な意味で理解しようと努力する場合には，人間の理性はまず初めに聖書を字義的にヘブル語・ギリシア語・ラテン語で理解するように努めるべきである。もし真剣に神学の研究を志し，研究のために役立つ才能を少しでももっているならば，これら三つの言語を学ぶべきである。このような言語的な知識は聖書をそ

---

15) Erasmus, op. cit., S. 492.

れ自身に即して学ぶがゆえに謙虚なものである。それは受肉した御言と同じ謙虚さをもっている。聖書は実際「神の言葉の人間性〔神の言葉が人間となったこと〕」と似ている。聖書には今日でもわたしたちに語りかける神の言葉が存在する。このことこそ御言の礼拝と崇拝が聖書の字義的意味を尊重する点を含んでいる理由である。聖書には知られるようになった神の言葉が存在する」[*16]。

　同様に字義的に把握された聖書においてわたしたちは聖霊に「ふさわしい言語」を聞いているが，それは「神学的」である。「神であったお方が人間と成られた，不死なるお方が死すべきものとなられた，父の御心のなかにあったお方が地上に降られた」という驚くべき神秘が聖書のなかには認められる[*17]。わたしたちはこのような聖書の神秘の息吹を捉えないでは，聖書の原典を理解できないが，この意味を孕んだ言語を知らないで聖書を解釈する人は，この神秘を世俗化してしまう危険を冒している。

(4) 啓示の媒体としての言語・文法・修辞学

　したがって，それを通して神秘が啓示される媒体である言語を理解しないでは，だれもこの神秘に近づくことはできない。そのために，わたしたちは言語自身の不可欠の特質ばかりか，文法と修辞学も必要であることを認めなければならない。なかでも古代人たちの学派がもたらした比喩的表現と修辞の本性を学ぶべきであるが，わたしたちは古典をごく短期間に，しかも用心深く，学ぶべきである。それは真の神学が問題にしているように比喩的な方法をもって聖書を扱うためである[*18]。世俗の学問は文芸における美に向けて精神を覚醒し，その味わい深さを修得させることができるとしても，それは聖書の真理を啓示できないし，言語の根本的な力も啓示していない。それゆえ，わたしたちは古代人の比喩と聖書の比喩とを同一視することはできない。キケロの雄弁はキリストの雄弁とは相違する。キリストの雄弁はおそらくは「色彩において華麗

---

16) Chantraine, Mystere et Philosophie, p. 241.Georges G. Chantraine, op. cit., p.181 からの引用。
17) Erasmus, op. cit., S. 10.
18) Erasmus, op. cit., S. 160, 164.

なことは少ない」が，「まことに効果的である」*19。また「神学者の職業は屁理屈の議論よりも心情において成立する」がゆえに，生涯たゆまずキリストに従って訓練するほうが有益である*20。それゆえ文法・詩・修辞学は予備学的価値だけをもつにすぎない。

(5) 自由学科の意味

またエラスムスは，当時の職業的な神学者に共通に見られた自由学芸に対する軽蔑的な態度に反対して，神学における「七つの自由学科」（septem artes liberales）*21 の位置を定めようとする。この自由学科の助けによって精神は，それと自覚しないでも，受肉した御言の神秘に近づくことができる。この学科によってキリストの歴史とその教えに客観的に近づき，それを学問的に知ることができる。キリストの教えは彼の公生活の間に宣教した教えからだけでなく，天上の教師が選ばれた民に授けた律法からも成り立っている*22。キリストの歴史は誕生から死にいたるまで拡がり，新旧二つの契約の歴史を含み，環のように彼を囲んでいる*23。このような教えと歴史の光のもとに神学の志願者は全聖書を読まねばならない。これが聖書の字義的解釈であるが，このような前提に立って初めてエラスムスがめざす聖書の霊的な解釈に到達することができる。

---

19) Erasmus, op. cit., S.2.
20) Erasmus, op. cit., S.152 こうした観察からエラスムスにおける文芸学は美学的ではなく，むしろ神学的である。それは受肉した神の言葉をその対象としてもっている。ここから聖なる言語の見習い期間や文字に対する考慮，テキストの正確な把握も説かれる。
21) 9世紀にアルクインによって七つの自由学科の体系がゲルマン社会に導入されたが，彼はこれを哲学の七段階と呼び，精神はこれらの段階を通って聖書の頂上に至らなければならないと説いた。この考えは13世紀に至るまで変わりがなかった。アウグスティヌスに発するこの方法は基本的には異教的な哲学をキリスト教の総合で置き換えることであった。したがって，七つの自由学科はローマ的な古代の遺産として継承された。そのうち言語的な「三学科」（文法・修辞学・弁証法）と科学的な「四学科」（算術・幾何・天文学・音楽）とに分けられていた。その後スコラ神学によって新しい教育体系が形成されたが，エラスムスはそれを廃棄して，「七つの自由学科」を回復させた。
22) Erasmus, op. cit., S.170.
23) Erasmus, op. cit., S.216.

(6) 聖書の字義的解釈と霊的解釈

　キリストの教えを聖書のなかで見分けるためには，物語形式のなかに見いだされる字義的意味に優っている意味を発見しなければならない。そのためには言葉とそれを語っている人とを，またキリストとその贖罪の行為とを関連させる必要がある。どのように言葉がキリストの人格から出ているか，人格が言葉にとって内的なものであるかを考察することも必要である。というのはキリストは，自らをあるときには牧者や頭(かしら)として，他のときには団体や群れの一員として表現しており，「ご自身において構成員の考えを伝えている」*24 から。また時間の契機も重要で，そこから相違点も起こってくる。たとえば影の時と旧約聖書の比喩的表現，光の時と新約聖書における真理の顕現などの相違が認められる。というのはキリストの贖罪の行為は歴史において新しい時代を創り出し，それに先行していてそれを用意したものに還元できないからである*25。したがって聖書の内容は時間・人物・事柄にしたがって変化しており，聖書を抽象的で理念的にではなく具体的で現実的な意味で統一にもたらすことは不可能ではない。この統一は教会の三つのサークル（司祭たち・君主たち・信者たち）を通して万人を彼に引きつけているキリストの像である*26。そのような統一においてもろもろの教義の内的な結節点を捉えることができる。そこには多様な教義がキリスト論的な集中によって統合されている点が認められる。

(7) 物語 (fabula) の神学

　この具体的で真実な統一はキリストの生活において，もっと厳密に言うなら，彼の贖罪という償いのわざにおいて見いだされうる。このわざをエラスムスは『新約聖書の序文』における「方法」(Methodus) では使われなかった仕方でもって論じた。それは fabula（物語）のわざであり，ドラマにおける作戦計画のようなものであって，次のように語られる。

　　「わたしたちが両方の聖書を熱心にひもときながらキリストの全物語がもっているすばらしい領域と調和を考察するならば，少なくな

---

24) Erasmus, op. cit., S.178.
25) Erasmus, op. cit., S.184.
26) Erasmus, op. cit., S.192-202.

い利益がもたらされる。その物語とはいわばわたしたちのために彼が人となることによって実現したものである」*27。

この物語は現実の痛ましい葛藤を解消しながら幸福な結末に導かれる。それゆえ「物語」(fabula) の観念は「総合的である。それは普遍的なシンボリズムと宿命としての歴史を結合する」*28 とも言われる。この物語によって普遍的なものと個別的なものとを保存しながら，言語の抽象的な普遍性と歴史の具体的特殊性を結合することが可能となる。それは神と人との仲保者として，また人間に関わる神の歴史の中心として，受肉した神の言葉を反省するのに適している。しかしエラスムスはこの考えをこうした可能性を示唆することなく用いている。

エラスムスはキリストをその生ける姿で捉え，哲学的で宗教的な伝統を完全な形で把握しながら彼の神学を確立した。この伝統はギリシア人の哲学的伝統をその誤謬から清め，すべてを完全なものとなしてイスラエルの宗教的な伝統を実現しようとする。それは人間の本性を回復することによって真の哲学を確立しようとし，まず霊と真理において礼拝を設立し，霊的な真理の中に「神の計画」の神秘を明らかにする。これが彼の神秘神学である。

3 エラスムスの神秘神学

エラスムスはキリストを活ける生命として捉えようと努めてきた。そこには単に理性によっては把握できない霊的な神秘が探求されていた。わたしたちは続けてこの点を次の三点から明らかにしてみたい。

(1) 神秘とは愛である

それでは神秘とは何か。それはエラスムスにとって何よりも言葉では

---

27) Erasmus, op. cit., S.216.; Adversus Epistolam Lutheri(LB, 10, 1542D). 芳賀力『物語る教会の神学』教文館，1997 には今日の新しい方法が説かれているが，エラスムスにはすでにその萌芽が認められる。

28) Chantraine, Mystere et Philosophie, p. 275. Georges G. Chantraine, op. cit., p.182 からの引用。

3　エラスムスの神秘神学

言い表しえない父なる神の愛ではなかろうか。この神の愛はキリストにおいて啓示され，その愛のわざはキリストの多様な行為の中に働いている。しかもその愛のわざの根底には「この愛は自己と他者との類似にもとづいてすべての人にすべてとなった」[29]という作用がみとめられる。事実，この愛のゆえに神の子が人となったのであるが，そのさい愛こそ，御言が肉となることによって，自己との不等性を通して損なわれることなく，アイデンティティを確立できる，原理であり，その源泉でもある。つまり愛によって御言が自己を変化させて人となったのであるが，そこには御言が愛によって一人の人にまで降る謙虚によって神と人との「本質的な差異」がもたらされる。これが愛の原理である。だからキリストが神性と人性とを，両者を混同しないで，そのペルソナにおいて統一させるのも愛である[30]。また愛によってキリストはその使徒的な宣教を自覚した。彼はすべての人にすべてのものとなることによって，万人を自分に引きつけ，異なった宗教によって分離した人々を彼の内において再統合させた。それを可能にするのも愛である[31]。要するに愛によってキリストはご自身を与えるために各人の進歩の状態にご自身を適用させるのである。そのように与えることによってご自身と神との一致のうちに人々を父なる神に引き寄せたもう。したがって愛は「キリストを伝達する，キリストを適用する，十字架に触れる作用」(traditio Christi, accomodatio Christi, attractatio Crucis)を結合する。このように愛は罪を償う贖いの行為の核心に存在する事態である。それは愛の心である[32]。

　こういうのが聖書の比喩的な言語のうちに啓示された神秘である。この神秘は歴史や字義的な意味において明瞭となるが，同時に比喩のヴェールのもとに隠されている。それはわたしたちの精神の内的な気質に適用されている。神秘がわたしたちの精神を見えるものから見えないものへ移行させるように，またすでに預言者たちに示された真理が歴史

---

29) Erasmus, op. cit., S.222-223.
30) Erasmus, op. cit., ibid. エラスムスは神性と人性との所謂「属性の共有」(communicatio ideomatum) を愛の働きのなかにこのように捉えている。ここにも教義学的でない，エラスムスの人間学的理解が見られる。ルターとの比較は金子晴勇編訳『ルター神学的討論集』教文館，194頁以下を参照。
31) Chantraine, Mystere et Philosophie, p. 301-334.
32) Chantraine, op. cit., p. 304-307.

において実現されたことを探究するように招く。神秘はまた異邦人の言語とユダヤ人の言語にご自身を適合させる。この適合によって神秘はわたしたちの精神の不活動と怠慢を指摘しながらも，真理を発見する喜びをわたしたちに授ける。他方，信仰をもって神秘を探索する人たちには，世俗的で不敬虔な者たちに曝されることなく，その心の内に神秘を見いだす希望を与える。

「キリストはご自身の神秘を世俗的な者たちや不敬虔な者たちに隠し，人目につかないように意図したもうが，ただし信仰をもって探求する目には理解する希望を取り去りたまはない」[33]。

(2) 聖書解釈の方法

中世以来「聖書の四重の解釈」（字義・比喩・転義・類比による解釈）が採用されてきたが，なかでも比喩的な釈義は比喩的な言語に応じて行なわれており，そこからその釈義の規則が生まれた。それは理解の二つのレヴェルから成っている。すなわち，①字義的もしくは歴史的意味と，②神秘的もしくは霊的意味である。後者はさらにエラスムスが受容するのを欲しなかった四重の解釈にしたがって，字義・比喩・転義・類比に分割される[34]。しかし歴史的意味から霊的な意味へ，字義的意味から霊的意味へ移ることは，比喩的解釈を実行するために字義的解釈を捨てたり退けたりすることを意味しない。むしろそれは字義的な意味の歴史的な出来事のなかに見いだされる神秘を明らかにしようとし，それによって聖霊の働きを認識することを言う。これこそ歴史的にして字義的な意味が霊的もしくは神秘的意味の土台であるという根拠なのである。他方，霊的で神秘的な意味は歴史的で字義的な意味を理解する原理である。つまり霊的な意味のなかに字義的意味が見いだされる。このことが字義的に解釈されると馬鹿らしく感じられるものは，単なる字義的で歴史的な意味では考察されえないということの理由である。そこで彼は次のように言う。

「わたしたちは比喩的解釈に立ち返るべきである。なぜなら全聖書はそれによって成立しているからである。これによって永遠の知恵

---

33) Erasmus, op. cit., S.356-358.
34) Erasmus, op. cit., S.432.

はわたしたちに，片言のようにではあるが，語っており，このような細心の注意を〔聖書に〕向けないと，とりわけ旧約聖書の諸書においては有益な大部分の箇所は読者から逃げて行くであろう」と*35。

したがって聖書解釈の長い伝統にしたがうなら，字義的な意味はなく，比喩的意味だけが存在することになる。

したがって『真の神学方法論』に展開するエラスムスの神学思想を総合する見方は，神秘そのものである父なる神の言い表わしがたい愛の神秘が，どのような神学的方法によって把握されうるかということである。神はご自身を御子イエス・キリストを通してわたしたちに授けたもう。これによって神はわたしたちが神を知ることができるようになしたもう。同様にこの神の愛に応えて自分自身を返礼として神に与えることなしには，神を捉えることはできない。まず，神はご自身を全面的にわたしたちに与え，引き渡し，賜物を授けたもう。それに対し，わたしたちは神が与えたもうた仕方にふさわしく，自らの知識を改造し，知識の対象を構成しなければならない。知識自体が神によって啓示される。この贈り物としての知識は，人間の合理性の形式をそれに付与することによって価値が高まるのではない。それゆえアリストテレスやその他の哲学者に由来しない学問である，新しいオルガノン（道具）が必要である。知識自体が贈り物であって，これ以外には与えられたものを知る手段はない。それゆえ，こういう知識に加えて，これを正しく解釈するためには理性や心の訓練と清めが必要となる。そのためには自由学芸が不可欠なものとして要請されるが，それは理性の要請ではなく，贈り物において与えられるものの溢れるような豊かさから起こってきて，霊的な意味そのものによって要請されており，神秘の中にそれ自身の合理性が求められているのである。

(3) 神秘的な超越としての信仰

終わりにエラスムスが説いている神秘的な超越について考察しておきたい。というのは彼の神学の根底にはこうした超越に対する信仰が認め

---

35) Erasmus, op. cit., S.400.

られるから。エラスムスの神学の基礎には『エンキリディオン』や『痴愚神礼讃』で説かれた根本思想があって，それは「目に見えるものから見えないものへ」という超越の思想として述べられた[*36]。したがって彼の神学の基礎には，わたしたちの目を地上的事物の諸価値から天上的なものに向けさせていく信仰の超越が認められる。ここには人間的な価値を根源的に変革する信仰の働きが認められる。こうした信仰を確立するための学問的方法論が聖書解釈としての神学に要請される。

　このような神学のための予備的段階として，プラトンとかストア派やペリパトス学派の哲学の研究も意味がある。しかし，その研究は，それ自体としての価値をもっているにしても，そのような研究自体がわたしたちの目的ではなく，天に心を向けていくという神学的目的に対する手段として意味がある。そこにはキリストの教えや生活を受け入れて，それに従っていく信仰のわざが主導権を握っている。そのためまず単純な信仰が要請される。人間的な計画や判断の基準は，しばしばわたしたちを誤らせるし，ときにはキリストの教えに違反する場合すらある。それに反し単純な信仰は人間的判断を超える際の力となる。

　したがって神学によって得られる真の知恵は，人間の判断を超えているが，誠実で温和なものである。この点をエラスムスは，ヤコブの手紙3. 13-18 にもとづいて次のように述べている。

　　「聖ヤコブは，真の知恵に達している人が，自負心や執拗な討論癖を顕にしたりしないで，誠実と温和を示すものであると告げている。嫌悪すべき競争心や頑固な追求心をもつような知恵が天上から来ているなどと言うことは否定すべきであり，それは地上的，動物的，悪魔的なものと呼ぶべきである。それに対して，第一に真実な神学的知恵は，慎み深いものであると，彼は言っている。それは柔和で，平和をもたらすものであり，親切であわれみに満ち，良い実を結び，裁きやいつわりを知らない」[*37]。

　それではエラスムスは信仰をどのように規定しているのか。彼は次のように言う。「信仰は，わたしたち自身に疑いを抱き，すべての信頼を神におくようにと教示する」(Fides praestat, ut nobis diffisi, fiduciam

---

36) 本書第3章第7節と第4章第2節を参照。
37) Erasmus, op. cit., S.130.

omnem collocemus in Deo.）*38 と。このような信仰の理解は，信仰義認論にまでつながっていくような種類のものであり，事実，エラスムスはローマ人への手紙を多く引用しながらこの義認についても論じている。さらに福音書の譬え話から「放蕩息子」（Filius prodigus）について論じ，彼は，この譬えのなかに二つの要素があると言う。その第1の主要な部分は，家出した息子が帰ってきて欲しいと願っている父親の心であって，そのような父親の願いは，息子がどんなに遠く離れていても，また息子がどのような状況にあっても，いつも彼に結び付いている。この主要な部分を前提にして成り立っているもう一つの要素は，自らの罪を認め，悔い改めて帰って来る息子の回心である。これについてエラスムスは，この譬え話が「神は，喜んで罪人を，あるいは自分の今までの生活を悔い改める者を受け入れ，自らの罪を激しく憎む者に対して，決してその罪を非難したりはなさらない」ことを示していると言う*39。

したがってエラスムスは神の恩恵に対して自発的に応答する信仰の主体性を説いている。この応答的な信仰とはいかなる特質をもっているのであろうか。この信仰の働きは先に述べた愛といかなる関係をもっているのであろうか*40。この点をもっともよく示しているのが，ルターを批判して書いた彼の『自由意志論』である。次にこの問題を立ち入って考察してみよう。

---

38) Erasmus, op. cit., S.296.
39) Erasmus, op. cit., S.360.
40) 信仰と愛とは切り離されず，この愛こそが，信仰の働きである。エラスムスによると教会の始めにあったのは愛による指導と一致である。ここから神学の具体的展開が語られていく。

第8章
ルターとの「自由意志」論争

───────

1 宗教改革運動におけるエラスムスとルターとの協力

　1521年ヴォルムスの国会のあと,ルターはヴィッテンベルクへの帰路,選帝侯フリードリッヒの計らいによってヴァルトブルク城にかくまわれた。人々はルターが何者かに連れ去られ殺されたと信じた。実際,ヴォルムス国会の勅令がルターに対し帝国追放令を下し,国権による保護が剥奪されたのであるから,そのように信じられたのは当然のことであった。この知らせを当時の人々がどのように受けとったであろうか。そしてルターの改革運動をだれが継承してゆくことができると考えられたか。ドイツ気質の優れた画家アルブレヒト・デューラーの心の内奥から発せられた感動的な叫び声が,このことを実によく表わしている。

　「おお,神よ,もしルターが死んだなら,だれが福音をわたしたちに明瞭に教えるのであろうか。おお,ロッテルダムのエラスムスよ,あなたはどこにいるのか。聞け,汝キリストの騎士よ,わが主キリストとならんで進み出でよ。真理を守り,殉教者の王冠を手にせよ。なるほどあなたはもう年寄りではあるが,わたしはあなた自身の口から聞いた,あなたがまだ仕事のできる年を二年は認めると。そのときを大いに活用して,福音と真のキリスト教信仰のために当てよ。さらに聞きたまえ,地獄の扉は,ローマの王座は,キリストが語られているように,あなたに対して抵抗できないであろう」[*1]。

　それは当時の人びとの期待をよく示している。「エラスムスが卵を生

んで，ルターがこれを孵化した」と宗教改革の当初からよくいわれてきたように，二人は教会改革において一致していた。

　このときデューラーが多大の期待を寄せた当のエラスムスはどこにいたのか。彼は若いスペイン王カールの名誉顧問であり，カールがドイツの古都アーヘンでドイツ皇帝として即位し，戴冠式が挙行されたとき，彼も出席したであろうと思われる。戴冠式のあと，エラスムスはフリードリッヒ選帝侯とケルンで会見し，ルターを弁護し，ルターに悪意をもたず公正に対処するよう提案した。選帝侯はエラスムスの提案どおりに実行し，ヴォルムスの国会にルターを出席させ，宗教改革の決定的瞬間に向けて大きな援助を与えたのであった。

　ルカス・クラナハの息子が描いた「宗教改革者の群像」のなかには，ルターやメランヒトンに加えてエラスムスも入れられている。人びとはエラスムスもルター派に属していると考えたのであるが，彼自身はルターに対したえず距離をおいていた。だからヴォルムスの国会に出席してまでルターを弁護することはなく，彼はネーデルランドに帰ってしまった。この時代のヒューマニストは総じて書物の人であり，また精神的独立人としていかなる党派にも与さない自由人であった。

　エラスムスとルターは直接会って語ったことはなかったが，手紙を交わして交渉している。この手紙のなかから二人の関係で重要と思われるものをとりあげ，自由意志論争前後の歴史を考察してみよう。

　エラスムスがルターの存在をはじめて知ったのは，選帝侯フリードリッヒの宮廷牧師シュパラティンの手紙を受けとった1516年のことであった。この年の10月19日にルターはシュパラティンに手紙を送り，エラスムスのパウロ理解を批判している[*2]。シュパラティンはこのことを手紙でエラスムスに伝えた。エラスムスを崇拝しているまだ無名のアウグスティヌス修道会士が，パウロのローマ書に対する彼の解釈に異論を立てている。つまりエラスムスはその聖書注解でパウロの「わざによ

---

1) ホイジンガ『エラスムス』（前出）157頁からの引用。デューラーはネーデルランドへの旅行の途中でエラスムスを知った。数か月の後，ルターが死んだという噂が広がったとき，彼は日記にこのようにしるしてエラスムスに呼びかけている。

2) この手紙の全文とその意味に関しては金子晴勇『近代自由思想の源流』238-243頁を参照。

る義」についての説を，モーセの儀式律法による正しさと解釈し，そのような義を退けているが，ルターはここでの義はモーセの十戒をも含むものであり，エラスムスは原罪をあまり考慮に入れていない，との異議を申し立てていることを彼に知らせた。この無名の修道士はルターであり，彼は大学でパウロのローマ書を当時講義していた。原罪を軽視しているというエラスムスに対する批判は後年の大論争を予示するものである。したがって大論争の萌芽は初めから兆していた。エラスムスはこのシュパラティンの手紙にあまり注意を払わなかったし，返事を書いたかどうかも明らかでない。

　他方ルターは，シュパラティンによってエラスムスの崇拝者として紹介されているように，この偉大な人文主義者に対し尊敬と憧憬の念をいだいていた。だが手放しに彼を崇拝してはいなかった。「九五箇条の提題」を発表した1517年にルターは，エラスムスの友人であり，同時にルターへの傾倒者であったヨハンネス・ランクに手紙を送って次のように言う。「わたしはわたしたちのエラスムスを読んでいるが，日ごとに彼に対するわたしの関心はうすれてゆく。彼があれほど大胆不敵に宗教家や修道士をその無知のゆえに攻撃するのは気に入るが，彼がキリストの権限と神の恩恵を十分に弁護していないのではないかと恐れる。……しかし自由意志に多くのものを明け渡す人の判断と，恩恵のほか何も知らない人の判断とは相違している」[*3]。

　この手紙のなかで二つのことが注目に値する。一つは教会改革についての共感であり，もう一つは自由意志についての見解の相違である。エラスムスは，ルターの「九五箇条の提題」についても好意的であり，ランクにあてた手紙で，煉獄についての二，三の点を別にすれば，この提題はすべての人によって承認されるであろうと言う。これに反して「賽銭箱がチャリンと鳴ると，魂は煉獄から飛び上る」と演説してまわった贖宥状販売者テッツェルを弁護したプリアリアスの回答を不当であると難じ，教皇を非難して次のように言う。

　「ローマ教皇というこの独裁君主はキリスト教世界のペストである。しかし，このような潰瘍にあからさまに手を触れることが効果的か

---

3) Luther WA. Br. I, 90 = CL. VI, 4, 3-7, 14-15.

否かわたしにはわからない。それは君主たちの務めであろうが，彼らも教皇と一緒になって略奪品の分配をやらないかが心配である。どんな魔がさしてエックがルターを攻撃したか，わたしにはわからない」*4。

　エラスムスとルターはキリストの福音を再興し，神学を源泉に帰らせ，当時のスコラ神学者と修道士に敵対し，共同の戦いをしていた。ところが教義の内容に関しては，すでに自由意志と恩恵の問題がルターの手紙に指摘されているように，彼らの見解のひらきはかなり明瞭であった。それゆえ後の大論争は宿命的であったといえよう。実際エラスムスは人文主義者以外の何者でもなく，ルターは神学者，しかも神の恩恵の絶大な力，すなわち「神の独占活動」（Alleinwirksamkeit Gottes）を説く神学者であって，意志の決定論の方向は出発点から定まっていた。それゆえ，ルターはランク宛の手紙で，エラスムスを評して，「人間的な問題が宗教的問題よりもいっそう重い比重を占めている人」と述べている。さらに人文主義者たちを念頭において「現代は危険である。人は賢いキリスト者であることなくして偉大なギリシア・ヘブライ学者であるかもしれない」とも書いている*5。

　ところでルターはシュトラースブルクの人文主義者であるカピトによってエラスムスが彼の「九五箇条の提題」を称讃していることを知り，またエラスムスの『エンキリディオン』第二版に付けられた「フォルツに宛てた書簡」を読んで，エラスムスが彼の立場を認めていることを知るにおよんで，1519年3月28日に直接筆をとってエラスムスに呼びかけた。「拝啓，わたしたちの誇り，わたしたちの希望である敬愛するエラスムスよ」とルターは書きだし，エラスムスと親交を結びたいと願っている。この手紙には一つの明白な意図があった。この偉大な博学な権威によって彼が現に戦っている宗教改革を有利に導こうというのがそれであった。ルター自身の名前が広く知られてしまった以上，もう沈黙を守ることはよくないと彼は考え，次のように希望を述べた。「だから，愛し尊敬するエラスムスよ，もしよろしければ，キリストの内にあるこの小さな兄弟を承認して下さい。わたしはあなたにひじょうに多く関与

---

4) Allen, E P. III, 872 (Oct. 17, 1518).
5) ホイジンガ前掲訳書, 150頁。

しており，かつ親愛なる気持ちをもっていますが，無知のゆえに片隅に葬られ，人に知られずにいるしか値打ちがないのです」と[*6]。

エラスムスはルーヴァンから1519年5月30日付の返書を書いた[*7]。彼はルターに同情していても，すでに相当の距離をおき，ルターの改革運動が自己の人文学をも弾圧する反動的策動の口実となることを憂えている。つまり，エラスムスはルター派の旗手であるとの嫌疑を拭い去ることができなくなり，人文学への弾圧が強化されたとなげいている。次いでエラスムスはルターの著書も読んでいないので，批判も承認もできないと述べて，ルターの先の質問と希望をものやわらかに拒絶する。しかし彼はルターを称讃し支持する人びとは多いと力づけ，彼自身は中立を保とうとする。「わたしとしてはできるかぎり中立を保ちます。それというのも再び開花した人文学にいっそう役立つためです」と語る。エラスムスは本質的に人文主義者であり，どこまでも学者的公正と中道の精神にしたがって生きようとする。それでもルター自身には深く同情し，党派を超えてキリストの精神に生きるように勧めた。

「あまりにも深く根付いているのですぐには心から根絶できないような事柄については，断固たる主張をするよりも，強力で有効な証拠をあげて討論すべきです。ある人たちの毒をもった口論は，反論するよりも軽蔑した方が有効です。いたるところ尊大な仕方で，し

---

6) ホイジンガ前掲訳書，150頁。ホイジンガによると，この手紙は「やや田舎者じみた狭さと半ば皮肉を含んだもの」である。あるいはそうかもしれない。たしかにいえることはエラスムスの偉大な存在にルターが圧倒されていることである。エラスムスはこの挨拶状に答えるまえに，ルターのために幾通かの手紙を書いている。1519年のアウグスブルクの国会でローマからの副使節カエタヌスとルターは，教皇の無謬性と信仰義認の教義について論争した。カエタヌスはルターが自説を取り消すため以外には出頭してはならないと言ってルターを追いだした。これを聞いてエラスムスは選帝侯フリードリッヒに手紙を書き，ルターを弁護している。彼はルターと面識がなく，その著作も読んでいないと前置きしてから，まことにヒューマニストらしい意見を述べている。「たしかにすべての人は彼〔ルター〕の生き方を喜ばねばなりますまい。その理由は，彼が貪欲と野心からまったく自由であるからです。だれも彼を注意したり教えたり反駁したりしません。それなのに彼らは彼を異端だと呼びたてるだけなのです。……今日にいたるまでその著作が危険な誤りから遠のいているような人はひとりも見いだされません。……キリスト教の最善の部分は，キリストに値する生き方です。……万人のなかで唯一人まったく誤らなかった方は，傷ついた葦を折ることなく，ほの暗い灯心を消し去ることもされませんでした」(Allen, E P. III, 939)。

7) この手紙の全文はホイジンガの『エラスムス』に収録されている。同書239-242頁参照。

たがってまた，党派的精神でもって何かを語ったり行動したりしないよう自戒しなければなりません。これはキリストの精神にかなっていると信じます」*8。

もちろんエラスムスはルターにこれを勧告しているのではなく，ルターが現に行なっているとおりに続けてゆくよう付言することも忘れていない。こういうリベラルな態度は直情径行のルターにはどう判断してよいかわからなかったであろう。

ルター派にも教皇派にも与しないで，公正な学者の道を歩もうとするエラスムスの生き方をわたしたちは積極的に理解すべきである。ルターが彼に接近工作を開始したことが，エラスムスをしてルターから身を離れさす原因ともなった。エラスムスは対立する両陣営から利用しようとする呼び声をたえず聞いていた。しかし彼には高貴な幻想があった。中庸・節度・教育・愛によって平和を創りだしてゆくという幻想があった。また党派的言論が憎悪と偏見によって精神を暗くするという揺るぎない信念をもっていた。つまり，「理性を公的に使用し，私的には用いない」というカントの学者らしい啓蒙の精神と通ずる確信があった*9。ところが，この信念と確信が神経質な体質のなかに宿り，加えて臆病な心をもちながら他者と協同し結束したがらない頑固な独立心がそこに働いていた。ここに彼独自の曖昧で複雑な態度が生まれてきたものと考えられる。

もし彼が自分の利益のみを考えたのなら，ルターと直ちに手を切っていたであろう。ルターには深く共鳴するところがあり，彼自身その先達でもあったわけである。彼は独立人として党派に与することを嫌い，ルターのような激烈な言葉と逆説や矛盾にみちた語り方は避けたであろう。そこでエラスムスは，側面から援助の手をさしのべてルターを弁護し，諸侯に手紙を書いている。だからこそ，1519年から21年にかけての危険な時期にもルターはかなり平穏のうちにすごし，討論と著述に専念できたのである。

実際，エラスムスはヴォルムス国会の直前にケルンでフリードリッヒ選帝侯と会見したとき，ルターをあたうかぎり弁護している。教皇特使アレアンドロは，選帝侯にルターを逮捕しカトリック教会に渡すよう説

---

8) ホイジンガ前掲訳書，241頁（改訳）。
9) カント『啓蒙とは何か』篠田英雄訳，岩波文庫，1981年，10頁参照。

得を試みていた。選帝侯はちょうどケルンにきていたエラスムスを招いて彼から助言を求めた。シュパラティンの通訳により選帝侯は、ルターがその説教と書物で誤りを犯しているかどうかを問うた。エラスムスの答えは、「はい、二つの点で。彼は教皇の冠を攻撃し、修道士どもの太鼓腹を攻撃しました」という言葉に始まるもので、彼はルターに好意的であり、熱心に弁護した。

シュパラティンは彼の意見を文書で提出するように乞うた。そこで『ルターの主張に関する22箇条の公理』が発表された。そのなかでエラスムスはルターに対する非難と憎悪はすべて無知に由来し、学問的に論破できるものではなく、福音を愛している人たちはルターに少しも怒りを感じていないので、ルターが討論を願っているように、公平な判定者によって審議せられるべきであることを強調した*10。

2 分裂と論争

エラスムスはヴォルムスの国会に出席しないでネーデルランドに帰った。しかしそこでも安住していられなかった。ルーヴァン大学は保守主義にして反ルター派の牙城であった。『校訂ギリシア語新約聖書』第二版の仕事のために彼はルーヴァンを去り、バーゼルに移住する。バーゼルでエラスムスは実に驚嘆すべき精神力によって学者としての仕事を次々に完成させていった。彼は改革運動とカトリック教会の弾圧との双方に対し、中立のみを願った。ロイヒリンへの手紙に「わたしはこのドラマの実演者たるよりも、むしろその傍観者でありたい」と言う彼の態度がもっともよく示されている。彼は平和・協調・親切心によって社会の秩序を保っていくという自説をもって時代批判を続けていく。だが、このヒューマニスティックな態度はあまりにも非政治的であったといえよう。こうして『平和の訴え』の出版や『対話集』の改訂がなされ、人

---

10) 選帝侯はこのエラスムスの提言を受け入れ、ルターの保護にまわり、皇帝から審問を受けることなく、一方的に有罪宣告を言い渡されないように計り、ヴォルムスの国会にのぞんだのである。エラスムスはカール皇帝の政治顧問でもあったのだから、公平なヒューマニストとして国会に出席し、苛酷な判決を抑えることができたはずである。

文主義者としての活動を推し進めた。

　ルターとの関係はヴォルムスの国会を境にして，隠されていた対立が顕在化してくる。国会後もルターの改革の事業は躍進をとげているのをみて，エラスムスはそこに神のわざを感じとり静かにこれを見守ってゆこうとした。しかし彼は分離派と見なされることを好まず，カトリック教会に忠実にとどまる意志を表明し続けていった。ルターはこのことを知っていたが，自分に反対しないかぎり，エラスムスが改革運動の側に立っていると信じることにした。もはや自分との同盟を期待しえない以上，将来もっとも望ましいのは中立を保ってくれることであった。

　しかし時代の趨勢はエラスムスのこのような学者的中立を許さなかった。まずルーヴァン大学は彼がルター批判を書かなければ，ルター派とみなすとの見解を発表した。それは「彼がルターに対し反論を書くのを拒むかぎり，わたしたちは彼をルター派と考える」と言うものであった。イギリス王ヘンリ8世は二回にわたってエラスムスにルターを批判する書物を書くように，しかもその主題を「意志の自由」にするよう示唆した[11]。

　このようにエラスムスに人々が注目したのは，彼がその気になればいつでも最高裁に上訴できるような高い地位に立っていたからである。しかし彼はその名前を利用しようとする政治的意図をはたして見抜いていたであろうか。彼は「周囲の事情に押されて」，しかも「追従者のために」反論を書かざるをえないと感じたのである。

　エラスムスをめぐるこのような動きはルターの陣営によっていち早く察知され，ルターは1524年4月この大家に再度手紙を書き，彼を反駁する著作を書かないように願い，双方で論争することがないようにしたいと呼びかけた。ルターはエラスムスの人文学における才能を称讃し，人文学の問題のみにかかわっていてほしく，もはや自分たちの陣営に参加するようには願わないと伝えた[12]。

---

11) ヘンリ8世はルターの書物を批判し『七つのサクラメントの主張』をあらわし，「信仰の弁護者」の称号をえている。そのほかザクセンのゲオルク大公もルター批判を要望し，歴代の教皇たち，すなわち教皇レオ10世，新教皇アドリアヌス6世，次の教皇クレメント7世もルターを正道に立ち返らせるため批判の書を著述するように求めている。

12) 「主なる神が，あなたにその名前に値する精神を与えたもうよう心からわたしは願っています。しかし主がこの賜物を遅らせるようなことがあるならば，その間にわたしがあな

ルターはエラスムスとの論争を避けたかった。エラスムスは人文主義者であり，その人文学の才能をルターは高く評価していた。だがエラスムスには人文学にとどまる勇気がないことをこの手紙は前提して書かれている。この手紙にある「わたしたちの悲劇の単なる傍観者」というルターの言葉は，エラスムス自身が前にロイヒリンへの手紙で語ったものである。もしエラスムスがこの中立にとどまっていたならば，ルターとの敵対関係に入ることなく，協力して宗教改革の道を歩めたはずである。エラスムスもこの手紙について，「むしろおとなしい。わたしにも同様おとなしく答える勇気がなかったのは，追従者のためだ」と語ったそうである。彼は小心なだけでなく，卑劣にもルターの信頼にみちた語りかけを裏切ってしまった。そこでルターはもち前の激情にかられて猛然と反撃に転ぜざるをえなかった。

　ここに人文主義と宗教改革の二つの運動の統一は最後の可能性を失い，分裂する。その結果，人文主義はキリスト教的宗教性を失って人間中心主義に変質する道をとりはじめ，他方，宗教改革も神学という狭い領域に閉じこもり，ドグマティズムによって人間性を喪失する方向を宿命的に辿らざるをえなくなった。

3　『パウロのローマ書注解』の自由意志論

　エラスムスの初期の著作『エンキリディオン』においては意志の〔善悪〕無記性や自由に関して言及されていたが，いまだ「自由意志」(1iberum arbitrium) の概念は使用されていなかった。彼は1524年になってルター批判の著作『評論・自由意志』(De libero arbitrio diatribe sive collatio) を発表した。そうすると二つの著作の間に20年が経過していること

たにお願いしたいのは，あなたが他になしえない場合には，わたしたちの悲劇の単なる傍観者としてとどまっていただきたいということです。ただあなたがわたしたちの敵に対して親しく語りかけ，彼らと協同して訴訟をおこしたり，ことにわたしに対決して書物をあらわさないようにして下さい。そうすれば，わたしもあなたに敵対して攻撃を加えないでしょう。もう十分に噛み合いました。今や互いに食い尽くし合わないよう注意すべきです。……わたしの子供っぽい無邪気な申し出をゆるして下さい。主にあってお元気で，1524年」Luther, CL. VI, 124。

になる。その間に彼は自由意志に関していかなる思想をもっていたか。このことは『パウロのローマ書注解』(Paraphrasis in epistolam Pauli ad Romanos, 1517) を調べてみるとよくわかる。

　この著作の序文を見るとエラスムスはローマ書が扱っている教義として予定・予知・選びに続けて「恩恵と功績，自由意志について」(de gratia et merito, de libero arbitrio) をあげている。この時代に「自由意志と恩恵」の主題が論じられはじめたことが知られる[13]。そのさい彼の人間観に注目してみたい。ここでは『エンキリディオン』と同じように，内的人間と外的人間の区別が，「霊と理性に従う人」と「欲望と情念に服している人」とに分けられている。しかし身体的生と精神的生に対して「義と罪によって生きる生活」が「霊的」なものとして加えられ，三重の生活が語られる。ここに『エンキリディオン』では十分に自覚されるに至らなかった思想の成熟と発展が認められる[14]。さらに意志の奴隷状態と自由とが対立的に提示され，「罪からの自由」が「無垢の僕」を，「義からの自由」が「罪の奴隷」を意味するというパウロの神学的自由論の意義が強調される[15]。

　次に本論を見ると，ローマ書第4章5節にある信仰義認についての注解では自由な意志について論じられ次のように主張されている。

　「だれも信仰へと強制されることなく，すべての人は信仰に招かれている。わたしたちがキリストを信じるのは意志の問題なのであって，隷従の問題ではない。またわたしたちがキリストによって義人の数の中に加えられているのは，恩恵の問題であって，義務の問題ではない」[16]。

　エラスムスはここに信仰が自由意志に属しており，それが強制と対立すると言う。したがって信仰と自由意志はルターのように対立して措定されることなく，信仰の主体的で自由な意欲として意志が理解される。ここにも人文主義の精神が生きていることが知られる。こういう仕方での自由意志の強調はこの注解の随所に見られる。たとえば，律法の僕と

---

13) 金子晴勇編訳『ルター神学討論集』教文館，32頁以下参照。
14) 金子晴勇『近代自由思想の源流』創文社，301頁参照。
15) Desiderii Erasmi Roterodami opera omnia, 10Bde, Leiden=LB. LB. VII, 799A.
16) LB. VII, 788.

なるか，それともキリストの僕となって最高の至福に達するかは，意志の自由な決断に帰せられている。

次にローマ書第7章の人間観にも注目に値する思想内容が展開する。エラスムスはローマ書第7章に描かれた人間は「罪への傾向性が内に生まれつき具わっていて，貪欲にも罪を犯している病める心」であり，霊的な律法をも悪用して罪の「被告人」（reus），つまり奴隷になっていると説いた。このような人は「自分が求めているものを実現するのに失敗したので，責めたてられている（わたし自身を例として語るなら）。というのはわたしは肉的であり，悪徳に傾き，もう長く続いた習慣によりこのように罪に拘束されており，買いとられた奴隷のようにその主人に束縛されている」[17]。ここにはエラスムス自身の生活の体験的な告白がなされており，罪の奴隷状態に自分が拘束されていることが語られた。この拘束は罪が律法によって認識されても，罪と戦う力が与えられていないときに起こって来て，「人間性は禁じられているものに向かっていっそう傾くようになっている」と説明される[18]。ここに奴隷意志がエラスムスによって主張されていることにわたしたちは注目すべきである。

しかし人間には「精神と理性」（mens et ratio）が具わっているため，罪の傾向性との間に激しい対立と戦いが起こってくる。こうして「わたしという一人の中に二人」が内的人間と外的人間として格闘することにならざるをえない[19]。しかも「わたしたちは徳義を欲しても，恥ずべきことをしでかしてしまう」。そのためエラスムスは自由意志の実質的否定にまで至っている。

「この〔粗野な〕部分によってだれでもわたしを測ろうとするなら，わたしのなかには善は全くないと告白する。というのはわたしが理性の促しにもとづいて徳義をどんなに望んでも，わたしが承認するものを実現する能力がわたしには欠けているから。……このわたしがわたしのなすべきことをしていないというよりも，むしろわたしの粗野な部分に根付いている罪の力そのものがなすべきことをしていないのである。……実際，罪への傾向性は肉のうちに深く根付

---

17) LB. VII, 799.
18) LB. VII, 799A.
19) LB. VII, 799F-800A.

いていて，すでに本性の中に注ぎ込まれているように，罪を犯す習慣はとても強力なので，あたかも自ら意志したのではなく，かえってそれに抵抗する奴隷のように，わたしは罪へと引き込まれている」[20]。

このように『ローマ書注解』にはキリスト教信仰の下に自由意志を積極的に肯定する態度と，人間の罪の現実のなかに意志が奴隷となっているとの宗教的な洞察の二面がともに看取される。わたしたちは自説を聖書にしたがって忠実に語るエラスムスの真摯な姿勢を忘れてはならない。ところが，ルターとの論争において彼は人文主義者として信仰の下にある主体性を自由意志として強調せざるをえなかったといえよう。

4 『評論・自由意志』の出版とその内容

I 出版とその反論

エラスムスの『評論・自由意志』は1524年9月に出版された。ルターの手紙を受け取ってから五か月経っている。したがってこの書は短期間に書きあげられたといえよう。彼がとりあげた問題は教会政治や制度，サクラメント，善行，断食などに関するものではなかった。これらの点ではルターよりも彼の方がラディカルなものもあった。彼はルターと心情の奥底において意見を異にし，信仰の見方がもっとも鋭く対立している上に，神学と哲学の根本問題が集中している問題，前にヘンリ8世により示唆された論題，つまり人間の意志が自由かどうかという問題を選んだ。ここにエラスムスの驚くべき誠実さをみてよい。

直接批判の対象としたのはルターの1520年に書かれた『レオ10世の新教書によって有罪とされたマルティン・ルター博士の全条項の主張』であり[21]，その第36条をとくに集中的に扱った。エラスムスは教会と

---

20) LB. VII, 800B-D.
21) このところではルターが『ハイデルベルク討論』の第13命題の内容をくり返し，自由意志は単なる名目にすぎないことが主張されている。ルターのこの論文に対する批判はすでにエック，ヘンリ8世，トーマス・モア，ジョン・フィッシャーによってなされていた。エラスムスはヘンリ8世に「さいは投げられました。自由意志についてのわたしの書物は現われました」と報告し，ドイツで討論が巻きおこるように期待した。エラスムスに対する当

4 『評論・自由意志』の出版とその内容

伝統の権威にもとづいて論証し，人間の意志が自由であることを，聖書が教え，哲学者が証明し，人間理性が保証するという仕方で論じた。カトリック教会は神の恩恵の優位の下に僅かに自由意志を認めていたのであるから，このように自由意志を強調することはペラギウスの異端に近づく危険があった。そこで討論という形で懐疑的に論じていったのであるが，彼の人文主義の立場は明らかであった。人文主義者は人間の価値と尊厳とを主張する。人間はみずからの意志によって自己を形成し，教育しうるとの原則はゆるがず，ピコのいう「人間は自己の欲するものになりうる」[*22]との確信は前提されていた。

ルターの協力者であり，エラスムスとも親しい間柄であったメランヒトンは，エラスムスの穏健な考え方を称讃しながらも，数ゲレンの黒い塩が投げつけられたので，ルターが大変怒っていることをエラスムスに伝えた。メランヒトンは意志の自由を認めるように変わってきていたので，エラスムスの思想を歓迎したが，当時の人びとも，教皇，皇帝カール5世，ヘンリ8世，ザクセンのゲオルク大公などは，この書物を美しく書かれた天才的論文であると評価し，エラスムスに称讃と感謝をこめた手紙を書き送っている。

『自由意志論』の出た1524年の11月にはルターは反論を書こうとしたが，さし迫った仕事が多く，熱狂主義的な宗教改革者カールシュタットを批判する書物と『申命記』の注解書や，ドイツ農民戦争に対抗するパンフレットも書かなければならなかった。エラスムスからルターが出現したように，今度はルターから農民の蜂起が起こっていたのである。そこでルターは熱狂派と穏健派とに同時に対決しなければならなかった。当時彼は農民を説得することに失敗したので，極度の挫折感を味わっていた。そこで農民に対する心配がなくなってから，もはや沈黙できないと知るや，エラスムスを徹底的に粉砕しようと燃え立った。彼は自分がいかに偉大な論敵と対決しているかを知っており，そこに自己の思想を堂々と展開していった。これが1525年11月なかごろに書きあげら

時の批判のなかには，エラスムスは追従者たちの強力な説得によって自己の意に反して書いている，したがって彼はすでに自己の自由意志をもっていないから，彼の本は真剣にとり扱われるべきではないという中傷もあった。

22) 本書第1章第6節38頁を参照。

れた『奴隷意志論』である[*23]。

　まず最初の部分は全体の四分の一に当たるひじょうに長い序文であり，ここでエラスムスの書物の序文を批判した。次に本論はエラスムスの自由意志の定義に対する反論から始まり，エラスムスがあげた聖書のテキストについての解釈をめぐって論争を展開し，最後にルター自身の自由意志に反対する主張が聖書の言葉にしたがって詳論された[*24]。

　ルターは自由意志が存在しないとはいわない。彼の主張は「もし恩恵がないなら，自由意志は何をなしえないか」を探求する。これに反し，エラスムスは「自由意志は恩恵の援けにより何をなしうるか」を追求している。ルターは否定的に問い，エラスムスは肯定的に問うたのである。この設問の相違に宗教改革者と人文主義者の違いが顕著にあらわれている。ルターは神の前に意志は自分の力で救いを達成しうるかという救済の問題を探求する。人間の意志は神の前には無力であるが，日常生活や政治の領域では自由であるとする。エラスムスは自由意志を神に対向する責任性においてとらえ，弱められていても失われていない自然の能力を明らかにしようと試みた。

II 『評論・自由意志』の内容

　自由意志の問題は古代末期におけるアウグスティヌスとペラギウス派との論争以来中世を通して絶えずくり返し論じられて来たキリスト教の中心問題であり，自由意志と神の恩恵との関連がつねに探求されて来た。ところが16世紀では変化が起こらざるをえなかった。というのはエラスムスはルネサンス人文主義の代表者として「人間の尊厳」を説き，主体性の強い自覚に立って思想を展開しており，ルターも当代の新しい学派であるオッカム主義の下に教育を受け，自由意志による功績思想の

　23）　1年4か月の沈黙を破って，十分熟慮を重ねてから書き下ろされたルターの『奴隷意志論』は彼の著作中もっとも難解なものである。分量もエラスムスの『評論・自由意志』の約四倍であり，エラスムスの文章をあげて逐一反論しているため，元来組織的でない彼の思想はここではいっそう形式を欠き，分散しがちで，はなはだ読みにくいものとなっている。

　24）　『奴隷意志論』は出版され，ただちにユストゥス・ヨナスによってドイツ語に訳され，1526年1月『自由意志は虚しい』(Das der freie Wille nichts sey) という標題で出版された。そしてよく読まれたようである。このドイツ語訳の標題はもはや「奴隷意志」を語らず，それが和らげられ，自由意志の無内容と宗教的な価値がないことを語っている。

問題性を身近に経験し，これとの対決から自己の思想を形成して来たので，両者の自由意志をめぐる対決はこれまで類例を見ないほどの激烈なものとならざるをえなかったのである。こうしてエラスムスがルターに賛同しがたいとした論点は実に人文主義の生死にかかわる問題であった。彼はルターに向けられた教皇制，浄罪界，贖宥状のような教会の制度や政治に関する訴訟問題を採りあげなかった。これらの点では彼の方がラディカルでさえあった。そうではなく，彼がルターと心情の奥底において意見を異にし，信仰の見方がもっとも鋭く対立し，キリスト教の教説の中心にして永遠なる問題を選んだ。だからルターの方もエラスムスに「あなただけが事柄そのものを，つまりわたしへの訴訟の核心を捉え，事態の要諦を見，急所を突いた」[*25]と語って感謝している。

(1) 自由意志の定義　この論争の最大の争点はなんといっても自由意志の定義をめぐる対決にある。それはここに論争が白熱的に展開されているのみならず，ここから出発してここに帰ってくる中心となっているからである。エラスムスは『評論・自由意志』の序論の終わりのところで自由意志を次のように定義している。

　　「わたしたちはここで自由意志を，それによって人間が永遠の救いへ導くものへと自己自身を適応させたり，あるいはそれから離反したりし得る人間の意志の力であると考える」[*26]。

まず，この定義が試みられるにいたった思考過程を顧みてみなければならない。『評論・自由意志』はルターを批判し，論争を挑んだ書物であるから，この定義はルター批判でもある。彼がルターを批判するために直接とりあげた著作は『レオ10世の新教書によって有罪とされたマルティン・ルター博士の全条項の主張』(1520年)であり，とくにその第36命題を集中的に論難している。そこには「すべてのものは絶対的必然性によって生じる」(Omnia de necessitate absoluta eveniunt. – WA. 7,146,7f) と説かれていた。ルターが元来言わんとしていた点は，堕罪以後の人間はその意志において無力となり，神の恩恵なしには自己の救

---

25) Luther, WA. 18, 786.
26) Erasmus, Ausgewälte Schriften, Bd.IV, De libero arbitrio diatribe sive collatio, 1969, I, a,10.

済を達成しえないということであった。その際，ルターがこのような人間の現実を述べる場合に採用した第二次的な補説こそ，この絶対的必然性という主張であった[*27]。この必然性は実はルターの「隠れたる神」（Deus absconditus）という形而上学的な思想を表明しているのであるが，エラスムスはもしこれを現実の人間にも妥当するとみなすならば，マニ教やウィクリフと同じ決定論に陥るとルターを批判した。このような決定論の危険に陥らないためには，神の義と恩恵に対する人間の自由な応答的責任性を確立しなければならないと主張し，この定義ができたのである。

人間の意志が堕罪以後では無力となっているとのルターの主張は，カトリック教会の教えに抵触するものではなかった。だが人間の無力と相即して彼が神の絶対的必然性を主張した点が批判された。ルターはこの主張を「神の独占活動」から導きだしたのである。このことは第36命題においても「神はすべてのもののなかに働いてすべてのことをなしたもう」（Deus operatur omnia in omnibus）というエペソ書第1章11節を引用していることからも知られる。ところで神の独占活動は人格的な神の働きを力説しているが，万物の絶対的必然性は人間の行為をも自然必然性の下におくものと考えられた。エラスムスはこの必然性を決定論とみなし，それを「強制」（coactus）と理解したので，批判をここに集中させたのである。ここから「必然性」の理解が後述するように問題となる。

次に，エラスムスの自由意志の定義について考えてみたい。ルターも批判しているように，この定義は堕罪以前の完全な人間本性について述べたものか，それとも堕罪以後の状態に関して言っているのか不明確である。したがって人間の自然本性にもとづく意志の能力を語っているのか，つまり哲学的考察をなしているのか，それとも神の前に立つ人間の状況から論じているのか明らかでない[*28]。これを明らかにすることから論争が展開する。

---

27) 金子晴勇『近代自由思想の源流』192頁以下，参照。

28) 哲学と神学とを区別するオッカム主義の伝統に立つルターと人間性に内在する神性を説くヒューマニズムとの相違は，哲学と神学との非連続と連続との対立となって示されている。しかし，エラスムスは『エンキリディオン』以来哲学と神学との統一において真理を捉えることを目ざしているため，この区別を意識していないといえよう。

エラスムスの定義はルターによると意志が自己の力で恩恵を獲得し，永遠の救いを達成しうるとみなすため，恩恵や聖霊の働く余地がなく，結局，自由意志に，したがって「人間に，神性（divinitas）を帰するものである」[*29] とまで批判された。事実エラスムスは『エンキリディオン』では魂を神的なものと説いていたが，ここではルターによって自由意志に神性を帰していると批判された。他方エラスムスはこのルターの批判を可能なかぎりにおける最悪な解釈であり，自分の定義は恩恵を排除していないと反論する[*30]。しかし，定義のなかで「永遠の救いへ導くもの」へと自己を適応させたり，離反させたりしうる能力を自由意志に帰している以上，恩恵を含んでいると主張することは無理である。なお「永遠の救いへ導くもの」と言われているものは，ルターの解釈では「神の言葉とわざ」を意味するが[*31]，一般的には恩恵とみなすことができる。そうすると自由意志は自己を恩恵へ向けることができる能力と考えていることが明らかになる。あるいはすくなくとも，恩恵に向けて準備する力を意志に求めているがゆえに，信仰の発端を自由意志におくセミ・ペラギウス主義，もしくは「自己のうちにあるかぎりを行なっている者に対し，神は恩恵を拒まない」（Facienti quod in se est, Deus non denegat gratiam）というスコラ神学の公理に立つオッカム主義の契約神学の立場に近いといえよう。事実『評論・自由意志』では彼はアウグスティヌスよりも自由意志をいっそう多く肯定する立場をとり，ペラギウス寄りに自説を位置づけた。

　教会の権威として一般に認められていたアウグスティヌスも人間の本性的自由決定の力を認めており，ただそれが現実には罪の奴隷として「拘束された自由意志」（liberum arbitrium captivatum）となっているから，恩恵により罪から解放された「自由にされた自由意志」（liberum arbitrium liberatum）とならなければ，善いわざを実行できないと説いていた[*32]。ルターはアウグスティヌスの側に立ってこの定義を批判す

---

29) Luther, WA. 18, 636, 31.
30) Erasmus, Hyperapistes adversus servum arbitrium M. Luther, LB. X, Hyp. I, 1320A-1328E.
31) Luther, ibid, 636, 16.
32) 金子晴勇『アウグスティヌスの恩恵論』知泉書館，160頁参照。

る。「実際，あなたが〈自己を適応し得る……〉と言うとき，あなたは自己とか自己自身とかいう代名詞でどんなに大きなことを自由意志に帰しているかに気づいていない」(WA. 18, 665, 13ff.) と言い，現実の自由意志は奴隷意志であると主張する[*33]。

(2) **人間の創造と堕罪**　エラスムスは自由意志を定義した後に，この自由意志がさまざまに解釈されていることを論じ，始原における状態と罪の現実における状態について語っている。それに対しルターは先の定義における自由意志とは別の意志が並存することになると批判したが，エラスムス自身は二つの自由意志があるのではなく，どこまでも自由意志の能力を具体的に解明しているものと考えている。彼は創造の始原において人類の最初の人アダムは善悪を識別する「毀損されていない理性」(ratio incorrupta) および欲することをなしうる「毀損されていない意志」(voluntas incorrupta) とをもっており，意志は悪へと転向しうるほどに「自由」であった，と語った[*34]。このような「正しくかつ自由な意志」(recta liberaque voluntas) は，新しい恩恵なしにも，無垢にとどまりえたであろうけれども，この恩恵を欠いていると永遠の生命には達することができない[*35]。ところで，この意志の毀損は，まず蛇の説得によってエヴァに生じ，「その妻に対する過度の愛ゆえに」アダムが神の戒めよりもエヴァに従ったために生じたと説かれた。また意志が毀損されると，意志の源泉にある理性も損傷されるようになった[*36]。彼は理性も意志も善なる神によって創造された自然本性であり，この本性の善から説き始めていく。「神はそれ自体で悪いようないかなる自然本性をも造りたまわなかった」[*37]。しかも神は人間を「神の像と似姿」へと創造し，人間のために万物を造った[*38]とあるように宇宙における人間

---

33) 「神の恩恵を欠いた自由意志はまったく自由ではなく，一人では善へと自己を向けることができないゆえに，いつまでも変わることなく悪の捕虜にして奴隷である」(WA. 18, 636, 5f.)。神の恩恵により新しく造り変えられないなら，自由意志は悪をなさざるをえない奴隷状態にあると彼は言い，現実主義的人間観に立っている。

34) Erasmus, Ausgewälte Schriften, Bd.IV, De libero arbitrio, II, a, 2.
35) Erasmus, op. cit., ibid.
36) Erasmus, op. cit., ibid.
37) Erasmus, op. cit., III, b, 6.
38) Erasmus, op. cit., IV, 13.

の地位はきわめて高いものと考えた。彼の人間学によると人間は「霊・魂・肉」(spiritus, anima, caro) から成り，霊の力によって道徳的善に向かうべく努める*39。それに反し肉は本性上は最も拙劣であり，この力によって悪に傾くが霊がこれに反対する*40。彼は聖書のみならず，古代の哲学者，たとえばプラトンやストア派の権威をも尊重し，人間のうちに道徳的善の種子が生まれながら具わっていると次のように説いた。

「その間，わたしは古人たちの権威を十分に利用しよう。彼らによれば人々の心のうちに，ある種の道徳的善の種子が生まれつき具わっていて，これによりある仕方で道徳的善を知りかつ追求するのであるが，また反対の方へと促す粗野な情念も加えられている」*41。

ここに言及された「道徳的善の種子」というのはストア派の思想に由来し，初期のルターもこの説を受容するが，それを克服したのに対し，エラスムスは古典ヒューマニズムの再興を志すため，この思想を「古人の権威」として導入し，それを堅持している。このような自然の道徳的素質に加えて選択的自由決定の力が意志には具わっており，「だれも同意しないならば悪へと強いられることはない」*42 と説かれた。

ところでエラスムスはこの自然本性も罪により損傷していることを認めていたが，どの程度これを認めるかによってルターとの対立が鮮明になってくる。彼によると精神，知性，理性という「心の方途」(via animi) は「罪によって暗くされていても，根絶されてはいない」(per peccatum obscurata est, non exstincta) 状態にあるが，意志についてはいっそう壊敗の程度がはなはだしいことを認めて次のように言う。「わたしたちがそれによって選んだり避けたりする意志は，自己の自然本性の援助によってはより良い実りへと自分を連れもどすことができず，かえって自由を失って，自分がひとたび意志して身を任した罪に仕えるべく強いられるほどにまで悪化している」*43 と。ここで彼は意志が罪の奴隷的拘束，つまり「罪に仕えるべく強いられる」(cogi servire peccato) とい

---

39) Erasmus, op. cit., III, b, 4.
40) Erasmus, op. cit., III, b, 1.
41) Erasmus, op. cit., III, b, 4.
42) Erasmus, op. cit., ibid.
43) Erasmus, op. cit., II, a, 3.

う状態を認めるが,別のところでは「意志の力は全く根絶されているのではなく,諸々の徳義（honesta）に対して有効でないようにされている」*44 と語っている。こうして意志の奴隷状態は一応認められながらも,ただ善に対し有効性をもたないという消極的表現へと緩和されている。彼はルターとの対決によって奴隷的意志の主張に引き寄せられながらも,自然本性の全き壊敗を説くことにはヒューマニストとして認めることができなかった。これは論争や対話に見られる相手への接近と反発から起こった動きであり,次の文章はルターの立場へと接近しながらもそれを否定していることをよく表わしている。

「罪によって意志決定の自由が傷を受けていても,根絶されていないのである。また跛行を引き起こして,恩恵を受ける前には善よりも悪の方へいっそう傾くものであっても,それでもなお,その自由は絶滅されているのではない。とはいえ犯罪の巨大さや罪の習性が自然本性のなかへ注ぎ込まれるようになって,ときおり精神の判断を暗くし,意志決定の自由を覆い隠して,判断力が消滅し,自由が全く奪い取られたように思われないとしてのことだが」*45。

このテキストで「それでもなお」という転換によりエラスムスの反発がよく示され,後半の原罪の悲惨を説くルター的ラディカリズムは論外として拒否された。自然本性は破壊されていても,根絶されたのではなく,損傷されながらもなお存在していると彼は主張する。したがって創世記第6章5節で「人間の心で考えることがいつも悪のみである」と言われている場合でも,彼によるとそれは「たいていの人々のうちにある悪への傾向は,神の恩恵の援助なしには,完全に克服しえないとしても,意志決定の自由を完全に取り去っていない」*46 ことを意味する。その理由は,悔い改めて神に向かうのは意志決定の力によるのであって,すべてが神によって必然的に生じることなどありえないからである,と説明されている。したがってアダムの原罪により自由意志の力が弱く小さくなっていても,自由意志をすべて取り除くのは行きすぎであって,人間の道徳的責任性を基礎づける自由意志は認められなければならない。こ

---

44) Erasmus, op. cit., II, a, 4.
45) Erasmus, op. cit., II, a, 8.
46) Erasmus, op. cit., III, b, 17.

うして彼はきわめて制限されたものであってもこれを認めなければならないとみなす。それが実に「最小限のもの」(minimum) であっても認めようとする。それはあたかも激しい嵐に遭いながら船を無傷で港に導き入れた舟乗りが、「わたしが船を救った」と言わないで、「神が救いたもうた」と言うようなものである。そこでこのような状況にあっても「それでもなお多少のものを彼は行なったのだ」(et tamen egit nonnihil) と語られる[*47]。この最小限度の意志の自発的な働きこそ，エラスムスがルターとの論争において認めた自由意志であった。それでもまだ多すぎるというカールシュタットの見解をあげて，恩恵に対する純粋受動の説——これはルターの見解でもある——を批判し，「働きを受けながら同時に働くと言うべきである」[*48] と彼は説いた。

このように恩恵に対して最小限の自由意志を主張しているところにキリスト教人文主義の主体性の立場がよくあらわれている。なぜなら，どのように制限されていても，なお「人間の尊厳」を認めようとする彼の基本姿勢がここに貫徹されているからである。他方，ルターの立場は人間の自然本性を全面的に否定するものとエラスムスによって受け止められた。このような主張に対しルターは，自由意志をこのように最小限に限定して理解すると，先の自由意志の定義と矛盾してしまう。つまり自由意志に対する肯定と否定とが同時に主張され，定義で肯定されている自由意志と罪の現実にもかかわらず残存していると弁護される自由意志とは別物である，と言う[*49]。

このように自由意志と神の恩恵とを総合して説くエラスムスは，自由意志が賦与されていること自体を神の恩恵とみなすペラギウスの立場とは異なり，創造の恵みに加えて救済の恵み，つまり「新しい恩恵」の必要を説くキリスト教的人文主義者なのである。これは毀損された自然本性の回復を宗教的再生（ルネサンス）として説くものであり，『新約聖書序言』では「良きものとして創造された自然本性の回復，キリスト自身これを再生 (renascentia) と呼びたもう」[*50] と語られていた事態である。

---

47) Erasmus, op. cit., IV, 9.
48) Erasmus, op. cit., IV, 11.
49) Luther, WA. 18, 668, 3f..
50) Erasmus, Ausgewälte Schriften, Bd.III, S.22.

同じことを『評論・自由意志』でも説き，恩恵によって義とされた人を「キリストは再生した者（renascens）と呼びパウロは新しく創造された者（nova creatura）と呼んでいる」[*51]と語っている。悪の現実を認めたとしても，恩恵の力がこれを新しく改造していくもう一つの現実を彼は重視している。ルターのように現実の悪を強調し，神の独占活動を弁証法的に主張することは，人間存在の意志的主体性を無視することになる[*52]。

そこでエラスムスは聖書がいかに自由意志を肯定しているか，またいかにそれを否定しているかを詳しく検討してゆく。自由意志を肯定している箇所では神が命令を下して人間に選択をなさしめている場合が多くあげられている。その際，彼が繰り返す基本的主張は，自由意志をもっていない存在者に向かって選択せよと命じられることなどありえないということである。たとえば死か生かの選択を迫る場合には，選ぶ自由（eligendi libertas）を残している。「自己自身をいずれかへと適応する能力を具えていない者に選ぶようにと語ることはまことに滑稽である」[*53]。ここにある自己自身をいずれかに適応させる能力は自由意志の定義で示されていたのと同じ事態である。この事態から彼は一般的命題を導きだしている。すなわち，律法が命じられているからには，それを実行できる能力があらかじめ前提されていなければならない。この当為実行能力こそ自由意志にほかならない。というのは，もしこれが前提されていないとしたら，神は不可能なことを命じていることになり，不合理となるからである。要約すると「それゆえ，人間はこれらのことをなしうる。さもなければ，命じられていても空しいであろう」（WA. 18, 678, 12f.）となろう。この命題はカントの有名な命題「あなたはなすべきであるからなしうる」（Du kannst, denn du sollst.）が意味しているこ

---

51) Erasmus, Ausgewälte Schriften, Bd.IV, De libero arbitrio, IV, 16. この再生や新生は恩恵により現実に生じているのであるから，ルターのような義認論に向かわず，カトリック的成義論となっている。すなわち現実に義人と成っていくのであって，ルターの説くように現実に悪しき人がただ神により義と宣告されているというのではない。エラスムスは「義人にして同時に罪人」（simul iustus et peccator）というような逆説を好まない。

52) したがって人間を陶工の手のなかにある粘土のように考えてはならない。人間は死んだ粘土でも木でもない。「何かを行なっている者に対するのでないとしたら誰が援助すると言うだろうか。なぜなら陶工は器になるように粘土を援けないし，大工は足台が造られるように斧を援けるのではないから」（Erasmus, op., cit. III, c, 12）。

53) Erasmus, op. cit., II, a, 14.

とと同じ事態を語っている。

　エラスムスはルターとの論争において相手の考えを自己のうちに入れながらも，自己自身の思想をこのように展開させている。これは外的ではあるが対立物の相互浸透という弁証法の働きといえるであろう。最大の対立物はルターの説く神の独占活動であるが，もしこれを認めるなら，人間は無為のものとなる（nnhil agi homo）。そうすると功績も刑罰も存在する余地がなくなり，道徳的世界秩序は崩壊するであろう。それに反し人間がすべてをなす（totum facit homo）ならば，今度は恩恵の入る余地がなくなる。そこで神の恩恵と人間の功績との「両部分とも聖書の冒しがたい尊厳」によって認められている，と彼は考える[*54]。

　(3)　**自由意志を排除しない必然性**　エラスムスのルター批判の中心は「すべてのものは絶対的必然性によって生じる」という命題に集中していることを前に指摘したが，これに対しエラスムスが自由意志を排除しない必然性を中世スコラ神学と同様に主張している点を明らかにしてみたい。ルターが自由意志を否定したのは，人間の自然本性が毀損し無力になっているという理解とならんで，神の全能についての形而上学的主張に由来する。それに対しエラスムスのルター批判はヒューマニストらしく倫理的責任性の観点からなされた。そこには次のような主張が展開している。

　(a)　必然性によって罪が犯されるとしたら，罪は倫理的責任とはならない。必然性によって罪が犯されたり，実行できない人に戒めが課せられたりすることは不合理である[*55]。たとえば人間の欲情（concupiscentia）にしてもサタンがこれをそそり，誘惑していたとしても，それによって罪を犯さざるをえない必然性が生じているわけではない。「誘惑は罪を犯す必然性をもたらさない」[*56]。キリストもサタンに対決して「必然性をもたらすのではなく，援助をもたらす」[*57]。つまりサタンもキリスト

---

54)　Erasmus, op. cit., III, a, 17. このような総合的思考のなかにエラスムスの人間学的理解の特質がきわめて明確に示されている。

55)　Erasmus, op. cit., II, a, 14.

56)　Erasmus, op. cit., III, a, 17.

57)　Erasmus, op. cit., II, a, 16.

も外側から自由な人間の主体に働きかけてはいても，決して何らかの必然性をもたらすものではない。

　(b)　聖書のなかにある勧告や奨励は，もし善悪が必然性によって生じるとしたら，無用のものである[*58]。この勧告や奨励が存在意義をもつためには，自己を善に向けたり，向けることを退けたりする自由意志がなければならない。また聖書の説いている信仰の戦いについても「戦いのあるところには意志的努力がある。もしあなたが怠慢であるなら賞を失う危険があり，純粋な必然性によって万事が生じるところでは，このようにはならない」[*59]と語られた。

　(c)　神の予定が必然的に生じるならば，祈りや労苦の勧めと両立しない。「神が与えるか与えないかをすでに決めていて，その不変性のゆえに自分の決定を変えることができないならば，どうして神は絶えず祈るように欲したもうのか」[*60]。また予定の問題でも永遠の刑罰への予定という主張は神の正義にかなっていないと批判される[*61]。エラスムスにとり神は人間に働きかけても，決して強制したり，必然性を押しつけたりすることはないと考えられている。「神は彼の意志に必然性を押しつけたまわない」(Deus non adfert illius voluntati necessitatem.)[*62]。こうして神人関係は相互に独立した存在者の間の人格的関係にもとづいていると主張された。

　このようにルターの絶対的必然性を批判してから，「自由意志を排除しない必然性」をスコラ神学の議論をも借りてエラスムスは主張する。ここにも彼が論敵の主張をも対話的に受容し，自己の思想を展開させている姿が見られる。神の予知と神の意志から必然性を説く人に対し，エラスムスは「すべての必然性が自由意志を排除するものではない」[*63]と言う。たとえば神の子の受肉にしても，それが必然的であったとして

---

58)　Erasmus, op. cit., II, b, 5.
59)　Erasmus, op. cit., ibid.
60)　Erasmus, op. cit., II, a, 16.
61)　「なぜなら，これらの〔永遠の刑罰に予定された〕人たちは自分の力では何も善を造りだし得ず，また彼らには自由意志がないか，あっても罪に向かうことしかできないというのであるから」(Erasmus, op. cit., II, b, 4)。
62)　Erasmus, op. cit., IV, 3.
63)　Erasmus, op. cit., III, a, 9.

も，強制されたのではなく，人間的なことがらでも「自由意志を排除しないある種の必然性」を考えることができる。ユダが主を裏切ることが神の予知のなかにあって，必然的に生じたとしても，その予知のなかにユダの自由意志による行為を含めることができる。「しかしユダは自分の意志を変えることができたし，たしかに不敬虔な意志をもたないこともできた」*64。ここでエラスムスはスコラ的「帰結の必然性」(necessitas consequentiae) と「帰結するものの必然性」(necessitas consequentis) の区別を援用してユダの裏切りを説明する。前者は自由意志を排除しないが，後者は排除するものであり，彼によって前者が採用され，後者は退けられる。「彼ら〔スコラ学者〕は，もし神が永遠に効果的な意志によって欲したのなら，ユダが主を裏切るであろうことは必然的に帰結されると告白している。しかし，ユダはそのひねくれた意志によって不敬虔な仕事を引き受けたのであるから，必然的に裏切るようになることが帰結されることを彼らは否定している」*65。エラスムス自身はこのような言葉だけのスコラ神学的議論を好まないが，人間の自由意志を排除しない思想として紹介する。トマス・アクィナスにおいても神の予知は人間の自由意志を貫いて実現されるものと考えられていたし，アウグスティヌスも『神の国』第五巻におけるストア派の運命論の批判にも同じ思想を述べている*66。これらの必然性は神や人間において生じているもので，自然必然性とは相違している。それに反しルターは隠れたる神を人格的働きの入る余地のない形而上学的必然性，もしくは絶対的必然性として説き，しかも人間的穿鑿のすべてを思弁として退け，神をただ宗教的畏怖の対象として立てた。

(4) オッカム主義の契約神学の問題点　神と人間との関係を相互に自由な主体同志の間柄としてエラスムスはどこまでも人格的に考えようとする。ここに近代的人間の優れた自己理解が認められる。したがって救済という宗教の領域においても人格的な倫理にもとづいて契約神学を確立している。この契約は「自己のうちにあるかぎりを行なっている者

---

64) Erasmus, op. cit., ibid..
65) Erasmus, op. cit., ibid..
66) Augustinus, De Civitate Dei, V, 8-11.

に対し，神は恩恵を拒まない」というスコラ神学の公理に依存するオッカム主義と直接関係していないが，精神において相通じる内容となっている。ルターはオッカム主義の契約神学によって救済を実現しようと格闘し，これを克服して新しい神学を確立した[*67]。それゆえオッカム主義に原則的にとどまるエラスムスと対立せざるをえなかった。そこでエラスムスの契約神学についてその特質をあげてみたい。

(a) 契約神学の前提となっているのは神が人間にその功績にしたがって報いるという功績思想である。エラスムスが必然性をしりぞけているのも，意志が何かの力により決定されているなら，恩恵を受けるに値するものが何もなくなってしまうからである[*68]。そこで功績が恩恵に値する行為として考えられる。それは「報酬」(merces) である[*69]。

(b) 神と人との間に交される「契約」(pactum) は，人間の自由意志による行為に対して報酬が支払われることを内容にして成立する。たとえば，ぶどう園の譬（マタイ 20. 1-17）では労働に対して報酬が支払われる。つまり「契約にしたがって (ex pacto) わざに対する報償 (praemium) としてデナリが与えられている」[*70]。そのさい神が人間のわざにではなく信仰に対して報いると反論しても意味はない。なぜなら「信仰もわざであって，自由意志は信仰すべき対象に自分を向けたり，或いは離れたりするゆえに，そのかなりの働きを信仰においてもっている」[*71] からである。こうして信仰も自由意志から成立していると考えられ，信仰の報いが契約の内実となっている。

(c) エラスムスの契約神学はオッカム，ビールの学説に近づき，表現において近似している[*72]。もちろん，前述の契約神学のスコラ学的公

---

67) 金子晴勇『近代自由思想の源流』154-180 頁参照。
68) 「必然性によって悪の方に向けられるのであれば，どうして罪〔の責任〕が帰せられるのか。また，もし必然性によって善の方に向けられるのであれば，そこには私たちを恩恵に値せしめるものが何もないのであるから，どうして神は怒りから転じて好意をもちたもうようになるのであろうか」(Erasmus, op. cit., II, a, 18.)。
69) 「善いわざや悪いわざについてしばしば語られているときに，報酬についても語られるなら，どうして純粋な必然性に対する余地があるのか，私には理解できない。自然本性も必然性も功績 (meritum) をもたないのである」(Erasmus, op. cit., II, b, 2)。
70) Erasmus, op. cit., ibid.
71) Erasmus, op. cit., ibid.
72) 金子晴勇前掲書，第 9 章参照。

理はそのままの形では用いられていないにしても，それでもなお「自己のうちあるかぎりをなす」（facere quod in se est）に近い表現がみられる。たとえば，主人が奴隷をむち打つ場合，背が低いとか鼻が高すぎる——エラスムス自身の鼻も高い——ということは理由にならない。したがって奴隷が「どうしてわたしの手中にないもののために（quod in manu mea non est），あなたは罰を加えられるのか」と不平を述べるのは当然である。それゆえ「自分自身の力のうちにないことをしなかったために」（quod non fecisset ea. quae non erant in ipsius potestate）むち打たれるとしたら残酷である[*73]。ここに語られているエラスムスの表現はオッカム・ビール学説に近いものといえよう。ルター自身も初期の思想においてはこの契約神学に立っている。『第一回詩編講義』のなかにはこの学説の命題が繰り返し引用されている[*74]。因にルターはビールの学説全体を暗記していたと自ら述べている。

　(d)　ルターはこの契約神学を信仰義認によって克服した。このようなルターと対決している限り，エラスムスは単純に功績思想を踏襲するわけにゆかず，神の恩恵の絶対性を認めながらも人間の主体性を確立するように努めざるをえなくなっている。こうしてキリスト教ヒューマニズムは神中心の性格を提示し，次のように説かれた。

　「人間が生まれながら知性と意志の自由とによってなしうることはすべて，そのような力を受けた方に負うているとしたら，どのような功績をわがもの顔に主張しうるか，わたしは尋ねたい。それでも神は，わたしたちが神の恩恵から心を転じないでいること，また生まれながらの能力を単純な服従へと向けていることを，わたしたちの功績に帰してくださる。それは確かにただ次のような意味である。すなわち，人間が何かを行なっているというのは偽ではないが，それでも自分がなすすべてを創始者としての神に帰すべきである。人間が自分の努力を神の恩恵に結びつけうるということも神に由来しているのであるから」[*75]。

エラスムスは単純なパリサイ主義的功績思想を拒否する。功績は神が

---

73)　Erasmus, op. cit., IV, 5.
74)　金子晴勇前掲書，165頁以下参照。
75)　Erasmus, op. cit., III, c, 12.

人間に帰して下さるものであり，神の恩恵にいたりうるのも神に由来するという神中心主義を力説する。恩恵の助けなしには悔い改めに向かうことができないほど魂は悪に染まっていることもある。しかし，ここでも彼は次のように付言することを忘れていない。「心を教化しやすくなしたもうかたは，あなたが教えられて脱出しうるように，あなたの努力をも要求していたもう」*76 と。

　エラスムスの神中心的ヒューマニズムにはルター神学の「キリストのみ」(solus Christus) という立場は見られない。ルターでは契約は神とキリストとの間で成立し，この契約のなかに人間は招かれ，新しい存在関係のなかに入れている。主体性はここではもっぱら受け身的になり，「受動的神の義」(iustitia Dei passiva) が説かれた。

　(5) 恩恵と自由意志の協働説　　自由意志と恩恵との関係には，①ペラギウス主義のように自由意志から恩恵へと連続的に考える立場と，②ルターのように両者を排他的に設定する立場と，③両者を何らかの形で両立させようとする協働説の立場との三つの基本的類型が考えられる*77。エラスムスの主張は第三の類型に入り，協働の仕方は両者の対立，並存，合一，付加の関係ではなく，本来的に相互的でなければならないが，キリスト教的ヒューマニストの観点から彼は神と向かい合い，相互的な関係に立つ人格性の確立を試みようとする。まず彼は神の恩恵の働きが先行し，自由意志がこれに協働してはじめて善いわざが実現されると説いた。したがって恩恵が主原因であり，自由意志は二次的原因をなし，主原因なしには何事も実現しえないという仕方で協働する。これとアウグスティヌスの協働説とを比較してみよう。アウグスティヌスは「活動的恩恵」と「協働的恩恵」とを区別し，前者によって「善い意志」が創りだされた上で後者がこれに協働すると説いたため，神人関係は相互的ではなく，恩恵のみに依存する上下の関係に立っている。エラスムス

---

76) Erasmus, op. cit., III, a, 16. このように恩恵のみの神学を説きながらも，彼は人間の努力と主体性を説くのを忘れていない。そしてそこに矛盾があるとは決して考えない。ここにキリスト教ヒューマニズムの基本姿勢が認められるであろう。

77) この三類型について詳しくは金子晴勇『アウグスティヌスの人間学』創文社，418-426 頁参照。

では出発点を恩恵に帰するが、善いわざを協働的に実行する行為には自由意志が加わっており、最小限にまで制限されてはいても、それはなお自律性をもったものと考えられている[*78]。

　他方、ルターは協働説をもっとも嫌悪する。そのためエラスムスと正反対の協働説さえ立てようとした。エラスムスが人間の主体性として最小限の自由意志を弁護し、「人間に協働する恩恵」を説いたのに反し、ルターは「わたしたちが神に協力すること」、つまり「恩恵に協働する人間」を説いた。ここに両者の対立は顕著となってくる。前者は人間を中心にして恩恵をも立てるヒューマニズムの立場であり、後者は人間を神に従属させる神中心の宗教改革の立場である。ところでルターでは自由意志が単なる名目にすぎず、救済には実質上役立たないとみなされたため、その結果、恩恵のみに立脚して自由意志を排他的に分離することになったが、このことははたして是認されるであろうか。神の独占活動および絶対的自由の主張は、人間を不自由な奴隷の位置にまでおとしめる。ここには彼の深刻な罪意識と「荘厳なる神」の前に立つ人間が無であるという自覚が大きく働いている。この無なる存在が神に向かいうるのは、もはや自由意志の力によるのではなく、自己を超えて他者なる神に向かう信仰によるしかない。信仰はここではエラスムスのように自由意志とは呼ばれない。しかし、ルターにとり自由意志の挫折において罪責を意識するのは良心の作用である。良心は罪のやましさのなかに自己を超えて神に向かう信仰の主体である。こうしてルターは恩恵と自由意志を排他的に考えているが、実は恩恵と良心とは内面において相関するものとして捉えていた[*79]。

(6)　**キリスト教ヒューマニズムの特質**　エラスムスのキリスト教ヒューマニズムはルターとの論争においてとくに明白になったと思われる。ルターの信仰義認論における神の恩恵が彼のうちに影響し、彼も可能なかぎり恩恵を認めながらもヒューマニストとして人間の尊厳を主張

---

78) したがって既述のようにセミ・ペラギウス主義ではないが、それに近いと言わなければならない。彼はこの説のことを知らなかったようである。

79) ルターにおける恩恵と良心との相関関係を説いたのはピノーマである。この学説については金子晴勇『ルターの人間学』239-242頁参照。

しているため、キリスト教とヒューマニズムとを総合する彼の立場が明瞭な姿をとって表現されるにいたった。

その特質の第一にあげられるものは、人間の主体性を「最小限」において認めたところに示されている。したがってそれはサルトルのように主体性を絶対視する現代の無神論的ヒューマニズムとは異質であった。この最小限の自由意志はアウグスティヌスのように恩恵によって新たに創造されたものではなく、人間自身の責任性として立てられたものであった。ヒューマニズムは人間性を擁護し、その尊厳を追い求めるが、もしこの偉大さが神と他者を排除し、自己を自律的自由の主体とみなすならば、そこにはベルジャーエフの言う「ヒューマニズムの自己破壊的弁証法」[80] が看取され、その偉大さは一転して悲劇になるであろう。自己の有限性に気づかないヒューマニズムの楽観主義的傾向はワインシュトックの言う「ヒューマニズムの悲劇」[81] を生みだすといえよう。

次にエラスムスのヒューマニズムは節度と中庸を重んじる合理主義の倫理に立っている。彼はキケロの古典的ヒューマニズムの教養を愛好し、過激な悪徳をさける中道の精神を最大の徳と考える。だからこの論争でもペラギウスとルターとの両極端の中間に自分を立てようとする。

「しかし真理の探求においては節度（moderatio）を保つことがわたしには好ましい。ペラギウスは自由意志に必要以上のものを帰し、スコトゥスも十分に帰しているように思われる。ルターはまず右腕を切りおとして切断したばかりか、これに満足しないですぐに自由意志を完全に斬り殺し片付けてしまった。多少のものを自由意志に帰し、多大のものを恩恵に帰している人々の見解にわたしは同意する。なぜなら絶望または無為のカリブデスに巻き込まれるような仕方で尊大のスキルラを避けてはならないから。また脱臼した関節を反対方向にねじまげるようにして直すべきではなく、むしろその本来の位置にもどすべきである」[82]。

過大と過小の二つの渦に巻き込まれない中間の道こそヒューマニズム

---

80) ベルジャーエフ『歴史の意味』氷上英広訳、白水社、171頁。
81) ワインシュトック『ヒューマニズムの悲劇』樫山・小西訳、創文社、266頁。このような悲劇性をルターはエラスムスのなかにすでに認めていたのであった。
82) Erasmus, op. cit., VI, 16.

の「節度」と「調和」を求める生き方となって示されている。この生き方は理論的には考案されても，現実には実行不可能なものである。したがって理想主義的になって現実から遊離してしまう傾向をまぬがれがたい。同じ傾向は聖書の中で自由意志を肯定している箇所と否定している箇所とどちらが多いかを論じたり，恩恵の助けを述べているところでは自由意志を助けようとしているから，自由意志が確証されるなどと主張したりする浅薄な議論となっている。

しかし，エラスムスのキリスト教ヒューマニズムは恩恵を受容する主体性を徹底的に追求しているところに優れた貢献をなしているといえよう。神の助けを求めて求道している人について，「助けを求める者は努力を放棄していない」[83]と語っているように，また神の恩恵の「働きを受けながら同時に働く」[84]と主張しているように，主体性についての反省をなしている。だから，人間はルターが説いているように陶工の手中にある粘土のようであっても，また神に用いられる道具であっても，「理性をもった生きた道具」（organum vivum ratoinale）であるから，陶工や大工と「協働」してもおかしくない[85]。人間の主体性は抹殺しがたく現に働いていて「ただ受け身だけの意志などどこにあろうか」（ubi voluntas nihil aliud quam patiens）[86]と反撃する。だから「あらゆる事物の単なる必然性と何事も行なわないでただ受動的であるにすぎない意志」[87]を聖書にあてはめることはできない。聖書が選ぶように命じている場合，悪への自由という奴隷的意志しかないとしたら，左手だけのばせるようにしておいて，右手に極上のワインをおき，左手には毒を置いて選択を命じるに等しいという[88]。

これに対しルターは神の前に立つ人間を神との主体的な関係において神学的に論じているのであって，エラスムスの倫理的で主体的な考察とは別の次元に立っている。エラスムスが理性と意志をもって神に自発的に応答する人間の主体的責任性を説いているところで，ルターは神に反

---

83) Erasmus, op. cit., III, b, 5.
84) Erasmus, op. cit., VI, 11.
85) Erasmus, op. cit., III, a, 15.
86) Erasmus, op. cit., II, b, 3.
87) Erasmus, op. cit., II, b, 4.
88) Erasmus, op. cit., II, a, 14.

逆してでも自己を主張する人間性の罪と不信仰をとらえているのである。ルターにとり人間性は罪と卑小さにおいて捉えられているが，実はかかる人間性を摂取し，人間性を超えた神的可能性を与えるキリスト教的自由が追求されている。神の人間性は人間性の全面的放棄のなかに実現している。これがルターの説く「神学の逆説」であって，ヒューマニズムのような「神的な人間性」が説かれているのではない。ルネサンス時代のヒューマニストの誤りは人間の尊厳を中世思想に対抗してその神性において説いた点にあったといえよう。ルターはエラスムスが力説する「人格の尊厳」（dignitas personae）は恩恵による義と矛盾するので，神の前には通用しないという。ルターは人間の dignitas ではなく，「神の荘厳」（majestas Dei）の前に立っている。二人の間の論争は実にこの二つの存在の関係を明らかにするものであるが，そこには人間性の偉大さと卑小さ，栄光と悲劇が語られているということができる。

5　ルター『奴隷意志論』に対するエラスムスの批判

　ルターは『奴隷意志論』を書いた一年ののち，友人たちの忠告にしたがって，エラスムスに「あのように手きびしく扱ったこと」を詫びる手紙を出した。しかしエラスムスはすでに再論を完成させており，ルターからの和解の申し込みをはっきりと拒絶する。それは『奴隷意志論』に対する批判書『ヒペラスピステス』全2巻，詳しくは『マルティン・ルターの奴隷意志に反対する論争，重武装兵士』（Hyperaspistes adversus servum arbitrium M. Luteri）第1巻（1500年）と第2巻（1527年）である[*89]。

　(1)　『ヒペラスピステス』第1巻　　この書物はルターの『奴隷意志論』の前半を批判したものであるが，エラスムスの自由意志に対する見解をいっそう明確に述べていると思われるので，次にこれを検討しなければならないが，これは前に出版された『評論・自由意志』の三倍もの大作

---

89)　この書の内容に関しては金子晴勇『近代自由思想の源流』創文社，第9章「エラスムスによる再批判」391–412頁参照。

であるため，自由意志の定義に関する部分に限って考察する[*90]。

　この著作の中でエラスムスはマックソーレイによると自由意志をカトリック教会の重要な教義として弁護した[*91]。彼は神の救済の働きの中にあっても意志活動の自律性が人間に与えられている点が絶えず主張されており，恩恵には救済を造りだす働き（efficere）が，意志には善を実行する働き（facere）が割り当てられた。このような救済に関するカトリック教会の教義は当時は人々に十分知られていなかった。そして実際カトリックの側から今日見るならば，救済の教義に関する規定が不明確であったことが宗教改革を起こさせた大きな原因と考えられる[*92]。

　実際，エラスムスとルターとの間で展開している論争は既述のように「訴訟事件の核心」（res ipsa）とも「事態の要諦」（summe causae）とも言うべきものであった。そこでの最大の問題は「恩恵なしに自己の救いのために人は何をなしうるか」という救済問題であった[*93]。その際，人間が救いのために準備しうる余地を自由意志に与えようとする主張は，アウグスティヌスの恩恵論に対するカトリック内部からの批判によって起こり，セミ・ペラギウス主義と呼ばれている。このセミ・ペラギウス主義に対する教会の断罪決定はオランジュの教会会議で行なわれ，罪人の側での義認への準備も自らはなしえず，恩恵の働きによるというアウグスティヌス説が承認された[*94]。しかしスコトゥスにはじまるフランシ

---

90) というのは『奴隷意志論』におけるルターのエラスムスに対する批判が，懐疑主義的態度・聖書の明証性・神観にまでまたがっていたため，エラスムスの反論も，ルターの見解をあげて批判していき，量的にも大作になっているからである。

91) H. J. McSorley, Luthers Lehre von unfreien Willen, S.268ff.

92) たとえばカトリックの教会史家ロルツは「カトリック神学内部における神学的不明確さが，教会的革命が生じたことの特に重要な前提の一つであった。これが強力な離反の謎をある程度解く鍵の一つである」（J. Lortz, Die Reformation in Deutschland, Bd. 1, S.137f.）と語り，同様にイェーディンもトリエントの公会議に関して次のように言う。「現存の信仰に関する誤謬に対する教義担当の判決は紛れもなく緊迫していた。ここ25年間というものは教会の最高の教義担当局は沈黙していた。なるほど諸大学は，ルターとツヴィングリおよびその信奉者たちの謬論を検閲してきていたし，神学者たちもそれを論駁するように努めてきていた。それでも，多くの人たちは次のような問いを立てていた。何が守られねばならない信仰命題か，何が単なる教学上の教説にすぎないものか」（Jedin, Der Abschluss des Trienter Konzils 1562-63, S.6）と。

93) この問題こそ初期ルターの討論集の最初のテーマであった。金子晴勇編訳『ルター神学的討論集』教文館，32-50頁参照。

94) 金子晴勇『アウグスティヌスの恩恵論』知泉書館，240-269頁参照。

スコ会のなかにはノミナリズムの神学において，とくにオッカム主義においては，義認のための準備が恩恵のわざと並んで説かれるようになり，そこに近代的人間の自由の意識が芽生えて来ていた。エラスムスはヒューマニストとしてオッカム主義のこの傾向を認めたいと願いながらも，自らは恩恵をさらに力説する正統主義に立っていると考えた。しかし彼はセミ・ペラギウス主義に対する教会の決定については知らなかったため，できるならばオッカム主義をも認めたいと願ったのである。

　そこでエラスムスのセミ・ペラギウス主義に対する態度からまず解明していきたい。オッカム主義の契約神学の命題をエラスムスは問題にし，それを主張しているスコトゥスの意見を無視できないとみなしながらも，それを弁護も反駁もしないと述べている。ところで彼がスコトゥスに帰している意見は実にオッカム主義者ビールの契約神学である。

　「わたしはスコトゥスの意見をも無視できない。彼は次のように考えている。人は道徳的な善いわざをなすことによって，つまり万人に共通な自然本性の影響によって，神の有効な恩恵に適宜的に（de congruo）値することができる，と。というのは，神の慈愛は，自己にできるかぎりを（quod in se est）実行しさえするなら，だれも滅びるのをゆるさないからである。なぜなら人は自分の力で救いを実現するのではなく，何らかの契約（pactum）によって神の恩恵を受容しうるからである。教会はこの意見を，すくなくともわたしの知るかぎり，いまだ退けていないから，わたしは弁護もしないし，反駁もしない」[*95]。

　この文章はビールの契約神学を構成している概念を用いているため，スコトゥスよりもオッカム主義の立場を述べている[*96]。この立場は自由意志による人間の努力と恩恵の授与とが呼応する関係で捉えているため，特別の恩恵なしには成立しないのであるが，出発点においては自由意志の働きを何らかの形で保っておくべきであるとみなしている。そのためには理性と自由意志が罪人においても残存していなければならない。エラスムスもこれを原則的に認めて言う。「そこからわたしは理性の光が彼らのうちに全く消滅しているのではないと結論する。また，そ

---

95) Erasumus Ausgewählte Schriften, Bd. IV, S.630.
96) McSorley, op. cit., S.269.

れに加えて，彼らにおいて意志はある仕方で徳義に傾いていたが，もし信仰により恩恵が付与されていないなら，永遠の救いには有効でなかった，ということは真らしくないことはないように思われる」[97]。意志の中には徳義に向かう努力がなされているがゆえに，それが恩恵なしには有効でなくとも，その事実は信仰の出発点では認められる。こうして「この自由の問題において意志が主要な第一の役割を果たしている。この意志によってアウグスティヌスが言うように，人は罪を犯したり正しく生きたりする」[98]。このような意志の働きのなかには当然のことながら徳義を不道徳から区別し選択する働きが含まれる。すなわち「徳義を追求することについて語られる場合には，同時に徳義を不道徳から分かつものが述べられている」[99]。さらに自由意志の働きはアウグスティヌスの「協働的恩恵」（gratia cooperans）にも協力するわたしたちの意志の働きが認められるし，一般に「励起的恩恵」（gratiae exstimulans）の場合にも「回心と離反」（conversio et aversio）とは排除されていない。それに対しルターはその「絶対的必然性」の主張によってこれを退け，「自由意志は罪に役立っただけである」と説いた。このようにエラスムスは反論している[100]。

さて，『評論・自由意志』でエラスムスが恩恵と自由意志との関係で「信ずべき見解」（sententia probabilis）として述べていたものは，恩恵に多大のものを帰し，自由意志にはほとんど何も帰さないが，すべてを取りあげてはいないという見解であり，「彼らは，特別な恩恵がなければ，人間は何ら善を欲しえず，神の恩恵の主導的な不断の援助なしには，〔善を〕開始し，継続し，完成しえない，としている」[101]。この見解はエラスムスによれば人間に熱心と努力とを残しているが，自分の能力には何も帰していないもので，十分ありうる説だという。これは恩恵の絶対性に立ちながらも，自由意志の働きを認めるアウグスティヌスやトマスの説であると言えよう。ところでエラスムスはこの立場を真正な見解と

---

97) Erasmus, op. cit., IV, S.614-616.
98) Erasmus, op. cit., IV, S.594.
99) Erasmus, op. cit., ibid.
100) Erasmus, op. cit., IV, S.632.
101) Erasmus, Delibero arbitrio, II, a. 12.

して認めながらも，スコトゥスの説，だが実際はオッカム主義の学説をも退けないで，何らかの形でそれを生かそうと努めていた*102。この『評論・自由意志』の基本姿勢は『ヒペラスピステス』第1巻においても継続している。ただしエラスムス自身はこのオッカム主義のセミ・ペラギウス主義的見解が教会で断罪されているのを知らないで，弁護も反駁もしないと述べていたのであった*103。

　そこでエラスムスが自己の自由意志の定義に対して弁護した箇所を採り上げてみよう。それはエラスムスが『評論・自由意志』で試みた自由意志の次の定義に関してであった。「わたしたちはここで自由意志を，それによって人間が永遠の救いへと導くものへ自己自身を適応させたり，あるいはそれから離反したりしうる人間の意志の力であると考える」*104。この自由意志についての定義を批判したルターの思想は，エラスムスから見ると自由の喪失から奴隷状態へ，奴隷状態から純粋な必然性へ，必然性から自由意志の否定へ向かい，さらにこの否定から単なる受動へと進んでいると要約され，これに対する論駁が「事態の要諦」(res summa) として次の五つの命題の形で提出された。

　　一　人間において意志は，天使に見られるように，創造されたときと同じように善に対しても悪に対しても自由であった。それゆえ，新しい恩恵の特別な援助がなくても，提供された恩恵によりすがることも，恩恵から身を引き離すこともできた。

　　二　最初の親たちが堕落してからは，自然本性の自由は損傷を受けたが，消滅したりしなかった。しかし彼らには理性の火花が残っていて，徳義を不道徳から識別している。同じように意志のある種の努力も残っていて，悪徳から逃れ，何らかの方法で，徳義を切望している。

　　三　しかし，この努力と理性とは，ある人たちによれば，特別な恩恵がないなら効果的ではない。また他の人たちによれば，道徳的な善いわざによって適宜的に恩恵に──それが準備するものであれ義とするものであれ──値しうるほどの力をもっている。この

---

102) Erasmus, op. cit., II, a. 9.
103) Erasmus, Ausgewählte Schriften, Bd. IV, S.630.
104) Erasmus, De libero arbitrio, I, a, 10.

命題が教会により断罪されているとわたしは思わない。ただし、ここでは各人はそれぞれの考えに従うことがゆるされている。

　四　恩恵によって自由とされた人たちは、最初の人間が自由であるように創造されたのと同じ状態にある。すなわち提供された恩恵に対し自己を適用することも、それから自己を引き離すこともできる。ただしアダムの罪から、あるいは自分自身の罪から来る理性の暗黒のなかに残留しているなら話は別である。また罪への傾斜は自由を奪い取らないけれども、責任感を引き起こす。

　五　この適用もしくは離反は、あたしたちの語った励起的恩恵（gratia exstimulans）と義とする恩恵（gratia justificans）との双方に対して働く余地をもっている。恩恵に身を委ねるとき、意志は自己を適用しており、同時に自然本性の力でもって、恩恵が呼び招いているところへ向かって、努めている。また御霊のささやきを無視して肉の情欲に向かうごとに、意志は自己を〔恩恵から〕離反させている。同様に、自己のうちに力強く働きたもう方に自己の自然本性のささやかな力でもって協力するとき、義とする恩恵に自己を適用しており、神の賜物を無視して肉に変転するとき、自己を〔恩恵から〕離反させている。わたしの定義はこれらすべての意見に——自らを欺かないかぎり、その一つも教会から断罪されていない——またすべての人の状態に適合している。したがって、わたしはこの定義を真なるもののすべてを包含するために一般的なものとして作ったのである」*¹⁰⁵。

エラスムスはこのような五つの命題によって自分の定義がアダムの堕罪以前においても以後においても妥当すると説明した。しかし堕罪以後、罪に仕えざるをえなくなった状態では彼の定義が適用しがたいと考えられているため、彼は①セミ・ペラギウス主義と、②アウグスティヌスと、③さらにこの両者の中間の立場との三つの見解があると説き、自分の定義を弁護した。彼は三つの見解について次のように言う。

　「ある人たちの見解にしたがえば、自然本性の力によって、特別の恩恵がなくとも、道徳的に善いわざをなすことによって義とす

---

105) Erasmus, op. cit., IV, S.646-648.

る恩恵を得ようと努めることができる。……アウグスティヌスのものでもある他の見解にしたがえば，励起し更新する恩恵（gratia exstimulans ac revocans）に向かって自己自身を適用することも，反対に離反することもできる。ここに何らかの自由があることをあなたは理解している。さらに義とする恩恵に自己を委ねることも，それから自己を離反させることもできる。そして多分，義と不義との間にある種の中間状態をおいてもおかしくないであろう。それは人が恩恵を獲得するための自然本性の力でもって熱心に努める場合のようにである。もしくはわたしたちが不完全であると呼ぶ励起的恩恵によって呼び起こされて，自然本性のもろもろの力をこの恩恵へ適用し，無罪にいたろうと熱心に努める場合である。このような人は自己の不義を嫌悪して義に向かって熱心に努めるため，全くの不義とは考えられない。またいまだ無罪な状態に達していないため，全くの義人なのでもない。……避難所に急ぐ人は全く安全であるわけではないが，だからといって危険のなかで動けないのでもなく，危険から遠ざかるにつれて，いっそう救いに近づくようなものである」[106]。

　この三つの見解のうちルターが攻撃しているのは最初の意見にすぎない，とエラスムスは言い，これに対しアウグスティヌスの協働的恩恵の説には人間がこの恩恵に自分を適用させる自由が認められている，と主張する。ここにはエラスムス独自のアウグスティヌス解釈が展開しており，アウグスティヌスによってルターが次のように批判される。

　「アウグスティヌスが恩恵を活動的と協働的とに分けている場合，励起的恩恵に自己を適用することは，自然本性の力を恩恵に委ねるならば，人間の自由に属するということを彼は明らかに告白している。協働的恩恵はこの不完全でしかない努力を助け完成したもう。わたしたちの意志が全く何も働かないとしたら，恩恵が協働するとは正当に呼ばれはしない。ところがカールシュタットはこの意志を否定している。もっと不当なのは君の主張だ。人間の意志は善をも悪をも何らなしえないで，すべては純粋な必然性によって生じる，

---

106) Erasmus, op. ct., IV, S.650-652.

と君は主張する。実際，わたしはこの見解を君のものと名づけるが，これはウィクリフの下で断罪されたことを君は承認しているはずだ」*107。

エラスムスはこのようにルターを批判しているが，アウグスティヌス解釈においてエラスムスとルターとは相違している。たしかにエラスムスがここでもルターを批判しているように，アウグスティヌスが堕罪以後にも自然本性の能力として働いている選択機能を自由意志に認めることは正しいのであって，それをも絶対的必然性の下に否定することは正しくないであろう。しかし，アウグスティヌスは励起的恩恵によって自由意志が助けられて恩恵に向かい，活動的恩恵により更新された上で，協働的恩恵により善いわざを完成するといっている。しかるにエラスムスは「励起的恩恵に自己を適用する」（applicare se ad gratiam exstimulantem）のは自由意志の働きであり，そのさい「自然本性の力を恩恵に委ねるならば」（si naturae vires ad eam accommodet）と付帯条件を付けている。ここでいう「委ねる」は「適用する」よりも信心深い帰依の意味合いをもち，自由意志の能動的作用よりも受容的な働きを説いている。この意味での自由意志はルターが『奴隷意志論』のなかで表明した「受配的性質」（dispositive qualitas）とか「受容的適合性」（passiva aptitudo）と全く同じ働きとなる*108。これなしには実際，恩恵を受け取ることもできない。たとえていえば，馬を水のあるところに導いていっても，これを飲むか否かは馬自身の意志にかかっているようなものである。この点でエラスムスとルターは決して対立していないといえよう。エラスムスが「委ねる」働きを自由意志の下に繰り返し論じているところを見ると，この論争は激しい対立の直中にありながらも，結局，一致点に達していることが知られる。

しかし，ルターが信仰義認論の立場から自由意志の能動性を強く否定したように，エラスムスもヒューマニストの立場から自由意志にいっそう多くを帰しているオッカム主義に同情的になっている。このことは続いて語られているところを参照するならば明らかになる。まず彼は，①自由の残滓が十分に認められると主張し，「自由を取り戻すのにそれ自

---

107) Erasmus, op. ct., IV, S.652.
108) Luther, WA. 18, 637, 16ff.

身では十分でないからといって，それは無なのではない。自分の力であることをなし，また恩恵の援助によってそれを完成させるだけで十分である」*109 と語っている。つまり意志には agere する働きが，恩恵には peragere 完成する働きが帰せられ，両者の協力により善は実現されると説いている。②意志は石とは異なって自由決定が本質的にそこに内在している*110。この反論はルターが自由意志は「実体のない名称」(titulus sine re)と語ったことに向けられ，その「存在が部分的に失われている」(re partim amissa)と主張され，自由意志の全き否定が拒否された。その結果，③原罪は相対的堕落を来したものとみなされ，次のように説かれる。

　「しかし原罪の後，さらに個々人の罪の後にはいっそう，自由は全く喪失しているのでも，奴隷状態も絶対的なのではない。弱視となっていても，目が見えないのではなく，跛行を起こしていても消滅しているのではなく，傷を受けていても，死んでいるのではなく，無力が加えられていても，滅んでいるのではない。なぜなら理性の火花は残っているから。また徳義に向かう意志の志向も有効でなくとも残っている。始原の自由を取り戻すのに自分の力では十分でないからといって，それは無ではなく，意志は傷つき無気力となっているため以前にできたことができない。しかし残っている自己の力がどんなに小さくとも，励ます恩恵に〔自己を〕委ねている」*111。

　エラスムスの思想は『ヒペラスピステス』第1巻のなかでも変わらない。彼はルターがその信仰義認論のゆえにアウグスティヌスをいっそう徹底させ，自由意志の力を制限したのに対し，その力がどんなに小さくとも自己を恩恵に委ねていると最後まで説いた。ここに最小限においても人間の主体性を認めようとするヒューマニストの精神が明白に現われている。ルターも事態的にはエラスムスとほぼ同じことを「受配的性質」

---

　　109) Erasmus, op. cit., IV, S.654.
　　110) 事実彼は意志と石を比較して言う，「石は理性をもっていないすべての重いものと同様，唯一つの自然的な動因しかもっていない。だが，自由意志は双方に向かうことができるように造られている。私たちは壊敗した意志について語っているのだと君は言うだろう。しかし，意志はこのように造られており，部分的に存在が失われていても，このような名称の根拠が残っていることを討論のさいに考えてくれるなら，それを私たちも認めよう」(Erasmus, op. cit., ibid.)
　　111) Erasmus, op. cit., IV, S.654-656.

において認め,エラスムスも同様の概念を用いているが^{*112},それでもなお堕罪以後の現実の人間についての理解には大きな隔たりがあったといえよう。

こうしてヒューマニストとしてエラスムスはオッカム主義の契約神学をも何らかの形において生かそうとする。またそのような努力がこの著作の全体を貫いている。彼は神学者の間でも自由意志に関して意見の一致にいまだ至っていないことを述べ,トミストとスコティストとの論争について自分の見解を提示した。そこでの問題点は「人間は特別な恩恵がなくとも,道徳的な善いわざによって有効な恩恵を願い求めうるか否か」ということであり,これに対するエラスムスの回答は次のようであった。「わたしの定義は双方の見解に場所を与えている。というのはわたしはいずれも全く退けたくないからである。恩恵により多くを帰する方にわたしはいっそう近いけれども」[*113]。この回答の中にエラスムスの基本的態度は明らかに示されている。彼はトミストの正統性に立ってはいるが,スコティスト,実はオッカム主義者たちをもカトリック教会の中で生かし,いっそう実践的なキリスト教の復活を願っていた。

『ヒペラスピステス』第一巻は多くの反響があり,エラスムスも威信を回復したようである。なかでもルターに対し激烈な敵意を燃やしていたザクセンのゲオルク大公はこれを歓迎し,自由意志のみならず,ルターのすべての誤謬を論駁するようエラスムスに勧めている[*114]。実際,この書物はルターの『奴隷意志論』の前半を批判したものであったから,続巻が期待されたのも当然である。イギリスではヘンリ8世が多いに関心を示したのみならず,エラスムスの親友トマス・モアも手紙でこれを激賞し,エラスムスの最良のかつ最も愛すべき作品であり,続巻の刊行を熱望する旨を伝えている。しかし1527年3月30日バーゼルからモア宛の返書を見ると,その当時の状況がよく語られている。そこには称賛者のみならず,かなり多くの非難する者もいたようである[*115]。このよ

---

112) Erasmus, op. cit., IV, S.416.
113) Erasmus, op. cit., IV, S.608.
114) K. Zickendrasst, Der Streit zwischen Erasmus und Luther über die Willensfreiheit, S.163f.
115) 「わたしが空虚なほら吹きで,臆病でいて未熟であるとのうわさを耳にしています。わたしがあえて実行しないので臆病であり,何もできないから未熟だというのです。彼らが

うにエラスムスは対立する二つの党派の間に立って，それぞれに対して自分の立場をいっそう明確にするために『ヒペラスピステス』第2巻を著わした。これは第一巻の倍以上もあり，『評論・自由意志』の実に六倍強の大作となっており，彼は自己の人間観や救済論を詳しく論じ，ルターや宗教改革者たちのみならず，パリのスコラ神学者やローマ・カトリックの正統主義からも自分の立場を区別しており，第一巻よりも思想的にいっそう徹底している。しかし彼は決してペラギウスの立場を弁護しているのではなく，ビールのセミ・ペラギウス主義と同一の線上に立っているといえよう。モアへの手紙でもこの点をはっきりと次のように述べている。「わたしたちは，特別な恩恵がなくとも，純粋に自然本性の能力によって適宜的に，彼らが言うように，恩恵に備えることができると考える意見は，スコラ神学者たちはこれを受け入れていないけれども，パウロがそれに反対しないならば，わたしに気に入らないわけではない」[*116]。こうして自己の立場が神の寛大さに全面的に依存しながらも，オッカム主義をいかなる意味で弁護しようとするのかに限定して『ヒペラスピステス』第2巻を検討してみたい。

(2) 『ヒペラスピステス』第2巻　この第2巻に展開するエラスムスの人間観と自由意志学説は第1巻と本質的には変化していない。だがセミ・ペラギウス主義への接近がいっそう明白になり，彼自身は自覚していないが，そこからペラギウスにさらに近づいている。彼は人間を自由意志をもった存在として創造されたと絶えず語り，この自由の双方に向かいうる意志には神の意志が戒めとし与えられ，この戒めを知る力である自然の光として理性が授けられているという。こうして神の意志と人間の意志は戒めを媒介にして人格的関係に立ち，ノミナリズムとヒューマニズムに共通な立場が明らかに示される。「したがって，ここで論じられている自由意志は人間の意志のなかにおかれており，戒めによって取り除かれることはない。戒めは意志が起こりえないように働い

何かを言ってくることはどのような手段をもってしても避けることはできません。おそらくわたしがもっと上手に答えていたとしたら，もっとひどいことを彼らは言うにちがいないのです。」(Erasmi Epistolae, ed. P.S.Allen, VII, p. 9)

116) Erasmus, op. cit., p. 8.

ているのではなく，それはわたしたちが罪を犯さないでは意志できないために働いているのである」また「人間は自由意志によって神を見棄てたのである。そのさい彼は自己自身を神から離反させている」*117 と言う。

ところが最大の問題は堕罪以後の意志の状態についての見解である。堕罪によって生じた自然本性の毀損は第1巻では前節の終わりに述べたような相対的な堕落にすぎないものであったが，第2巻ではこの点がいっそう明確に説かれるようになった。つまり自然本性の中には敬虔や徳義の種子が残っていて，全体的毀損はなく，部分的な損傷が見られるにすぎないというのである。彼は次のように言う。

「わたしたちはすべて怒りの子として生まれてきていることをわたしは認める。しかし敬虔と徳の種子が人間のうちにすこしも残らないほど他から来た罪が力を振っているわけではない。わたしたちは野生の動物のなかにはこのような種子のないことを知っている」*118。

意志と同じく理性の能力も残っている*119。もちろん理性の働きは原罪により暗くされてはいても道徳的善を認識できるし，この善へ向かう種子が残っている*120。「理性は原罪によって暗くされていても，霧をとおして見るように対象を認識しているし，有効でなくとも徳義に向かう努力をすくなからず行なっている。……人間の精神には壊敗していても徳への種子が内在している」*121。

それゆえ，ルターが創世記6.5「人間の心で考えることはいつも悪のみである」から自然本性の全き毀損を説いたことは間違っていると反論されることになる。創世記第6章は「あの時代の人々の罪であり」，全

---

117) LB, X, 1401C.
118) LB, X, 1401D.
119) 彼は「理性の火花」について次のように言う。「この理性の火花はきわめて邪悪な人たちのなかにも残存している。……このように大きな不敬虔のなかにあっても，いまだ自然本性の理性は生きていたのである。したがって徳義の感覚が全く欠けてはいないあるものが人間のうちに存在している」(LB. X, 1463F.)
120) 「種子」(semen) という観念はアウグスティヌスがストアの自然哲学から引き継ぎ有機体の創造において用いたものである（金子晴勇『アウグスティヌスの人間学』299-303頁参照）。したがって原罪により自然は毀損していても，有機体の本質的形相たる種子は残っていると説かれている。
121) LB, X, 1464C.

人類に及ぶのでも，自然の壊敗にいたるのでもない[*122]。罪は個々人によって犯されるのであって，罪深い本性などはない[*123]。もちろん罪の習慣により自由意志は悪に傾いていて，なかでも誤った教育により悪い情念が育てられて，不道徳への傾向性が生じている。

「キリストにあって新生したすべての人はこのような〔悪い〕情念を感じていない。すべての人に共通な自然本性によりこれらが内在しているとしたら，彼らも感じていたであろう。だが，これらの大部分はゆがんだ教育から生じ，自然本性から来たるよりも自己をいっそう悪く偏向させている自由意志によって生じている。不道徳への傾向性が本性のなかに内在しているように，あなたが本性をそれ自体において考察するなら，そこには徳性への最も大きな種子が内在している。もし肉が敬虔な人においても戦うとしたら，これらすべての情念は彼らの個々人のなかに存在しているとすべきである」[*124]。

このように考えて見るとパウロがローマ書第7章で語っている人間はアウグスティヌスやルターが説いているように聖霊の力を受けたキリスト者ではなく，「自分の人格の下で情欲に征服され，罪の奴隷となっている人」[*125]について語っている。この点について彼は次のように言う。

「しかしパウロがここに付け加えていること，つまり〈内的人間によれば〉は，御霊から受けとられていることにはならない。というのは，パウロはいまだ御霊を受けていない人のことを考えているから。実際，彼は双方に向かいうる意志が結び付けられている自然的理性を内的人間と呼んでいる。……わたしには人間であるかぎり理性が付与されている。なぜなら理性の指図によって生きるのが人間にふさわしく，情念によって導かれるのが獣にふさわしいから。〈わたしのうちに罪が宿っている〉とはどういうことか。たしかに罪の習慣は本性のうちにある仕方で存在しており，心の中に居を定め，理性を蔑視して，意志する人を自分の方に引き寄せて意志する人を

---

122) LB. X, 1452E.
123) LB. X, 1403C, 1455A, 1513C.
124) LB. X, 1513E.
125) LB. X, 1514BC.

5 ルター『奴隷意志論』に対するエラスムスの批判

意志しない人にしてしまう」[126]。

こうしてパウロのいう霊と肉との戦いは徳と不徳との戦い，理性と情念との戦いとなり，原罪ではなく罪の習慣が問題であり，これにより理性と意志は損なわれるが，本性に罪があるのではない。彼はこのことをラディカルに表現して次のようにさえ言っている。「実際，罪を犯している場合でも，ある種の行動と存在とは，姦淫における身体，視力，触れ合い，愛のように，よい本性なのである」[127]と。

このような堕罪以後における人間の理解からセミ・ペラギウス主義的救済論が説かれるようになる。そこには信仰による救済に向かう開始を自由意志におく主張がなされる。すなわち，「人間は意志しうるように，戒めを守ることができる。恩恵なしには有効にはなしえないし，命令を実現することもできないが，恩恵はその行為を制御して自然本性の能力に働く余地を残すようになしたもう」[128]。このような自由意志の学説は「純粋な自然本性によって」(ex puris naturalibus) というオッカム主義のスローガンに示されているように，「特別な恩恵」(gratia specialis) を排除する特徴をもっており，次のように主張されている。「人間のうちには徳義の種子が残っている。また道理に向かう何らかの努力や傾向が，たいていは反対の方向をとっていても，内在している。それゆえ，人間は特別な恩恵の賜物がなくても，何らかの善を意志することができる。しかし恩恵の主要な援助なしには，至福に導く善を有効な仕方で意志することはできない」[129]。

この主張こそオッカム主義者ビールのもとで見いだされる新しいセミ・ペラギウス主義にほかならない。この新しい主義は神の御霊の援助が同時に必要なのを説いているところに見られる。「神は不可能なことを命じていないし，その助けなしには永遠の救いに達しない御霊も無益ではない」[130]と彼は言う。しかし自由意志を現世の事物に限定して使用すべきであると説いたルターに対して，エラスムスは神の与える救

---

126) LB. X, 1514F-1515A.
127) LB. X, 1404F.
128) LB. X, 1350D.
129) LB. X, 1403B. Erasmus, LB. X, 1526D.
130) LB. X, 1367C.

済という「高次の事物に関して」（rebus superioribus）も適用している。「この問題は低次の事物に関しては（rebus inferioribus）自由意志をさまたげないとしたら，どうして高次の事物に関してさまたげるであろうか」[*131]。このようにエラスムスは自由意志の尊厳をヒューマニストとして力説しているのであるが，彼は前にも述べたようにセミ・ペラギウス主義に対するカトリック教会の決定にも，それ以前のアウグスティヌス自身の真剣な討論にも対立するものとなった[*132]。こうして彼は神の恩恵が害されないように『評論・自由意志』と同じ主張「善はすべて神の恵みに帰せられる」[*133]とここでも述べている。だが自然本性としての自由意志を神の賜物として説いたのはペラギウス自身であった。したがってエラスムスが次のように言うとき，自分がペラギウス主義者であることを表明していることになってしまう。

　「さらに恩恵が自然本性の能力から生じるように思われないように恐れるべきではない。なぜなら繰り返しわたしが述べたように，自然本性の善は，神の無償の賜物であるから」[*134]。

したがってエラスムスにとりアウグスティヌスとペラギウス主義者ユリアヌスとの論争も内容上の相違はなく，言葉の上だけのものにすぎず[*135]，オッカム主義のスコラ神学者たちについても「事態におけるよりも言葉の上で彼らは相違していないなら，アウグスティヌスの意見からそんなに遠く離れていない」[*136]，また「二つの意見のあいだには最小限の相違しかない」と判断している[*137]。

131）LB. X, 1343A.
132）たとえばアウグスティヌスに対する次の発言にその事態がよく物語られている。「義の段階があるように賜物の段階もある。こうしてあなたは純粋に自然的なものにまでいたる。神は自然の創始者であるから，自然的なものも神の恩恵である。したがってアウグスティヌスが恩恵の開始は人間から出発すると呼ばれないように恐れたのは，無益である」。このようにエラスムスは言っているが，自然本性に神の恩恵を限定したのはペラギウスではなかったか。
133）De libero arbitrio, I, a. 8. すなわち，「実際，善の残滓がわたしたちのうちにあり，わたしたちの能力と存在のすべては，神の賜物である」(LB. X, 1529A)。
134）LB. 1532A.
135）LB. X, 1524D.
136）LB. X, 1532D.
137）LB. X, 1467F.

(3) 恩恵の受容力としての自由意志　エラスムスの『ヒペラスピステス』の第1巻と第2巻との大冊はルターの『奴隷意志論』に対する再批判の試みであった。これにより彼の思想は鮮明になってきたのであるが，『評論・自由意志』と比較すると，その思想は本質的に変化していないといえよう。そのためルターはこの再批判に対しては何も答えなかった。したがって自由意志論争もこれをもって終息する。しかし，わたしたちはこの論争によって両者が一致にいたっているところ，つまり対話によって生じた「共有の実り」（ブーバー）もまた多かったと言うことができる。論争は一つの問題に対する対立した意見によって戦われるにしても，たがいに他者を理解しないかぎり，全く噛み合わず，擦れ違うだけに終わってしまう。ところがこの論争では相互に激烈なほどぶつかり合いながらも，両者は接近して行く。ルターは，激しい嵐のなかから舟を無傷で港へ導いた舟乗りが自分が救ったと言わないで神が救いたもうたという，とのエラスムスの譬えに対し，救いは徹頭徹尾神のものであって，これに従う船乗りのわざは神への協力をいっているにしても，「だが，それにしてもみごとで適切な譬えである」と激賞する[*138]。この箇所は『奴隷意志論』のほほえましくも魅力あるところである。エラスムスは神に導かれて舟を導く行為を自由意志のわざと考える。だから「わたしたちの意志は何もなしていないのではない」と結論を下した。それに対しルターは「神はわたしたちなしには働かない。神はまさにわたしたちのうちに働いて，わたしたちが彼に協力するように，わたしたちを再生し，保持したもう。……このことから自由意志に何が帰せられるというのか。いや無以外の何が自由意志に残されているのか。実際，何もないではないか」[*139]との正反対の結論を引きだした。

ルターがこのようにエラスムスを激賞しながらも批判せざるをえなかったのは，自由意志が恩恵によって新生しなければ，自然のままでは神のわざを遂行しえないと確信していたからである。だが『ヒペラスピステス』第2巻で学んだようにルターもエラスムスも恩恵を受容する力として自由意志を認める。「意志」が「石」でないかぎり，受容力が具わっていなければならないからである。そしてエラスムスの先の譬えが語る，

---

138) Luther, WA. 18, 753, 17f.
139) Luther, ibid., 754, 14ff.

神の導きに従う意志こそ，ほかならぬ受容力としての自由意志の働きを述べている。両者はここに完全な一致を見いだす。そして二人とも神がもっているような自由意志を人間はもっていないことを知っている[*140]。

　ところが二人の設問の仕方は最初から相違していた。ルターは「恩恵なしに自由意志は何ができるか」と問うたのに対し，エラスムスの方は「恩恵によって自由意志は何をなしうるか」を問うたのである。ルターはオッカム主義の影響下に立って神学を哲学から区分し，自然本性だけで何をなしうるかを問題にしたのに，エラスムスはキリスト教ヒューマニズムに立って哲学と神学を総合的に把握していた。他方ルターは神学から哲学を分離させたため，救済論を神中心的にキリストによる救済の事実から出発させ，偶然性や無記性に立つ本性上の自由意志の議論を神学的思考から排除できたのに，神学と哲学を総合するエラスムスでは，神学的自由の背後に哲学的な自由意志に対する考察を展開させていったのである。ここから先の意見の一致はほとんど見えなくなるほどの対立が生じて来ているといえよう。

　16世紀を代表する二人の思想家はノミナリズムと人文主義の影響下にそれぞれ主体的に自由を追求していった。ルターはノミナリズムのビールの神学のなかに育ち，このセミ・ペラギウス主義を批判的に超克することによって宗教的高次の自由に到達した。この自由は罪の奴隷状態からの解放を内実にしているため，献身的に隣人に奉仕する強力なエートスを生みだしていった。他方，エラスムスは人文主義を土台にして新しい神学を形成し，人格の尊厳のゆえに神と隣人とに向かいうる主体的自由と責任，およびそこから生じる実践的倫理の確立の必要を説いた。しかし両者とも神への信仰によって人は根源的には自律しうることを徹底的に信じていた。そこに「神律」(Theonomie) の立場が共有されており[*141]，自由意志を最終的に「恩恵を受容する力」として把握していた。ここに近代自由思想の共通の源泉が見えてくる。自由は神律においてはじめて可能である。これこそノミナリズムの自由論が哲学的な「偶

140）ルターはこのような受容力としての自由意志の存在を『ハイデルベルク討論』に至るまでは自覚していた。この討論のために準備した草稿にとくにこの点は明らかである。『ルター神学討論集』(前出) 133-151頁を参照。

141）神律については詳しくは金子晴勇『人間学講義』知泉書館，146-149頁参照。

然性」に自由の源泉を求めたのとは異質な、もう一つの源泉であり、二つの流れが合流することによって近代の自由思想の源流が形成されるのである。

　エラスムスはルターに対して返書をしたためるが、絶縁状に近いものであった。彼の受けた傷はあまりに深く、一つや二つの慰めの甘言でなだめられる程度のものではないという。またルターは自分自身を弱い罪人と語っていても、いつも自分を神のように見なしていると非難する。そして「わたしの論争は礼をつくした討論だったのです」と諭す。それなのにルターは主題と関係のない悪口雑言、中傷や虚言をあびせかけ、書物の三分の一はそのような罵詈にすぎないという。真にその通りである。また個人的な問題はいわないにしても、ルターの尊大・厚顔・煽動の性癖によって全世界が破滅に瀕したことは赦しがたいという。エラスムスはみずからが果たした節度ある討論に対するルターの態度をこのように批判してから、終わりを次の言葉で結んでいる。「わたしのためにどんなことを願われようと勝手ですが、神があなたのためにその心を変えて下さらぬかぎり、あなたの心だけはもちたくないものです」と。そしてもはや友人として挨拶しようとしない。

　この論争の結末はこのような分裂であり、不毛であった。ルターの態度は野蛮で尊大であるとのエラスムスの批判は当たっている。論争において共有の実りをえるためには他者の語るところに耳を傾け、対話的に関わらなければならない。とはいえ、この論争は今日わたしたちが人間の自由意志や主体性を考えるとき、不可欠の素材を提供している。その際、どちらか一方の側に立って他方を非難するのではなく、真の対決点を対話的にとらえて、それぞれ主体的にこの論争に参加すべきであろう。

第9章
政治思想と平和論

―――――――

はじめに

　エラスムスの神学思想の発展についてこれまで考察してきたが，それは宗教改革運動との協力から分離へと展開した。彼の本来の仕事はキリスト教の純粋な根源を解明し，福音の真理を鮮明にし，古代の知恵を導入することによりキリスト教の再生を実現することであった。人文主義者としてこの仕事に従事しているかぎり彼の貢献は実に偉大であったが，その長所は現実の政治世界では短所となってしまう傾向を帯びていたように思われる。

　エラスムスがキリスト教的人文主義者と呼ばれたもう一つの意義は，キリスト教を人間の本性との一致において把握し，その本性に反対するのではなく，自然と人間の世界を拒否しないで，人間自身の偉業と同じく創造のわざを完成させるものと捉えていたことにある。彼はキリスト教を希薄化して異教思想に近づけたのではなく，彼の総合の試みは「改造された人文主義」と称すべき立場であった。エラスムスはキリスト教の観点から人文主義の術語を使って人間を表現したが，それはキリスト教という，より高い見地から人間自体を考察し，そこに内在する潜在的な価値を重んじるという態度を常に取っている。したがって彼は人間の文化的営みを避けたり，軽蔑したりしない。こういう総合の精神は初代キリスト教の教父たち，なかでもアウグスティヌスに見られる精神であって，同じことは中世の最大の哲学者トマス・アクィナスにも見られ

るものである。ジルソンはこれを「キリスト教人文主義の永久不変の憲章」と呼んでいる[*1]。それはとりわけ『対話集』にある「敬虔な午餐会」のなかで語られた「聖なるソクラテスよ、わたしたちのために祈ってください」という言葉に典型的に示される事態である[*2]。

　こうした総合的な態度は16世紀の最初の四半世紀に見られた思想的特色であって、エラスムスの政治的な著作も1500年から1520年にかけて出版されており、そこには彼の特徴的な政治思想がキリスト教人文主義の立場から表明されており、それ以前の15世紀に特有な政治的・社会的・宗教的な弊害を改善することを彼はめざしていた。そこには中世末期から近世初期への、スコラ学から人文主義への変革が意図されていた。古い思想が崩壊し、新しい思想が誕生しており、このことは政治思想においても同じであった。一般にはエラスムスの政治思想にはルネサンスにおいて復興された古典文化の影響が濃厚であって、古典による理想論が展開されているように思われるが[*3]、現実の戦争に対する批判は、現実政治の問題を隠蔽するどころか、その有様を具体的に指摘しており、現実的な平和論を説いている。現実の平和問題ではエラスムスが徹底した平和主義者であったのは紛れもない事実である。ここではこのような問題点をとくに解明してみたい。

　この時代は教皇ユリウス2世からレオ10世の時代であって、16世紀のヨーロッパは政治的に見ると神聖ローマ皇帝カール5世とフランス王フランソワ1世との二大勢力との間にカトリックの教皇が介入することによって絶えざる戦乱に見舞われた時代であった。こうした政治的混乱のさなかにあってエラスムスの政治思想は誕生したのである。とくに彼の青年時代の1514年にユリウス2世の死に会い、彼は『ユリウス天国から閉め出される』（Julius exclusus e coelis）を書いた。それは教皇ユリウスが武具を纏い、兵士を何人か連れて天国の門に至ったが、そこで聖ペトロに入門を拒まれるという物語であった。後述するようにここにも彼の政治批判が展開する。この教皇の在位は1503-1513年であって、

---

1) ジルソン『中世哲学の精神』上巻、服部英次郎訳、筑摩書房、40頁参照。
2) 本書第5章3節144頁を参照。
3) たとえばホイジンガは非政治的で素朴な精神を扱うだけで満足している。『エラスムス』161頁参照。

フランスの力を借りてヴェネティアを打ち負かしたかと思うと、今度はフランスと対決し北イタリアからその勢力を一掃した。これを実現するために彼は1511年にスペインのフェルディナンドや以前の敵であったヴェネティアと同盟を組み、さらに1513年にはイングランドを味方に付けた。こうして戦争が広範囲に燃え上がり、ヨーロッパの国々がほぼ全体にわたって戦火に見舞われた。フランス人はミラノ公国から追い出され、スペインはバスク地方を奪い、イギリス人はフランスに攻め込み、スコットランド人はイングランドに侵攻した。「ユリウスのトランペットが全世界を戦争に召喚した」とエラスムスは1515年5月に枢機卿ラファエル・リアリオに宛て書いている[*4]。1513年の初めにユリウスが死に、レオ10世が継承したとき彼がフランスに敵対して同盟を組んで1511年に引き起こした出来事は、エラスムスが『戦争は体験しない者に快い』を書いて出版したとき、破滅的な経過を辿っていた。エラスムスはこうした事件に巻き込まれ、それによって甚大な影響を蒙った。彼は1506年にユリウスがイタリアで活躍し、その11月にボローニャに凱旋したのを見たとき、戦争のショックを受け、それがもたらした荒廃をつぶさに経験した。1509年にイタリアからイングランドに帰還したとき彼が期待していた平和が次第に崩壊していくのを見た。キリスト教界を襲った狂気によって良い世界を創出する希望と可能性のすべてが粉砕されるように感じた。このユリウス2世こそエラスムスを平和主義者となした張本人であった[*5]。

　エラスムスの手になる明らかに政治的な著作としてわたしたちは『キリスト者の君主の教育』(1516年)と『平和の訴え』(1517年)をあげることができる。

1 『キリスト教君主の教育』の政治思想

　エラスムスは『キリスト者の君主の教育』において政治論を詳細に論

---

4) Allen, EP. II, 70.
5) ユリウス2世とエラスムスの関係について二宮敬『エラスムス』「人類の知的遺産」23, 19頁から50頁の年代記を参照。

述している。そのなかで後に皇帝カール5世となるスペイン王カールに宛てて，いわゆる帝王学を展開している*6。そこでまず帝王学の系譜について考えてみたい。

　すでに中世においても君主の力を神と民とから同時に導き出す試みは多様になされていた。トマス・アクィナスやオッカムの与えた定式がもっともよく知られている*7。この皇帝の任務は中世の社会・国家・政治思想の最終の局面を経て近代へと移行するに応じて変化する。この歴史的展開はアウグスティヌスの『神の国』に示されたキリスト教的なキヴィタスの思想を現実の国家形態において実現する試みから始まったといえよう。そして事実カール大帝の治世は神聖ローマ帝国という新しい国家共同体の建設に向かって進んでいったのである。そこにはキリスト教会の宗教的指導者と国家のキリスト教的世俗的統治者との美しい提携によって統治されるという「キリスト教共同体」(Corpus christianum)の理念がつねに追求されてきた。この理念はイエスの「神の国」に淵源しているかぎりにおいて古代的な民族的共同体の「閉じた社会」を超克しようとするものであったが，この理念の現実化は諸国の統一からなるヨーロッパ的共同体に求められたのであった。こうして古代的民族の地盤から離れていっそう「開かれた社会」の実現をめざし，教会と国家との分離を認めたうえでの統一という中世統一文化を形成した。この文化はトマス・アクィナスのような壮大な神学体系を生んだとはいえ，国家の相対的独立が人間の自然本性と共に認められることになり，すでにトマスの体系においても国家や自然本性は（たとえば民主制や社会契約さらに自由意志などのように）固有の存在を主張するにいたった*8。このよう

---

　6) エラスムスは1515年ブルクンドの最高裁判所長官シルヴァギウスの求めと王の参事会員に任命されたことへの感謝を表わすためにこの著作を書いた。これはカスティーリアの王と将来のカール5世が統治する義務と指導を準備させるためであった。1516年にバーゼルのフローベン書店から出版されるに際し，イスパニア王に即位したばかりのカルロス一世，後の皇帝カール5世に，王の名誉顧問官の称号を得て献呈した。
　7) トマス・アクィナス『君主の統治について』柴田平三郎訳，岩波文庫。
　8) しかしこのような壮大な国家学説もブルックハルトの『イタリア・ルネサンスの文化』のなかで「フリードリッヒ2世の臣下として生まれた聖トマス・アクィナスが君主はみずから任命した上院と，人民によって選出された代表の支持を受けると考えられる立憲的な統治の理論を，このような時代に打ち立てたことは，無益であった。そのようなものは，講堂の中で消えうせた」（柴田治三郎訳「世界の名著」68頁）といっているように理論にすぎなかった。

な傾向はダンテの『帝政論』とマルシリウスの『平和の擁護者』(Defensor pacis, 1324, 1522 刊行) によってさらに推し進められ，マルシリウスは教皇ヨハネス22世の野望に公然と反対を表明し，帝国の権利を主張したバイエルン公（後の神聖ローマ皇帝，イタリア王）のルードウィッヒ4世(1314-46)の下で活躍し，帝国の擁護者としてこの書を著わした。マルシリウスは政治的共同体の平和を達成するために国家の固有な権限と管理力とを確立し，教皇権とその階層秩序とが世俗の問題に介入し混乱を来すことを阻止すべきであると主張した。さらに次の世代になるとこの傾向はいっそう発展し，キリスト教共同体の終焉を来しながら近代に移行してゆく。

エラスムスにおいては国民主権の理念は中世的な傾向に対決して表明されてくる。そこに国家における君主の立場の近代的な本質的特徴が示されている。その際，キリスト教人文主義思想が今や国家倫理の領域に転移していって問題提起をなした。

この著作の第1章「キリスト者の君主──その出生と教育」は君主の使命・その素性・その教育を詳細に論じている。彼は世襲君主制を厳しく論難し，選挙君主制の擁護者であると自認する。その冒頭は次の言葉で始まっている。

「戴く君主を投票で選ぶ慣わしとなっている場合に重視すべきものは，父祖の栄光とか当人の外見や体格（愚かにも体格で決める蛮族もいたことが記録には残されている）ではない。重要なのは温厚で穏健な気質であり，沈着で冷静な精神である」[*9]。

しかし，この選挙君主制は歴史において後退してしまった。この欠陥を埋めるためには君主の教育が厳格になされなければならない。「この場合には良い君主を戴くことができるかどうかは，主として良い教育を施せるか否かにかかっている。したがって選出の権利を欠くという不利を細心の教育で償うためにも，なおさら教育に熱心に取り組まなければいけないことになる」[*10]。こういう観点から初めてどうしてエラスムスが楽観的な教育論を細部にわたって綿密に述べているかが理解できる。

---

9) エラスムス『キリスト者の君主の教育』片山英男訳，教文館，265頁。
10) エラスムス前掲訳書，266頁。

(1) 国家の人間学的な基礎づけ

国家の人間学的基礎づけは初期の代表作『エンキリディオン』でも人間学的な区分法によって示されていたが，この著作でも変わらない。それはプラトンが『国家』で提示した思想にしたがっている。したがってエラスムスは「異教徒の哲学者も認識し力説していることを思い起こす必要がある」といって次のように説いている。

「君主の国民に対する支配は，精神の肉体に対する支配と全く同じものである。精神は知性において肉体より優っているが故に肉体を支配するが，その支配は精神のためではなく，肉体のためになされる。……生き物の肉体における心臓に相当するのが，国家においては君主である。心臓が健全であれば，正しくそれが血液と生命の源であるが故に，心臓から肉体の全てに活力が与えられる。……人間において支配するのは他より優れた部分である精神であり，精神の中では最善の部分である理性が命令を下す。そして宇宙を支配しているのは，あらゆるものの中で最も優れたものである神である」[11]。

だが，君主と国家との関係はこのようであっても，君主と国民との関係は等しく人間の存在にもとづいている限り，人間的な意志による承認が双方によってなされなければならない。そこで君主と国民の間には何らかの取り決めがなければならない。そこには契約に類するものが不可欠である。エラスムスにはホッブズの社会契約という思想は未だ認められていないが，それに近い思想が芽生えている。彼は言う「第一に，隷従させられている者は臣下ではない。何故なら君主は皆の合意によって君主となるからである。つまり，自らの意志で進んで臣従する者だけが，本当の意味の臣下なのである。第二に，恐怖によって人を支配したとしても，それでは人の半分以下しか支配していないことになる。肉体は支配できても，精神は離れているからである。逆にキリスト教の愛が国民を君主に結び付けている限りは，必要とあれば何でも思うままになる」[12]。したがって同意による取り決めがない場合には，君主は人間を支配するのではなく，精神に隷属する肉体だけにかかわる圧政的支配となり，君主は僭主となってしまう。

---

11) エラスムス前掲訳書，301-302頁。
12) エラスムス前掲訳書，305-306頁。

そこで正しい支配は「公共の福祉」を目的とする法による支配の確立として君主に求められる。このことは『君主の教育』第6章の「法の制定と改正」で詳論される。「優れた君主の下に優れた法を戴けば、国民も国家も幸福になる。繁栄を享受し、万人が君主に従うようになる。君主は法に従い、法は公正と信義のあるべき姿に即して、公共の福祉の増進を図ることに専念する。……法の制定にあたって特に注意すべきことは、国庫の増収や貴族への便宜といった疑いを些かでも抱かれるものであってはならず、全ては公正の規範と公共の利益に適ったものでなければならないことである」[13]。

(2) 対外的な政策と内政的な課題

君主の対外的な政策はエラスムスでは本質的には戦争と平和の観点から論じられる。この問題は戦争によって動揺が絶え間なかった16世紀前半ではもっとも重要な課題であった。その際、戦争と平和と並んで対外的な領域での国家的課題が論じられている点に注目したい。それはこの著作の第8章に述べられている同盟と国際的な条約である。

エラスムスはキリスト者の君主らの間に共通のキリスト教信仰による確固とした神聖な同盟が成立することを期待している。もちろん賢明にして良い君主たちの間には同盟は必要でない。同盟がなくとも彼らの間には友情が成り立っているからである。それでも良い君主が同盟を締結するとき、「公共の利益」（共通の福祉）のほか何ものもめざさないはずである。もしそうでなく自分一身の利益をもくろむなら、国民に対する謀反の企てをなすことになる[14]。不敬虔で信頼の置けない君主間では同盟から戦争がしばしば勃発する。同盟はかえって戦争を誘発しがちである。ちょっとした条約違反が戦争の火種になるからである。他国家との交渉に際してエラスムスは国家の同盟能力にはっきりとした区別をもう

---

13) エラスムス前掲訳書、342頁「賢明で誠実な優れた君主は、まさしく生きた法律に他ならない。従って、出来るだけ多くの法を制定することではなく、出来るだけ優れた、出来るだけ国民に有益な法を制定することに、努力を注がなければならない。秩序のある国民ならば、優れた君主を戴き、役人が高潔なら、極く僅かの法律だけで事足りる。逆に国民に秩序がなければ、どれだけ法の数を増やしても、一向に充分とはならない。藪医者にいくら投薬を重ねさせたところで、病人の治療とはならないのと同じである」（同上）。

14) エラスムス前掲訳書、357頁。

ける。信仰を異にするばかりか，本性上わがままで，恥を知らず，友情に役立たない君主との同盟を組むべきではないし，そういう国家との同盟を差し控えるように彼はキリスト者の君主に勧める。それに反し近隣の国々とは賢明な君主はどんな場合でも友情をもって望むべきである。近隣国民が同じ言語を語り，精神と道徳において似ている国民間では友好関係は容易に成立する。

　キリスト者の君主たちの同盟政策についてエラスムスがこのように配慮したのは決して偶然ではない。というのは同盟を組むことで短期間に大きな勢力となっても，貧弱な領邦国家の多くが，分派活動に襲われたり，野心的な攻撃計画を立てたりして，浅はかで厚顔無恥な仕方で同盟と敵対との間を揺れ動いていたからである[*15]。

　君主の内政的な課題の中心は「法の制定と改正」(第6章)で詳論され，「君主は法に従い，法は公正と信義のあるべき姿に即して，公共の福祉の増進を図ることに専念する」[*16]と説かれた。もし法がこのようでないと「法はまさしく蜘蛛の巣に他ならない。蚊や蠅は捕まったままだが，大きな鳥なら難なく破ることができる」[*17]と言われる。国家の目的を実現するには法が君主にとって決定的に重要な手段である。そこで彼は法の本質，その属性と限界について繰り返し論じた。貧乏人にも富者にも，召使いにも自由人にも，不正はなされてはならない。法は弱者や貧者をむしろ助けるべきである。正義とは社会的な正義である。法の数は少しにすべきである。良い心でもって使われなければ，良い法も役立たない。諸々の法は国家の目的に一致して教育的な課題をももっている。刑法もそうである。さらに社会的な立法について詳論される。そのなかには納税法も含められる。この著作の広範囲の章にわたってエラスムスは君主が平和時になすべき一般的な課題を論究している。繰り返し説かれた警告は，君主は領地を拡大するのではなく，今ある領地を治め，改善し，

---

15) エラスムスの提案で顕著となっているのは，彼がいつも説いている寛容とキリスト教的な愛ではなく，主として国家的理由から提案がなされている点である。その際，同盟政策が国家の利益に方向づけられており，何がそれに導くかを考えており，個別的にはただ一つのキリスト教国家と妥協しないように，あるいは非キリスト教的国家を基本的には同盟から排除するように説いている。

16) エラスムス前掲訳書，342頁。

17) エラスムス前掲訳書，351頁。エラスムス『格言集』I,4,4参照。

1 『キリスト教君主の教育』の政治思想

強化し，擁護すべきであるということである。

(3) 君主の任務

エラスムスがこの著作でもっとも力説したのは君主の職務であり，それは「公共の福祉」を実現する任務であったと言うことができる。国家全体の歩みを導く君主の仕事は「航海術」に比せられる。「航海の経験，注意深さ，信頼性において優る者が舵を握る。同様に王位も，何よりもまず王としての資質において他を凌ぐ者に託されなければならない。その資質とは，聡明かつ公正にして激することのない精神であり，公共の福祉に対する理解と関心である。……君主が治世にあたり心せねばならないのは，私情を捨てた公共の福祉だけである。国民も君主を選ぶにあたり，やはりそのことだけを考えなければならない」[18]。このような君主の職務に関する思想には職務の本質に関する見解が展開する。彼にとって理想的な国家形態は君主制であった。君主なしにも国家があったギリシアのデモクラシーを指摘することはあっても，デモクラシーの国家学説に言及することはない。しかし君主の職務を「公共の福祉」に限定したところに，その公の職務をそのように捉えており，そこには「代議制民主主義の基礎」が見いだされるのではないかと思われる[19]。

エラスムスは国家機構における君主の任務を君主の役割から説き起こす。彼は人間学的に魂と肉体との役割から説き始め，支配する君主と役人の役割を解明する。

「魂の各部分は皆対等という訳ではなく，支配する部分と服従する部分とに分かれる。これに対して肉体のほうは，専ら服従するだけである。同じことが国についても言える。君主は国の最も上に位する部分として，最も賢明でなければならず，あらゆる劣等な感情と一切関わりを持ってはならない。君主のすぐ下に位するのが役人であり，これは支配的でもあれば従属的でもある部分である。君主に

---

18) エラスムス前掲訳書，265 頁。
19) エラスムスは君主の活動を個人的な活動と理解していたのか，それとも公の活動として見なしていたか。公の活動と見るところに代議制民主主義への一歩が認められる。そこには公務という観点から官僚国家への発展があって，公職の本質についての理解の中に代議制への萌芽を捉えることができる。Eberhard von Koerber Die Staatstheorie des Erasmus von Rotterdam, 1967. S.69.

対しては服従し，一般国民に対しては支配するからである」[20]。

その際，役人の任命と権限の付与が公明正大になされなければならないが，役人が権限を悪用した場合には，古代にあった職権濫用の訴訟のように，法に訴えられ，厳罰に処せられなければならない。もちろん売官行為や君主の好みによる任命さらには収賄が厳禁され，「道徳において極めて高潔で，任せた職務を遂行するのに最適である人物を君主が任命する」ことが求められる。ここに代議制の萌芽が認められる。

こうした国家機構を確立する任務を帯びた君主の立場をエラスムスは対立する二つの徴候によって示す。

(1) 君主は神の似姿であり，神の代理者であって，その権力は神から出ている。それゆえ彼は神に対してのみ責任を果たすべきである。彼の臣下たちはキリスト教君主がその家長であり，生きた法律である家族である[21]。エラスムスによると国家は神の秩序である。彼は神の特性をキリスト教君主に移し，神を手本にすることは君主の目標でなければならないと説いた。これは人格的で神権政治的な君主に対する理解の特徴であり，中世的な要素を保っている。

(2) 彼は君主が職務を身に帯びていると考える。しかも個人的な職務ではなく，公共的な職務つまり公務を身に帯びていることを主張する。公務の観点から見られた，君主は国家に対しもはや神の代理人ではないし，国家の所有者でもない。職務の担い手としての君主は国家の一部分ではない。「国民全体のほうがどれだけ君主の一身よりも大事なものであるか一目瞭然である。……君主がなくとも国家は成立する。……君主を偉大な君主たらしめているものは，国民の恭順である」[22]。「国家体制の頭としての君主はそのもっとも優れた構成員である」[23]。

---

20) エラスムス前掲訳書，356 頁。

21) 神の像としての君主の理解は「創世記」(1.27)の「神の像」に依拠する。「同時にキリスト者でもある君主としては，君主が神の似姿であるとか，神の代理であるとかいう言葉を眼にしたり耳にしたりしても，それに慢心することの無いよう注意しなければならない。それどころか逆に，この君主の理想像に沿うことが出来るかどうか心配しなければならない。見事な人物像ではあるものの，これほど実現することが困難で，さりとて実現できないのは恥となる理想も他にない」(エラスムス前掲訳書，283 頁)。

22) エラスムス前掲訳書，353 頁。なお君主の任務について E. von Koerber, op. cit., S.57-70 の見解を参照した。

23) LB. IV, 579 E．

第一の特徴はキリスト教に由来する思想であり，第二の特徴は人文主義に由来する。エラスムスの思想はこれらの両者を統合したキリスト教人文主義という総合形態を採っている。彼は古代の範例にしたがって国家と同一視された国民の全体が，それを今や代表する君主の人格に置くことによって，国家と君主とを統一的に考える。君主は国家的な職務の担い手として把握されている。彼がここから出発するときは支配・権力・君主の職務上の権限が国民の同意に基づいていることが判明する。

　公務にある人の動機が個人的ではない点が重要である。公務の人はプラトンに関連させて言うなら，もはや自己の利益のためではなく，強制されて引き受ける人に優って職務の力を持つにふさわしい人はだれもいないことになる。そこには半ば強制されて任務に就くプラトンの『国家』にある哲人王の理想がエラスムスに影響している。

　「哲学者とならない限り，君主となることはできない。僭主となるだけである。優れた君主以上に優れたものはない。対して僭主は，これに負けぬくらい害をなし，これ以上に皆から憎まれる怪物は，日の下に他にはありえない，それほど害毒なのである。プラトンがいみじくも表現し，多くの優れた人物が賛成している通り，国家は君主が哲学を行うか，哲学者が玉座に就いて，初めて幸福になるのである」[24]。

　しかしエラスムスは君主の公務の立場を制度的な所属として特徴づけることをもって満足しないで，職務の本質にまで立ち入って，公職にある人——それによって職務が精神的な形成体として初めて実践的な活動を展開する——を把握しようとした。

　公務にある人として君主はより高い存在の領域にあるものと考えられる。この高次の義務はアリストテレスによって高次の絶対的な徳として成立している。それに対し個人的な市民は節制することで十分であるが，公務にある人，つまり役人は，いつも自分が模範であることを意識し，自分の公務活動を公的に遂行することによって自分の公の機能を表明する。さらに個人の利益を排除して共通の福祉を配慮することによって全行動が刻印されていなければならない。その存在はすべての人に公開さ

---

24) エラスムス前掲訳書，275頁。

れていなければならない[*25]．

　君主は臣下にとり信頼の置ける人物としてその職務を知恵と理性をもって共通の福祉を配慮して全力を尽くさねばならない。その際，彼は臣下の信頼を得なければならない。また重要なことは君主の職務の立場が民の信頼と相互に依存する愛によって担われることである[*26]。信頼が相互の絆となり，任務遂行者としての君主は民と結合し，民の同意をえてその支配がなされる。こうした信頼の要求を強調したことが現代のデモクラシーの発展に対しエラスムスが寄与しているところである。とりわけアングロサクソン的な代議制理論は，「信頼」の契機が代議制民主主義の心的基礎であることを明らかにしている。

　エラスムスは君主論を統一的体系として把握するまでには至っていない。その権力が究極的には神に由来する支配者は君主である。君主制の覆いの中で君主はその職務の遂行者として理解され，自分とは利害関係のない法を代表的に遂行する。そこには代議的デモクラシーの思想が始まっていても，それが国民主権の主張や擁護にまでは至っていない。したがってエラスムスの国家思想では君主制が優勢であって，デモクラシーの思想が展開することなく，単に萌芽として認められるにすぎない。

　このようにしてエラスムスの政治思想においてはキリスト教的君主制の思想と古代のデモクラシー思想とが結びついており，ディルタイの言うヒューマニストに典型的な普遍的有神論となっている[*27]。

　この時代にはマキャベリが君主の人格に焦点を合わせて有名な『君主論』(1513年)を出版している。エラスムスのキリスト教人文主義の立場からの政治思想は現実主義者マキャベリの「目的のためには手段を選ばない」政治思想とは鋭い対照をなしている。これと比較するとエラスムスの政治思想は，自分の政治体験から修得した教育論を提起してはいるが，プラトン，アリストテレス，キケロ，セネカ，プルタルコスなどの古典によって裏打ちされた理想主義的人文主義の立場が鮮明に刻印されている。それはマキャベリの道徳を排除した力による技術的合法性とは全く対照的であり，しかも「君主は皆の合意によって君主となり」，

25）エラスムス前掲訳書，363, 287, 282頁。
26）エラスムス前掲訳書，277, 284頁。
27）本書第10章281頁参照。

権力による恐怖政治は「人の半分以下の部分しか支配していない。肉体は支配できても，精神は離れているからである」[*28]と説かれているように，理想主義的で楽観的な政治論としか映らない。たしかにキリスト者の君主の教育は社会的影響からいっても重大な関心が寄せられなければならないし，国事にたずさわる者は快楽を慎み，長時間の配慮をなし，不眠不休の十字架を負わなければならず，とりわけ国の内外の平和を維持しなければならない。また君主が各自に委ねられた国民の安寧を志すものでなければ，その統治が不十分であり，ヨーロッパを全体として支配しようとするような野望がいかに空しいかを彼は繰り返して力説した。しかし，この書物を執筆していたときに念頭にあった君主の善意・知性・思想への信頼は，現実にはほとんど役立たないことが，国家の紛争が激烈な闘争に発展する瞬間から知らされるに至った。それでもなお彼は人間の性質が矯正されうるという信念を捨てず，平和・協調・親切心によって社会の秩序と平和を保っていこうとした。

　このようなエラスムスの政治的活動は宗教改革の歴史にとって極めて重要な意味をもっていた。たとえば1520年11月にドイツの古都アーヘンでカール5世が皇帝の戴冠式を挙げてからケルンを通過したとき，エラスムスは皇帝顧問官として同伴しおり，そのとき彼はフリードリヒ選帝侯と会見し，ルターの処遇について質問を受けたのに対し「ルターの主張に関する22箇条の公理」を説明して，ルターへの非難はすべて無知に由来し，ルターの主張を学問的に論破できるものではないと主張し，ルターが討論を願っているように，公平な判定者によって審議されるべきである，と説いた。選帝侯はエラスムスのこの提言を受け入れ，ルターの保護にまわり，公の場で皇帝から審問を受けることなく，一方的に有罪宣告を言い渡されることがないように進言した。カールはこの提言を受け入れ，有名なヴォルムス国会に臨んだのである[*29]。

---

28)　エラスムス前掲訳書，306頁。
29)　エラスムスは皇帝の政治顧問でもあったから，国会に出席し苛酷な判決を抑えることができたはずである。だが残念なことに彼はネーデルランドに帰ってしまった。ルターのために政治的事件の巻き添えをくうのを嫌ったからである。「キリストのためなら喜んで殉教しよう。だが，ルターのために殉教者となるわけにはゆかない」と彼は語った（金子晴勇『宗教改革の精神』講談社学術文庫，57-58頁参照）。

2 『平和の訴え』の平和論

　しかし，一般的にいってエラスムスのヒューマニスティックな政治姿勢はあまりに非政治的であったのではなかろうか。とはいえスペインとネーデルランドとの平和協定たるカンブレー条約の実現をめざして，名高い『平和の訴え』(1517年) が書かれ，さらに『格言集』に新たに収録された「戦争は体験しない者には快い」という格言や『平和と不和との演説』(1518年) によって平和が力説され，自ら国際政治の直中で調停の仕事に彼は熱心に従事するようになった。さらに『ユリウス天国から閉め出される』(1514年) にも戦争に明け暮れた教皇ユリウスの批判を通して独特な平和論が展開する。

　『平和の訴え』は当時のユトレヒトの司教フィリップに捧げられているが，実は司教が後見役のひとりであった若きネーデルランド領主カールのために書かれたものであった[*30]。なぜならエラスムスをカールの特別顧問官に推挙した官房長官ル＝ソヴァージュは，カールのために『キリスト教君主の教育』を書くことをエラスムスに依頼した後に，続いてこの『平和の訴え』の執筆をも依頼したからである。ル＝ソヴァージュは，ヨーロッパ諸大国の領土争いに巻き込まれて，ネーデルランドが内乱の巷と化すことを恐れ，自国の統一と平和を守ろうと努めながら，当面の政策としては親仏外交を推進していた。このような事情がエラスムスの『平和の訴え』の中にも反映していることは明白である。

(1) 『平和の訴え』の構造

　しかし全体として『平和の訴え』は現実の政治的状況を踏まえた平和論ではなく，それはプラトンの国家論と同じく，いつの時代，またいかなる状況にも通用しうる理想主義的な平和論である。とりわけ前半はその傾向が強い。この著作では『痴愚神礼讃』と似たような趣向で「平和の女神」が登場しており，もっぱらその口を通じて平和が訴えられる。

---

30) 『キリスト者の君主の教育』が献呈されたのがカール5世であったが，彼はマクシミリアン1世の孫，1516年3月にはスペイン王カルロス1世であった。

平和の女神の自己紹介を見てみよう。
「もしもこの私が，ほんとうに，神からも人間からも口を揃えてほめ讃えられている，あの〈平和の神〉（パックス）であるなら，もしまた私が，実際に，天地に充ち充ちている一切の善きものの源泉であり，慈母であり，その保持者であり，後見人であるなら，そしてまた，私なくしては，咲き出る花はどこにもなく，安全な地帯もなく，清らかなものも神聖なものも，さては人間にとって楽しいことも神の思召しに叶うことも，何一つとしてありえないとしたら……，もしまた――言い方を逆に換えて――戦争がこの世の到る所に現われるありとあらゆる恵の生みの父ともいうべきものであり，その禍がすべて花咲いているものをたちまちに萎ませ，成長し実り熟したものすべてをなぎ倒し，困苦して築かれているものを揺り動かし，立派に保存されているものを破滅させ，すべての快く甘いものを辛くしてしまうのだとしたら，要するに，戦争の災禍が，信仰心をも宗教心をも一切消滅させてしまうほど呪わしいものであり，人間にとって戦争ほど大きい不幸はなく，神々にとって戦争以上に憎むべきものはないとするなら……それならば，私はこの不滅の神の名にかけてお聞きします。いともおびただしい出費をものともせず，熱意と努力を注ぎ，深謀遠慮をめぐらし，そのうえ，一か八かの危険を賭して血眼になってこの私を追い払おうとするご連中，また，こんなに大きな戦争の禍をこれほど高い代価を払ってわざわざ買い求めようとしているご連中が，それでも人間だなどと誰が信じられましょうか？　また，こうした連中にたとえ一かけらの理性でも具わっているなどと，いったい誰が信じられるでしょうか？」[31]。

ところが人間はいかなる動物や猛獣よりも戦争が好きであると女神は嘆く。
「凶猛な獅子といえども断じて仲間同士で相闘うことはありませんし，猪は他の猪にその研ぎ立てた恐ろしい牙をむくようなことは断じてしないものです。山猫同士は平和に棲んでおり，竜が竜に対して猛り狂うことはないのです。狼の仲間の親しさはまことに有名な

---

31) エラスムス『平和の訴え』二宮敬訳，岩波文庫，第2節。

話になっています。さらにびっくりするような例をもう一つつけ加えておきましょう。それは，神と人間との和合を最初に破り，そして今日もこの破壊の仕事を続けているあの悪魔たちですが，この悪魔さえ相互に協定を結んでいまして，どんなことがあってもこれだけは守って，彼らの専横ぶりを維持しているのです。ただ人間だけ，一致団結ということに最も心を向けるべきはずの，そして団結をこの上もなく必要としている人間だけが，自然の声に耳を塞いでいるのです。そのために，他の場合には大きな力とあらたかな効験を現わす自然も，人間とは和解するすべもないのです。人間のとり交わすさまざまな約定も彼らを団結させることはなく，和解から生まれるはずのおびただしい利益も彼らを固く結びつけることができません。ひどい不幸の認識や経験も，人間を相愛の状態に引き戻すことはできないのです」*32。

こうしたことが契機になって平和論は人間学的な反省を彼に促すことになった。

(2) 人間学的な反省にもとづく平和論

エラスムスは人間学的な反省によって，人間が他の動物よりも身体的に欠陥があるため相互に一致して生きねばならないのに，実際はその反対であると言う。

「ですから人間には，たとえどんなに取るに足りないものでも，他人の親切や助力を嬉しく思わないでいられるほど，肉体的にも精神的にも充分な能力を具えている者は一人もいないのです。自然はすべての人間に，同じ才能を恵んだり，またその才能を均等に賦与したりはしませんでしたが，そのためこの不平等は相互的な奉仕によって均らされねばなりません。また，地方地方によって，それぞれ違った物産が出るので,そのために相互の需要が商業をもたらし，それが人間たちに交際をもたらしたのです。自然は他の生物に対しては，自衛のための防御手段と武器を与えたのでしたが，その同じ自然が，人間だけは武器もなく，おまけに，かよわいものに創った

---

32) エラスムス前掲訳書，第5節。

のです。そのために人間は、ただ相互の盟約と親密な関係による以外に、まったく安全を保つことはできないようになっています」[33]。
したがって、人間は他の動物よりも欠陥をもっている。これはヘルダーやゲーレンが後代になってから「欠陥動物」として特徴づけるものであるが[34]、この欠陥のためにエラスムスは人間が相互に扶助するように導かれるがゆえに、「人間」という名称に対しては特別な感情をもっていると言う。「人間が一緒に仲よく暮らすためには、人間という共通の呼び名だけで、その上何がなくとも充分でありましょうに」[35]。自然の教えは理解力をもたない動物たちに強い力を及ぼしているが、人間にはまるで効目がないとしても、自然の教えよりはるかに優れたキリストの教えは、平和と相互の献身をその信者に説いているのに、どうしてこれが実現しないのか。そこで彼は「互いに戦争しあうというような神を怖れぬ猛りたった狂気だけでも、どうして人間の心から取り除けないのでしょうか？」（同）と真剣に問うている。本性上の弱さのゆえに一致協力すべきであるのに現実はどうなっているのかを彼は真剣に反問する[36]。

(3) キリスト教徒に対する批判

この点ではキリスト教徒も普通の人間と同様のていたらくである、とエラスムスは言う。

旧約聖書も新約聖書も聖典全体は平和と一致協力を説いている。それにもかかわらずキリスト教徒たちは、ただもう戦争のことだけを考えている。この野蛮な畜生沙汰はなにゆえに起こるのか。和合の実をあげてキリストの教えに従うのでないなら、キリスト教徒という肩書によって

---

33) エラスムス前掲訳書、第7節。
34) ヘルダーとゲーレンの人間学について詳しくは金子晴勇『ヨーロッパ人間学の歴史』知泉書館、348-356頁と『現代ヨーロッパの人間学』知泉書館、79-84頁参照。
35) エラスムス前掲訳書、第9節。
36) 「私は人間という言葉を耳にすると、まるで生まれる時から特に自分と親密だった仲間の所へ行くみたいにすぐそちらの方に駆けつけるのですよ。あそこに行けは幸いに安らぎの場が得られるものと信じているからです。……それなのにまあ！ 言うも恥ずかしく厭なことですが、皆さんお集まりの官庁、裁判所、元老院、神殿と、どこを覗いても、異教徒の間でさえ決して見られぬほど喧嘩口論の声がかまびすしいのです」（エラスムス前掲訳書、第10節）。

自画自讃することを止めるべきである。和合を目ざさないなら主はこれを平和のしるしとしてお認めにはならないでしょうと言う[*37]。このように「キリストの教えが何よりも力をこめて説いていること，つまり平和と相互の献身を」どうして信者たちは体得できないのだろうかと，平和の女神は嘆く。キリスト教徒は秘跡に与っても，その効力はなく，洗礼によってキリストの身体なる教会に入れられても効果はない[*38]。それゆえにキリスト教徒が互いに殺戮を繰り返しているのはなぜかと彼は問う。

　「キリスト教徒同士を戦争させ，キリストが死をもって罪を贖われた人びとを破滅させ，また，キリストがご自分の血を流してまで救おうとなさった者に血を流させようと身構えているご連中が，どうして友愛の象徴であるあの聖体拝領台や，平和の宴席に加わる気持ちになれるのでしょうか？　なんと，その心の鉄よりも冷酷なこと！……万人がみな，同じ至高の父，同じ神を戴き，同じ血によって罪を贖われ，同じ祭式によって信仰の道に入り，みな同じ秘跡によって養われ，それによって授かるお恵みは同じ源に発し，万人に共通，平等なのです」[*39]。

　実際，キリスト教君主ともあろうものが「猫の額ほどのちっぽけな土地を自分の領地に組み入れたいがために，あらんかぎりの動乱をまきおこし」，少しも恥じない。さらには学派同士の狂態をくり返す学者たちの争い，さては司教，司祭，修道士たちの争い，さらに転じて夫婦間の争い，一個人の心のなかの争いと，たて続けに批判が展開する。

(4)　現実の政治に対する批判

　後半になるとエラスムスは絶えまなく聖書を引用してきた叙述の仕方から離れて，論じるテーマが当時の事例を踏まえたものとなる。彼は言

---

37)　エラスムス前掲訳書，第27節。
38)　「われわれはキリストにおいて蘇りこの俗世から切り離されてキリストの四肢に合入されます。そこでは一つの肉体の各部分以上に同じ一体をなしているものが他に何があるのか？　誰であろうと，洗礼を受けた後は，奴隷でもなく，自由民でもなく，異邦人でも，ギリシア人でもなく，男でも，女でもありません。あらゆる人がすべてを和合させるキリストに帰して一つとなるのです」(エラスムス前掲訳書，第30節)。
39)　エラスムス前掲訳書，第31節。

う,「ここでは，古い時代の戦争の悲劇のことにはふれないで，最近十年にわたって人間たちが何をしたかを振り返って見ましょう」と。どこにおいても人間同士は残虐極まりない方法で戦い合っており，平和を愛すべきキリスト教徒の血に染まらなかった国はない。ユダヤ人はその昔，不信仰な人間に対する戦争を行なったが，キリスト教徒たちは，ただ悪をこらすために戦ったはずなのに，今では人間がお互い同士が戦争に没頭している。彼らはその野望に熱中しており，怒りという最悪の相談役に駆り立てられ，飽くことを知らない貪欲に引き廻されている*40。このように，すべては君主たちの利益のために企てられ，民衆の犠牲において遂行されたものばかりであり，しかもこのような戦争に教皇，司教，司祭までが積極的に加わっていると彼は批判する。こうした批判の背景には教皇ユリウスが没頭していた政治行動が潜んでおり，それに対する隠された批判が表明されている*41。

　さらに君主は君主で民衆の和合よりも不和を利用して戦争を起こそうとするまでに転落し，独裁政治家の手口が極悪非道として批判される。「およそ悪辣極まりないことは，民衆の和合は自分たちの権勢を揺るがし，民衆の不和はその権勢を安定させる，と感じている君主たちがいることです。彼らは，虎視たんたんと戦争をたくらんでいる連中を，極悪非道な手口でそそのかして，平和に結び合っているものの仲を裂き，そして，不幸な民衆から，勝手気ままに掠めとろうとしているのです。こういう君主こそ，民衆の災厄を食いものにし，平時には国家にたいする義務をろくに果たさない極悪非道の為政者といえましょう」*42。その最大の事例は君主たちのフランスに対する政策に顕著に示されている*43。キリストの王国の中で最も美しく，最も栄えている部分であるこのフラ

　　40）　エラスムス前掲訳書，第33節。
　　41）　「今では,司祭たちが従軍し,司教たちが野戦の指揮官になっています」(エラスムス前掲訳書，42節)。
　　42）　エラスムス前掲訳書，第34節。
　　43）　「今の世の中では，万事につけ少しばかり隆盛に過ぎる国が隣りにあるという，ただそれだけのことが，戦端を開く正当な動機とされているようです。実際もしわれわれが真実をありのままに述べるとすれば，よろずの国々の中でフランス王国が最も栄えた国であるという事実のほかに，今までにかくも多くの人間を動かしてこの王国に対して武器をとらせ，また現に武力攻撃を嘆かせている原因が何かあるでしょうか？」(エラスムス前掲訳書，第36節)。

ンスという国を打倒しなければ，キリスト教諸国のためにならないとは，何という愚かな考えであろう。

　では，どうすれば戦争が抑止され，平和が確立されるか。その「具体策」は何か。だが残念なことにエラスムスの方途は精神論や理想論に陥ってしまう。彼は言う，「堅固な平和が確立されるのは，王侯家の縁組関係によるのでもなく，条約によるのでもありません。むしろこういうものからしばしば戦争がひき起こされることは，われわれが見ているとおりです。まさにこの災厄がふき出る源泉そのものが浄められなければならないのです。つまりよこしまな貪欲，これが騒乱をひき起こす張本人です」。こう語ってから彼は選挙制君主国家の理想を説きはじめる*44。

　こうして平和の女神は，戦争をしたがる各国に向かってくり返し訴える。

　「イングランド人はフランス人を敵視していますが，その理由はといえば，それはただフランス人であるということのほか何もないのです．イングランド人はスコットランド人に対し，ただスコットランド人であるというだけのことで敵意をいだいているのです。同じように，ドイツ人はフランス人と反が合わず，スペイン人はこれまたドイツ人ともフランス人とも意見が合いません。ほんとにまあ，なんというひねくれ根性。……なぜ人間が人間に対して好意を持てないのでしょうか。なぜキリスト教徒がキリスト教徒に対して好意が持てないのでしょうか。……もし祖国という呼び名が和解を生み出すというのでしたら，この世界はすべての人間に共通の祖国ではありませんか。もし血のつながりが友好関係をつくるというのなら，われわれは皆同じ祖先から派生したものではありませんか．また，もし同じ一軒の家というものがそこに住む人びとの緊密な関係の絆となるというのでしたら，教会だってすべての者に共通で，われわれを一つの家族とするものではありませんか。このような事実

　44）「王位継承問題については，血縁関係のもっとも近い者，あるいは人民投票によりもっとも有能と認められた者が，君主の役目を継ぐべきでしょう。その他の王子たちは貴族に列せられることで満足すべきです。私利を考えず，ひたすら公共の利益を標準にしていっさいを計るということこそ国王たるべき者の心構えです。……それゆえ戦争は全国民の承認がないかぎり断じて企ててはなりません」（エラスムス前掲訳書，第54節）。

にはっきりと目を開くことこそ，われわれにとってふさわしいことなのです」*45。

そして最後に，「平和を愛する心やさしいレオ教皇」「並みいる君主の中でもひときわキリスト教的なフランス王フランソワ1世」「また令名高いスペイン王カルロス1世」，いずれも平和を求めており，またドイツのマクシミリアン皇帝，イングランドのヘンリ王も平和を拒んではいないと誉めあげることによって，エラスムスはヨーロッパの平安を祈念する。

『平和の訴え』はエラスムスの平和論としてとくに有名である。その中でも注目すべき論点を最後にあげてみよう。それは個人の尊厳に立って民族意識を超克する基本姿勢である。エラスムスは君主たちが臣下の民族感情を利用して戦争を企てていることに気付いてた。パウロはキリスト者の間に分離の生ずることを望まなかったが，問題は民族感情である。「私たちの考えによると，〈祖国〉という単純な言葉が，ある民族が他の民族を滅ぼそうとすることの正しい根拠であるというのでしょうか」。これはヒューマニストが民族感情を克服するに当たってきわめて重要な論点であって，エラスムスは人間であることとキリスト者であることに強く訴える。そこには個人が民族から離れて万民共通の「人間」という立場において「血のつながりが友好関係をつくる」*46 民族意識を克服しようと彼は努めた。それはヒューマニストとして個人に立つ視点である。

しかもエラスムスによると，その個人はキリスト者としての個人でなければならない。彼は戦争が最高に嫌悪されているキリスト者の間ほど残酷にそれが戦われているところはどこにもないというきびしい事実を認める*47。

「そして最高に不条理なことは，双方の陣営で，双方の戦列の両方に十字架が輝いており，それぞれの陣営で礼拝が行なわれているということです。これ以上気違いじみたことがあるでしょうか！　十

---
45) エラスムス前掲訳書，第 59-60 節。
46) エラスムス前掲訳書，80 頁。
47) エラスムス前掲訳書，第 69 節。

字架が十字架と戦い，キリストがキリストと戦争するとは！」*48。
ここには当時のキリスト教に対する痛烈な批判があることをわたしたちは認識すべきである。そこでエラスムスはキリスト教的な人文主義者として「人間」と「キリスト者」のという二点にもとづいて平和を訴えざるを得なかった。

　「私は〈人間〉という言葉を耳にすると，特に親しみを感じる仲間のところへ行くように，急いでそちらの方に駆け付けます。そこに行けば安らぎの場が得られるものと信じているからです。〈キリスト者〉という言葉を聞くと，もっと急いでそちらの方へと馳せ参じます。あの人たちの所では私〔平和の神〕の統治も行き渡ることだろうと期待して」*49。

キリスト者の間では異教徒たちのところよりもっと戦いが現実には支配的であるのを彼は知っておりながらも，キリスト教的人文主義者エラスムスはこのように説く以外に方途がなかったといえよう。

3　『戦争は体験しない者に快い』の平和論

　次にわたしたちは1515年の『格言集』に新しく加えられた有名な「戦争は体験しない者にこそ快い」（Dulce bellum inexpertis）という格言に注意を向け，平和論の展開を考察してみたい。これは短い格言について相当詳しく論じた大論文で，しばしば別冊の形でも出版され，ヨーロッパの各国語にも翻訳された。この格言の影響は多くの書物の中で引用されたのを見ても明らかである。たとえばウェゲティウスは『戦争論』の第3書，第14章で，「いくら戦意に燃えているからといって，新兵にはあまり信頼を寄せてはならない，戦いは，体験しない者にとってのみ快いにすぎないのだから」とある。さらにピンダロスから，「戦争は，体験しない者には快かろうが，誰でも実際に体験したことのある者なら，戦雲がたちこめると怖気をふるう」という文章を引用することもできる。
　エラスムスによると人間の数ある営みには，自分で実地に経験してみ

---
48)　ASD IV, 2, 84, 536-538. エラスムス前掲訳書，第42節。
49)　ASD IV, 2, 65, 119-121. エラスムス前掲訳書，第10節。

ないと，どれほどの不幸や災厄をもたらすか知れないのをよく理解できないものがある。たとえばホラティウスは「要路の大人との友達づきあいは，まだ試みたことのない人には羨ましくも思われようが，一度閲してみたまえ，身の毛がよだって尻込みするに違いない」*50 と言っている。その他でも，「若い娘に恋慕するのは，甘くかぐわしいことかも知れない。しかしそれは，恋がどれほど苦いか，まだ嘗めたことがない者にとっての話だ。危難や不幸をもたらすに決まっているほかの多くの営みについて，なべて同じ筆法で論じることができるのであり，諸事にわたって経験の乏しい若者たち以外には，誰ひとりとしてこうした事柄に手を染めようとはしない」*51。実際，あまたある営みのうち何か一つ，ぜひ心ゆくまで遅疑し逡巡してから企ててほしいものを掲げるとするなら，それは無論のこと戦争である。「この戦争以上に残忍で，人に惨禍をもたらし，世にいぎたなくもはびこり，剣呑至極，極悪非道の営みは，つまりキリスト教徒はもとより，誰であれ人間には似つかわしくない行いは，ほかに何ひとつとして存在しない」*52。ところが今日では，至るところでいとも気安く，勝手に口実に設けて，残酷で野蛮な戦争がなされている。しかも異教徒だけでなく，「キリスト教徒までもが，俗人のみならず司祭や司教までもが，戦争を知らぬ若者のみならず幾多の難儀を経た老人までもが，また，その生れからして付和雷同の性を余儀なくされる卑賎な民衆のみならず，その民衆の愚かで思慮のたらぬ軽挙妄動を知恵と理性をもって鎮静するのが努めであるべき王公までもが，好んでこの戦争をおこなっている」*53 とエラスムスは観察する。

　そこで彼は人間学的な発想にもとづいてこの傾向に反撃を加えはじめる。そこには『平和の訴え』と同じ平和思想が展開する。彼はまず人間の身体的な特質について考察し，自然あるいは神が，わたしたちをこうした姿にお造りになったのは，刃ではなく友情をかわすため，殺し合いではなく助け合いのため，不正ではなく善行を施すためであると説く。

---

50) ホラティウス，書簡詩 I. 18. 86-87。
51) エラスムス『戦争は体験しない者にこそ快し』月村辰雄訳，人類の知的遺産23『エラスムス』講談社，291頁。
52) エラスムス前掲訳書，292頁。
53) エラスムス前掲訳書，292頁。

つまり神は動物にはそれぞれ武器を与えた。牡牛には角を，ライオンには爪を，猪には牙を，象は分厚い皮膚と図抜けた体躯と長い鼻とを，それぞれ与えた。なかには鳩のように身のこなしを素早くさせて安全に配慮したり，反撃するための猛毒の手配までした動物もいる。

　「ところが，ただひとり人間だけは，弱く，やさしく，武器を持たず，肉はやわらかく皮膚はなめらかに，何ひとつ覆うものもない裸の姿のままにお造りになった。ほかの動物の場合とはうってかわって，──と私は敢えて強調しておきたいのだが，実際，人間の四肢のうちにはどこにも，たとえ仮そめにせよ，争いごとや暴力沙汰の用を便じるように見える部分は存在しないではないか。……それゆえ，人間とはこの地上でただ一種，たがいに助け合えばますますたがいに離れがたくなる，というあの友愛の実現のために生を享ける動物ではないかと思われる」[*54]。

　しかも「自然」は，人々が何ひとつ暴力には訴えなくてもすむように，人間に対してだけ，言葉と理性という手段をお恵みくださり，孤独を嫌い仲間を好むという性向を備えくれた。実際，友人よりも心地よいものはないし，友人ほど不可欠の存在もない。だから人間の心持ちを棄て去って，身を野獣の境涯に貶めないかぎり，仲間がいなければわたしたちは何ひとつ喜びを感じない。

　ところが現実はどうであろうか。人間の実際の姿は獣以下である。ライオン，豹，狼，虎などでさえ，戦っても自分たち同士では牙をむかない。「犬は犬の肉を喰わないものだ。ライオンもライオンを相手には飛びかからぬものだ。蛇もまた仲間の蛇とは平和に暮してゆくものだ。猛毒の獣同士といえども仲よくやっている。しかるに人間に相対しては，いかに獰猛な獣でも色を失う。人間にとって，人間以上に剣呑な代物はありえないのである」[*55]。戦いのありさまを見ても，動物は戦っても，自分の体を生得の武器として戦うだけなのに，人間は人間に危害を加えるさいには，自然の理法に反して，悪魔の知恵に発する術策を弄する。

　その終わりのところでエラスムスはトルコ人に対する戦争にも言及す

---

54) エラスムス前掲訳書，294頁。
55) エラスムス前掲訳書，299頁。

る*56。トルコ人が1520年代の後半に西方に進出して来るまで，トルコ人に対する戦争は，想像力を使ってお喋りする，当時好まれた気晴らしの素材であった。エラスムスはそれに疑惑の目を向けた。彼の考えによると，問題はキリスト教徒の帝国主義であり，かの地の住民の大部分がキリスト教徒であるか，あるいは半ばキリスト教徒であるということが考慮されていないという。だからドミニコ会士やフランシスコ会士に彼らを改宗させるべきであると主張し，エラスムスは戦争を思い止まるよう厳しく勧告する。戦争というようなやり方で身を守らなければならないのなら，キリスト教の立場はなくなってしまう。この連関でエラスムスは，キリスト教徒と非キリスト教徒の境界が曖昧になってしまうような，注目すべき所見を述べている。「私たちがトルコ人と呼んでいる人々の大部分は，半ばキリスト教徒と称してもよく，あるいはむしろ，わたしたちの大部分以上に，真の意味でのキリスト教のそば近くに位置するかも知れない」*57と。境界は両側から越えられている。ここで重要な役割を担っているのは全世界における人類の一致という思想である。ルネサンス期には，このような考え方にわたしたちは繰り返し出会う。そこには世界は互いに関係のない個々人から構成されているのではないという確信があった*58。

4 『ユリウス天国から閉め出される』

　1514年に一つの対話『ユリウス天国から閉め出される』（Julius exclusus e coelis）が手書きの形で流布された。それは教皇ユリウスが武具を纏い，兵士を何人か連れて天国の門に至ったが，そこで聖ペトロに

---

56) エラスムス前掲訳書，337頁以下。
57) エラスムス前掲訳書，340頁。
58) 古代に対するエラスムスの関心と調和するかたちで，彼を魅了したのは時代を越えた人類の一致である。この考え方も境界を越えることを意味している。古代の偉大な人々が，どうしてそのように素晴らしいことを言うことができたのかとエラスムスは問う。彼は『パラクレシス』で，文字どおり次のように書いている。「異教徒の書物のなかに，わたしたちはキリストの教えと一致する非常に多くのものを見付けることができます」（Erasmus, Ausgewählte Schriften, Bd. III, S.12.）と。

入門を拒まれるという物語である。エラスムスは確かにいつも自分がその著者であることを、明確にではなくそれとなく否定しているが、きわめて辛辣に書かれている対話が彼の手になる作品であると一般には考えられていた。この対話に登場する人物は教皇ユリウス、聖ペトロ、守護霊の三者であり、その対話内容は、それが書かれる少し前に死んだユリウス2世が自信に溢れて天国に入ることの許可を求めるが、ペトロに追い返されてしまうというものである。このテーマのなかでエラスムスは、当時の教会と教皇を初代教会とその指導者に対比させた。これはわたしたちがすでに見たように、彼がよく使う技巧である。しかし今回はその技巧に新しい面が付け加わる。口調が極めて辛辣になり、会話全体が、エラスムスによって創作された「言葉の混乱」のひな型になっている。ペトロとユリウスは全く相違した言葉で話す。ペトロが「教会」という言葉を口にするとき、彼が考えているのはキリストの霊によって結びつけられたキリスト者の集まりのことである。ユリウスはペトロの発言を訂正して、この「教会」という言葉で表現されているのは教会堂、司祭、教皇庁のことであり、まず第一に教会の「虎」である自分自身のことであると言う。教会は今やかつてなかったほどに栄えているとユリウスが言うと、ペトロは、それは燃えるような信仰のゆえにか、聖なる教えのゆえにか、世を蔑視することによってかと尋ねる。ユリウスにとってはそのような言葉は意味がない。彼が考えているのは宮殿、馬、召使のことである。この対話の様子を覗いてみよう。

「ユリウス　何んと言うことか。門が開いていなのか。錠前が変わったのか、それとも壊されたのか。
守護霊　あるいは猊下が間違った鍵をお持ちなのかもしれません、これは権力の鍵であって、知識の鍵ではありません。
ユリウス　わしはいつでもそれ以外持ったことはない。……戸をたたいてみよう。おーい、すぐに戸をあけよ。門番、眠っているのか、酔ってでもいるのか。
ペトロ　……おやまた、これは何という悪臭。この格子の窓からどんな怪物かそっとのぞいてみよう。いったい何事じゃ。お前はいっ

たい何者だ。どうして欲しいのか。
ユリウス　　この鍵を，この三重の冠を，宝石でまばゆく輝くこの長衣が目に映らぬのか。
ペトロ　　真の教会の牧者であるキリストが以前わたしに下さった鍵とは似ても似つかぬ。蕃族の暴君とてもあえて戴こうとはせなんだ高慢な冠のごとき，どうしてこのわたしが知るものか。宝石や金の類は足下に踏みつけ軽蔑してくれるわ。……
ユリウス　　この愚か者め。余はリグリアのユリウスであるぞ。この字が読めるなら，この二つの文字 P. M. がわかるはずだが。
ペトロ　　Pestis Maxima〔最悪の疫病〕という意味と思う。
ユリウス　　そうではない，Pontifex Maximus〔最高の司祭〕だ！
ペトロ　　わたしは聖らかな生活をしてさえいれば，お前がヘルマス・トリスメギストゥスよりも三倍も偉大であろうと少しもかまわない。お前が最善で聖らかでさえあるならばな。
ユリウス　　「聖らか」と呼ばれても何にもならぬ。そちは何世紀もの間，ただ聖人と呼ばれただけだが，余は sanctissimus「至聖なる者」と呼ばれており，六千の教皇教書があるのだぞ。……
ペトロ　　お前は sanctissimus と呼ばれるが，はたして sanctus「聖者」でさえあろうか。どうもそうは見えぬがの。鎧の上に法衣をまとい，その目は荒々しく，口は傲岸，額は鉄面皮，眉は傲慢を表わし，からだは放蕩に持ちくずれ，吐く息は酒臭く，人間の屠殺場ではないか。
守護霊　　何と迫真的に描かれている！
ペトロ　　お前はわたしをあざ笑うために地獄から戻った背教者ユリアヌスであろうに。……
ユリウス　　これはしたり。もしすぐに従わぬなら，破門の稲妻をもって打ちすえるぞ。……教書はもう準備されて手許にあるわい。
ペトロ　　教書だと。そのようなものがあるとはキリスト様からもついぞ聞いたことがない。いったいどのような権限でわたしを破門しようというのか。……
ユリウス　　お前さんは普通の司祭にすぎぬぞ。……
ペトロ　　お前の功績を提示しなくてはどうにもならぬ。お前は正

しい教理を教えたか。
ユリウス　　どんな功績なのか
ペトロ　　それを言ってやろう。お前は神聖な教理に精通していたのか。
ユリウス　　少しも。戦争で忙しすぎたわい。そういうことなら托鉢修道士たちが面倒を見ることになっている。
ペトロ　　お前はキリストのために聖なる生活によって多くの魂を獲ち取ったことがあるか。
守護霊　　この人は多くの魂を地獄に送りました。[*59]

　終わりにユリウスは入門を拒まれると、好戦的な自らの姿を現わし、天国を攻撃するといってペトロを脅す。この対話の草稿は無記名で流布された。最初に日付けが入れられた版は1518年であった。たちまちエラスムスがその作者であると疑義がもちあがった。だが、これは当たっていたのであろうか。エラスムスは「わたしはそれを書かなかった」とは一度も言わないで、むしろ「どうしてわたしがそんなことをすると考えるのか」と反問した。エラスムスには責任を回避する理由があった。この対話で風刺した状況は決して教皇ユリウスを写実的に描写したものではなく、ルネサンス時代の教皇たちの特質をまとめて述べたにすぎない。新教皇のレオ10世はその前任者を尊敬していたわけではなく、自ら冗談を大いに好み、『痴愚神礼讃』を読んで笑い転げたそうである。しかも彼がペトロと対話を交わしたら、果たして無傷であったか疑わしいであろう。
　政治思想からこの作品を評価してみると、この作品にはユリウスの強硬路線とエラスムスの対話路線が伏在しているように思われる。総じてこの時代が求めていた改革には二つの路線があって、一つは強行突破であり、もう一つは話し合い路線である。前者は後者を取り入れない。そこで、だれかが対話に当たらなければならないことになる。エラスムスはこの二つの手法を結び合わせようとしているといえよう。だから彼は

---

59) Erasmus, Ausgewählte Schriften, Bd.V, S.6-16.

4 『ユリウス天国から閉め出される』　　　　271

教皇を風刺した作品の公刊の意図を否認しても，必ずしも執筆そのものは否定していないように感ぜられる。もちろん彼がその執筆者であったことは有力な証拠がいくつかある。彼自身の筆跡になる原稿が残されていることもその一つである。なるほど彼は単にこれを筆写しただけかもしれない。彼自身この時期には自分の著作を転記させるために，秘書を雇っていたからである。内容については，彼の政治思想よりも何か鋭いものは感じられない。事情を知っていたトーマス・モアは，そもそもエラスムスがそのようなことをするはずがないとまず指摘し，さらに「仮にそれが事実であったとしても，咎は作者よりは出版者に向けられるべきである」と付け加えることによって，その友の無罪を証明しようとした。もしもモアがこの作品を書いたのがエラスムスでないことを確実に知っていたならば，「仮に」などと言うであろうか[*60]。

60）　ベイントン『エラスムス』出村彰訳，日本キリスト教団出版局，139頁参照。

第 10 章
エラスムス人間学の問題点と後世への影響

　人文主義と宗教改革という二つの精神上の運動は，ヴォルムスの国会を境にして協力から分裂へと転換することになった。これまで述べてきたように，エラスムスとルターは教会改革において歩みをともにしていたが，宗教におけるもっとも核心に迫る問題で分裂する運命にあった。両者は教会改革では一致することが多かったが，信仰の見方がもっとも深く対立し，神学と哲学の中心にして永遠なる難問である自由意志の問題で袂を分かつ運命にあった。彼らはともに神に対する信仰を説く宗教的人間であって，人間の意志の力の限界を知り，この限界を自覚するがゆえに，ともに神の恩恵を力説した。ところでエラスムスが自由意志を人間の自然本性にそなわる能力とみて，その本来の力を理想主義的にとらえようとしたのに対し，ルターは人間本性が罪によって汚染され，悪化して，壊敗している現実から解放されなければならないと主張することで対立が生じたのであった。

　ここには人文主義に固有なヒューマニズムにまつわる問題が剔抉されたことによって，古代から現代にいたるヒューマニズムの歴史は，真に意義深い決定的瞬間に到達したといえよう。こうした 16 世紀ルネサンスヒューマニズムに内在する問題点はベルジャーエフが『歴史の意味』で明瞭に指摘した「ヒューマニズムの自己破壊的弁証法」にほかならず，人間本性の即自的な自己肯定は，それがいっそう高次の目標に結びつけられないと，自己破壊を起こすということである[*1]。ヒューマニズムは

1）　ベルジャーエフ『歴史の意味』氷上英広訳，白水社，171 頁。

人間性をどこまでも擁護し、その偉大さを追求するが、やがて歴史の歩みとともに変質し、神や他者を排除してまでも、自己の自律性を主張するようになる。そのときにはワインシュトックが力説するように、ある運命的重力とでもいうべき力が働いて、その偉大さは一転して悲劇となるといえよう[*2]。したがって自己に内在するこの悲劇的宿命を忘れて、人間が手放しに讃美されるとき、一つの新しい悲劇をみずからの手で招来することになる。

1　エラスムスの人間学の問題点

そこでエラスムスの人間学がもっている問題点をここに全体として考察してみたい。この考察は同時にその後のヒューマニズムの歴史的展開もしくは変貌とも関係しており、さらにはそこからエラスムスの歴史的な影響を把握することになる。

(1)　人間の本性と原罪の理解

エラスムスのヒューマニズムに内在している最大の問題点は人間の本性に対する理解であり、なかでも「原罪」についての理解である。エラスムスはルターによる原罪の理解が誇張であって、それが「人間本性のもっとも卓越した能力」までも破壊し、人間は神を知らず、悪をなさざるをえないとまで説いた点を批判した。ここでいう人間の能力というのは神を知る働きである「理性」と善悪を実現する能力たる「自由意志」である。中世以来「理性」や「意志」の下で人間における「神の像」のことが考えられていたので、エラスムスが神の像としての人間をどのように理解していたかを解明してみたい。そうすると、わたしたちはこの観点から彼の人間観を次のように短く要約することができる。

（1）　神は人間を「神の像」(imago Dei) もしくは「神の似姿」(similitudo Dei) に造ったので、最初の人アダムは無垢のとき、理性も健全で意志も自由であり、自然本性の毀損は何もなかった。しかし善にそむいて悪

---

2)　ワインシュトック『ヒューマニズムの悲劇』樫山・小西訳、創文社、235頁。

へと迷いでることができるほど自由であった。

　（2）　ところが罪が入ってきてから，理性の光は暗くなり，意志は悪化し，自由を失って自力で善に向かいえず，ひとたび同意した罪に仕えねばならないほどに弱体化した。このように意志が悪化したため，弱さ・悪徳・冒瀆が多くみられるが，人間は洗礼の恩恵によって「再生した者」，「新しく創られた者」となりうる[*3]。

　（3）　アダムの原罪により自由意志の力は弱くかつ小さくなっていても，これを除去するのは明らかに行きすぎであり，人間が絶望したり，また反対に安心したりすることがないように，人間の責任を示す自由意志が認められなければならない。酔っぱらいを憎むあまり，ぶどうの木を切り倒してはいけない。酒に水を少量加えれば酩酊は避けられる。つまり恩恵の水が注がれると，ふらついた自由意志でもその役割を果たすことができる。この恩恵の導きによって自由意志は永遠の救いに向かうことができるし，またそれを拒否することもできる。とはいえ自由意志そのものは神の賜物であるから，それによって傲慢になってはならない。人間は神の恩恵と自己の意志との協働によって善いわざを実現することができる。その際，彼は自由意志の能力が原罪によって「きわめて小さいもの」となっており，神の恩恵によって自由意志は改造され，悪より解放されていると付記する[*4]。

　この自由意志の説明のなかにエラスムスのキリスト教的ヒューマニズムの精神はいかんなく発揮されており，最終的な帰結に達している。つまり彼は自由意志のもとで原罪によって破壊し尽くされていない自然本性の善性を理解しており，そこにルネサンス的な「人間の尊厳」（dignitas hominis）を，たとえそれがどんなに縮減されていても，弁護しようとする。このような人間性の理解を「理想主義的なヒューマニズム」の精神とみなすことができる。

　これに対しルターは精神と身体，霊と肉の全体をふくめた全人が原罪によって破壊されていると反撃した。「わたしたちは全人が失われてい

---

　　3)　エラスムスは恩恵により義とされた人を「キリストは再生した者（nova creatura）と呼びパウロは新しく創造された者（renascens）と呼んでいる」と語っている（Erasmus von Rotterdam, Ausgewählte Schriften, Bd. IV, Diatribe, IV, 16.）。

　　4)　Erasmus, op. cit., IV, 9.

ると告白せざるをえない」と彼は主張し，もし肉の部分だけがキリストによって救われる必要があるとすれば，人間は自律し，「人間は神々のうちの神，もろもろの王の王となる」と述べて，そこに人間が自己神化に陥ってゆく危険を見た[*5]。もしそうなら人間は「神の栄光の盗人」「神の荘厳（maiestas Dei）の簒奪者」となり，神のみならず人間の現実的な理解をも否定する恐るべき矛盾に逢着すると警告した。このようにルターは人間存在にまつわる根源的罪性をとらえ，罪に絶望する人間に救いと慰めをもたらそうとする。このような彼の思想は「現実的ヒューマニズム」といえるであろう。

(2) 自律としての自由

　エラスムスのヒューマニズムに内在する第二の問題点は自由の理解についてである。エラスムスが自由意志を定義して，人間を永遠の救いに導く恩恵へと適用したり，しなかったりする意志の力とみているのと似て，ルターも自由意志は善悪いずれへも自由に向かいうる，誰にも隷属しない力を意味すると考える。したがって両者はともに自由を「自律」として考えている点で一致しているが，エラスムスがそれを人間に認めるのに対して，ルターはそれを人間に認めないという顕著な相違が示された。現実の人間には自律は不可能であるとルターが考えているのに対し，エラスムスは自律を可能とみる理想主義者である。このような自律は近代的な自主独立せる個人の特徴であって，カントの倫理思想において最終的に確立されるに至った[*6]。

　しかし，この自律が行きすぎた場合に問題が露呈してくる。自律はともすると，神や他者を排斥して，わたしは何人にも服従したくないという「我意」（Eigenwille）としての「自己主張」（Selbstbehauptung）に変質しやすい。この何人にも隷従するのを拒む「我意」が自由と解されると，それは「恣意」（Willkür）に転じる。そこから自由は悪魔的毒素によって恐るべき宿命をみずから招いてしまう。

　5）　ルター『奴隷意志論』（前出）221頁。
　6）　カトリック教会の教皇無謬説に立つサクラメント（儀式，礼典）による他律的な救済に対し，この自律を主張することはヒューマニズムの偉大さを示しているといわざるをえない。

(3) 中道の精神

　エラスムスの人間学に内在する第三の問題点は節度と中庸の精神をエラスムスがヒューマニスティックな態度として強調していることである。つまり何事も過度であってはならないという中庸の精神を彼は力説する。中庸は二つの悪徳の中間をゆこうとする。このようにして彼は節度こそ真理のしるしであると説くが，節度を求めるあまり真理を人間的な限界内にとどめる傾向が認められる。つまり節度と中庸を重んじる彼の態度は，単なる理性の限界内においてのみ論じるだけであり，生まれつきの微温的性格の弱さから何事に対しても控え目であり，結局何も決断しないで書斎に閉じこもってしまう。それはヴォルムスの国会やアウグスブルクの国会のときにも示され，平和を説いても，言論によって説くだけで，それを行動によって実現しようとしない。もちろん国際人として彼はヨーロッパ世界という大海が汚染されている源を絶とうとするが，そのため荒れ模様となってきた海を鎮めようとする。その原因はルターの過度な行動にあると考え，彼を批判し，是正しようとする。エラスムスによると何よりも自己の見解のとりことなって，一切を自己流にねじ曲げてはならない。実際，彼はルターをよく理解し，その行き過ぎを正そうと試みた。ルターの極端な主張は教会の統一を分裂させ，騒乱・動揺・軋轢・分派・不和・戦争を惹き起こすにいたると，エラスムスはヒューマニストとして真剣に憂える。しかし結局どうにもならないと諦めて，絶望し，ふたたび海が鎮まるまで眺めて待つほかはない。

　ヒューマニストのエラスムスはこのような立場に立っていたため，彼は一方においてカトリック教会の側からルター主義者であるという嫌疑をかけられ，他方ルターの側からは教皇主義者であるかも知れないと疑われた。だが彼はむしろ二つの両極端の悪徳の中道を歩み，他の何ものにもまして貴重な精神的独立を維持しようとした。彼のモットーは「独立人」(homo a se) であった。このエラスムスという人物のなかにあの自主独立せる近代的個人としての市民の原型が，いまだ書物という思想的武器を携えてではあるが，現に実現しているのが看取できる。彼はこの独立人を結集させる力をいまだもっていないため，社会や一般大衆から遊離した知的貴族として歩まざるをえなかった。

　この貴族的態度は宗教改革を直接みずからの手によって実現させよう

とするのではなく，現世の政治的権力者たちを説得し，動かすことによって，間接的に宗教改革を実現しようと試みることになった。彼は今日の進歩的文化人といえるであろう。もちろん精神的教養において最高の資質をそなえた文化人であるのだが。彼は独立人としてまた知的貴族として他の有力な手段と力を利用して，自己の思想の実現をはかるところの体制内改革に終始し，保守的な伝統主義に傾斜してゆかざるをえなかった。したがってルターとの論争のあと，エラスムスの周辺にいた進歩的なヒューマニストたちは彼から離れていったため，彼は孤立化してゆく。これはエラスムス自身の運命のみならず，近代的人間の歩む道でもある。

(4) 神中心のヒューマニズム

しかし，ここでよく考えてみなければならない問題がある。それはエラスムスのヒューマニズムは神中心的ヒューマニズムと一般にいわれている点である。たしかに彼の思想はキリストを土台とする神中心的なものである。だが後のヒューマニズムと対比したときにこのように言えるのであって，すでに明らかにしたように，神の恩恵は人間の自由意志を助けてよいわざを実現させると説いて，少なくとも最小限において人間の主体性は肯定されていた。それゆえ神中心的と称せられた彼のヒューマニズムは，やがて人間中心的ヒューマニズムとして18世紀啓蒙主義の思想を生んでゆくことになる。さらに，この人間中心のヒューマニズムは今日のヒューマニズム，とくに人間神化に立脚する無神論的ヒューマニズムとなっているが，それがいかなる悲劇を生みだすかということも今日あらたに考えなければならない問題であろう。

2 ディルタイとグレートゥイゼンのエラスムス解釈

では，このような近代的自由を生みだしている人間はいかなる存在であり，どこからこのような自由を体得したのであろうか。この問題を解明するにあたってヨーロッパ精神史の大家ディルタイとその高弟であるグレートゥイゼンの学説をわたしたちは検討する必要があろう。

(1) ディルタイの学説

　精神史の全体的潮流の中からディルタイは『15・6世紀における人間の把握と分析』(Auffassung und Analyse des Menschen im 15 und 16 Jahrhundert, 1891-92) という著作の中で近代初頭の人間学の特質を考察して，優れた問題提起を行なった。彼はヒューマニズムと宗教改革の運動を単なるキリスト教の教会史や教義史の観点から見るのではなく，この時代の精神的発展の連鎖のなかでもっとも重要な契機として把握した。これらの運動は中世の神学的形而上学から分離し，やがて17世紀に実現する人間の自律という思想にまで発展することになる。その際，彼は伝統的な視点である「キリスト教共同体」(corpus christianum) の崩壊という観点からこの過程を解明するのでもないし，また新しく興ってきた学派であるオッカム主義の台頭と自律的意志の確立という視点から考察するのでもなく，「宗教的普遍主義的な有神論」(religiös-universalistischer Theismus) がルターの対抗にもかかわらず，エラスムスを通して勝利を収め，カントやシュライアマッハーによって完成したと主張する。この有神論を説明して彼は次のように言う。

　　「わたしはこの宗教的普遍主義的な有神論を，神性はさまざまな宗教や哲学のなかで同じように働いており，今日もなお働いているという確信であると解する。……これは神性が全自然をつうじて，またあらゆる人間の意識の中で全く普遍的に作用しているという理念を前提する命題である。こうしてこの命題は，通例は世界秩序に関する汎神論的もしくは万有内在神的把握に結びつけられている。こうした把握は，当時，唯名論とならんで，プラトン主義やキリスト教神秘主義に依存して広く弘布されていた」[*7]。

　ディルタイは16世紀の思想の全体像をこのように捉え，この有神論をエラスムスの『エンキリディオン』における「キリストの哲学」に具現していると主張した。この哲学はキケロ，セネカ，プラトンの哲学とも一致し，これらの哲学者の著作には神の啓示と霊感が下っている。さらにこの有神論はフィチーノやピコの新プラトン主義の影響を受けたエルフルトの人文主義者であるムティアヌス・ルフス (Mutianus Rufus,

---

7) ディルタイ『ルネサンスと宗教改革』西村貞二訳，創文社，86頁。

1471-1526) の手紙にも明らかに表現されており，キリスト，ユピテル，アポロン，モーセなどは同じ神性の現われであると説かれた*8。人間の内なる等しい神性の自覚から生じるこの有神論から近代の主観性の根源を把握できるとディルタイは主張する。つまり人間の内なる神性の自覚が，他律を退けて自らによって立つ自律の精神を生みだしていると言う。その例としてエラスムスの神学的合理主義をあげ，これによって神に対しても独立した自律的精神が自覚されるようになったと次のように主張した。

> 「エラスムスが神学的合理主義の創始者である。神学的合理主義をわたしは信仰内容に対する悟性の優越した反省というように理解する。そして，こうした反省によって信仰内容は，神・キリスト・人間の関係，自由意志と神の影響との関係，すなわち全く相互に没交渉な独立した存在の関係に分解される」*9。

ディルタイによるとエラスムスはこの立場に立ってルターを批判したのであるが，ルターのほうは信仰のみによる人格的神関係に立ち，儀式的な古代の犠牲の観念を拒否しながらも，贖罪思想を復活させ，エラスムスの有神論に対決した。このようなディルタイの解釈は，ハルナックやトレルチなどの宗教史学派に大きな影響を与えているだけでなく，近代精神史の深層に向けての分析でもある。彼はヒューマニズムこそ近代思想の源泉であって，「人間の神性」の自覚においてこそ近代精神発生の地盤を捉えることができると主張した。彼がエラスムスの中に有神論や神人関係の相互的独立性を捉えているのは正しい*10。ただ問題になるのは，ディルタイが人間の内なる神性を近代の主観性の根源として解釈しながらも，その神性や主観性自体のもっている問題性を無視したため，エラスムスの理解が皮相的となり，その宗教性を正しく理解していない点である*11。

---

8) 前掲訳書，91頁。
9) 前掲訳書，142-143頁。
10) 金子晴勇『近代自由思想の源流』創文社，286-288頁参照。
11) 本書第2章，第5節参照。

(2) グレートゥイゼンの解釈

次にディルタイの精神史の立場を継承しながら、いっそう歴史的発展に即しながら16世紀の思想史を人間学的に分析した、彼の高弟であるグレートゥイゼンの見解を述べてみよう。

グレートゥイゼンはその著名な著作『哲学的人間学』(Philosophische Anthropologie, 1931, 2Auf. 1969) において、プラトンからモンテーニュに至る多様な人間学的類型、および人間についての多岐にわたる解釈の歴史的発展を叙述し、人間の自覚の変化を辿って精神史を解明した。人間の本性や本質と呼ばれているものは、確かに時間的変化を超えた常に等しい基本的性質を備えてはいても、それでも人間が自己をいかに理解しているかは、歴史的状況の変化に応じて多彩な形態をとっているし、そこに自己理解の様式の統一的発展を跡付けることができる。

グレートゥイゼンは近代初頭の人間学的類型を三つに分け、(A) ルネサンスにおける「神話的人間」、(B) ルターにおける「宗教的人間」、(C) エラスムスにおける「人文主義的人間」に分類した。ルネサンスの人間学は人間とは何かと主題的に追求はしたものの、人間が世界に対してもっている役割をなお神話と宇宙論のなかに求めていた。それに反し「ルターの信仰のなかにはもはや神話的で宇宙論的思考の入る余地がなく、すべては人間的生の現実の枠内において生じている」[12]。すなわち、人間はもはや自己を超えた、一般化された概念や価値からは考えられず、信仰している「わたし」に立って神をも所有する[13]。だから信仰によって把握された人間としての「わたし」の根本性格は、物体のように対象的に認識されず、「純粋に宗教的なわたし」(rein religiöses Ich) として「神的汝」(das göttliche Du) 関係に立っていて、神に対する人格的信仰関係のなかで形成されている[14]。

他方、彼によるとエラスムスによって代表される人文主義の人間学は、

---

12) B. Groethuysen, Philosophische Anthropologie, 1931, 2Auf. 1969, S.178.

13) 「人間からわたしへの道が通じているのではなく、わたしが最初のものであり、このわたしを補完するものを、人間を世界に結びつけている本質規定のなかに見いだすのではなくて、宗教的汝との関係のなかに見いだしている」(B. Groethuysen, op. cit., S.177.)。

14) B. Groethuysen, op. cit., S.177. 実際、ルターの人間学においては神との人格的関係のなかで自己認識は徹底的に遂行されている。したがってグレートゥイゼンの主張はルターの宗教的生に即したものといえよう。

人間をそのあるがままの姿で理解しようとし，自己自身にとどまり，自己自身から人間の固有なものに価値を与えようとする。したがってルネサンスの宇宙論的人間やルターの神学的人間が，何らかの仕方で自己を超えたものとの関係を通して自己認識を行なっているのに対し，エラスムス的人間はあくまでも人間に内在する立場にもとづいている[*15]。この主張は基本的には正当であっても，エラスムス自身はというと，ヒューマニストにとどまらず同時に聖書人文学に立つ神学者であって，古代の哲学者プラトンと聖書やパウロとを総合して自己の神学を形成した[*16]。哲学とキリスト教とを総合し，両者の一致のうちに真理を把握していこうとするところにエラスムスの特質がある。それゆえ，この総合がディルタイのいうような普遍主義的有神論から行なわれているか否かはやはり問題となろう。またグレートゥイゼンの解釈のようにエラスムスを純粋に人間主義的にとらえることも間違っているといわなければならない。

　近代的自由の理念，あるいは近代人のいだいた自由の信念についてのディルタイとグレートゥイゼンの解釈をあげて紹介してみたが，いくつかの問題点がこれにより浮び上がってきた。グレートゥイゼンがディルタイ学説を批判的に修正し，ルネサンス，宗教改革，人文主義の三者の人間学的発展を述べたことは，ルターとエラスムスとの対立契機よりも近代における人間的自由の意識の発展として両者における同一の方向性を捉えている点で正しいといえよう。ところがエラスムスは神学者としても発言し，そのことによってルターと対決せざるをえなかったのであるから，ディルタイが捉えた両者の対立契機をも明らかにしなければならない。ディルタイがエラスムスのうちに捉えた「宗教的普遍主義的有神論」と「神学的合理主義」は認められるべきではあるが，エラスムスに見られる異教的傾向と本来のキリスト教的精神との関係を彼は正しく捉えていない。エラスムスは異教の哲学者プラトンとキリスト教のパウロとの思想の一致において真理を把握しようとするが，その真意はキリスト教的な人間性のもつ真理を明確にすることにあって，異教的要素はあくまでもその補助手段にすぎない。したがってエラスムスにおける精

---

15) B. Groethuysen, op. cit., S.181.
16) 金子晴勇前掲書，292-298頁参照。

神史上の最大問題はディルタイが捉えた先の有神論と合理主義の根底にある自律的人間の自覚にあると言わねばならない。

　ディルタイは先の引用文の中でエラスムスの合理主義によって「信仰内容は，神・キリスト・人間の関係，自由意志と神の影響との関係，すなわち全く相互に没交渉な独立した存在の関係に分解される」と主張する。つまり神との関係から自由となった自律的人間がエラスムスのなかに認められ，これが近代的自由の理念の源泉になっているというのである。このディルタイの主張はその後のヒューマニズムの歴史を考慮するならば，正しいと言えても，近代人の自由についての信念つまり自由に対する理念的信仰は，エラスムスのもとでは決して信仰を排除していないのである。したがってディルタイは彼自身の懐く近代的自由の概念をもってエラスムスを解釈しているので，そのエラスムス理解が一面的になっているといえよう。エラスムスが捉えたように神に対する信仰のなかに主体性が認められるのは神律的な意志規定によってである。

3　意志規定の三類型

　そこで意志規定のあり方について考えてみたい。意志規定には「他律」（Heteronomie）と「神律」（Theonomie）と「自律」（Autonomie）という三つの類型があると考えられる。この類型によってヨーロッパ精神史が解明できるように思われる。その際，問題となるのは神に従う生き方という神律が果たして自律と対立しているか否かという点である。一般的には神律は他からの命令によって行動する他律と同義に理解される。神が自己にとって他者であるなら，そう考えられるのも当然であろう。だが，わたしたちにとって神は異質であっても，よそよそしい他者であろうか。神が律法をもってわたしたちを脅かしたり，刑罰の恐れをもって臨んだり，またわたしたちが律法の外面的遵守によって神に対して合法性を主張したりするなら，その時には意志は他律的となっている。他方，神の恩恵により新生し，自発的に善い行為をなそうと励むような場合はどうであろうか。そのとき神律は自律を内に含んでいることにならないであろうか。エレミヤの「新しい契約」のように心の内に神の法が

刻み込まれている場合[17]や神の愛に応答するイエスの愛の教えのように[18],神律は自律の契機を内に含んでいる。こうして神律には外面化して他律となる方向と,内的な変革による自律の方向とが併存することになる。

このように神律が他律に向かう方向と自律に向かう方向とをもっているという観点からヨーロッパ近代初頭の人間学の特質を解明することができる。近代以前においては人間的な自由は主として「自由意志」(liberum arbitrium)の概念によって考察されてきた。それはアウグスティヌス以来中世を通して哲学と神学の主題となり,とくに16世紀においては最大の論争点となった。今日では自由意志は選択意志として意志の自発性のもとに生じていることは自明のこととみなされる。この自発性についてはすでにアリストテレスにより説かれており,「その原理が行為者のうちにあるものが自発的である」との一般的命題によって知られる[19]。そして実際この選択意志としての自由意志の機能を否定する人はだれもいないのであって,「奴隷意志」(servum arbitrium)を説いたルターでもそれを否定してはいない[20]。

では,なぜペラギウスとアウグスティヌス,エラスムスとルター,ジェズイットとポール・ロワイヤルの思想家たち,さらにピエール・ベールとライプニッツといった人々の間で自由意志をめぐって激烈な論争が起こったのか。そこでは自由意志が本性上もっている選択機能に関して争われたのではなく,自由意志がキリスト教の恩恵と対立的に措定され,かつ恩恵を排除してまでもそれ自身だけで立つという「自律」の思想がこの概念によって強力に説かれたからである。こうして自由意志の概念はほぼ自律の意味をもつものとして理解され,一般には17世紀まで用いられたが,やがてカントの時代から「自律」に取って換えられたのである。

近代初頭の16世紀ではこの自律の概念は,いまだ用語としては登場していないけれど,内容的には「恩恵なしに」(sine gratia)という表

---

17) エレミヤ記 31.31 以下参照。
18) ヨハネ福音書 15.12 以下参照。
19) Aristoteles, Physica, III, 2, 202a, 10
20) 金子晴勇前掲書,362-366 頁参照。

現の下で述べられていたといえよう[*21]。ところで，このように恩恵を排除した上で自由意志の自律性を主張したのはペラギウスが最初であった[*22]。

　自由意志が救済問題で神の恩恵を排斥して説かれた場合，それは批判の対象となったとしても，一般の道徳の領域では自由意志は認められはじめていた。ペラギウスの協力者であったカエレスティウスの『定義集』には，義務の意識がある限り，自由意志は前提されていると次のように説かれている。「人間は罪なしに存在すべきであるか否かが問われなければならない。疑いの余地なく，人はそうあらねばならない。もしそうあらねばならないなら，そうありうる」[*23]と。同様にエラスムスも「それゆえ，人間はこれらのことをなしうる。さもなければ命じられていても空しいことであろう」[*24]と合理主義的に論じる。またカントの「なすべきである，ゆえになしうる」(Du kannst, denn du sollst.)も道徳法則の意識には当為実現能力としての自由意志が前提されていることを示している。

　一般道徳の領域で認められる自由意志は，それが道徳の普遍的原理となる場合に，カントにおいては傾向性に立つ他律を排除することによって「自律」に達している。宗教の領域で恩恵を排除した自由意志の自律が問題となっていたのに，カントの場合には他律の排除により自律に達している。このことは意志の自律の規定にも明らかである。「意志の自律とは意志が（意志作用の対象のあらゆる性質から独立に）彼自身に対して法則となるという，意志のあり方のことである」[*25]。つまり自己以外

---

21) たとえば初期ルターの討論集の標題には Quaestio de viribus et voluntate sine gratia disputata,1516. とあって，そこでは自由意志の力がそれ自身でいかなるものかが論じられている。金子晴勇前掲書，183-185頁参照。

22) ペラギウスは「自由意志」が神の恩恵であるという。人が創造されたとき，自由意志と律法が授けられ，律法は自由意志により実現されるがゆえに，自由意志は恩恵であると説かれた。ここでは外見上恩恵が説かれているように見えても，実際は排除されていた。アウグスティヌスがこの偽装をあばき，「創造の恩恵」から区別された「救済の恩恵」をキリスト教独自の恩恵として説いた。金子晴勇『アウグスティヌスの恩恵論』知泉書館，201-205頁参照。

23) アウグスティヌス『人間の義の完成』第3章5節，金子晴勇訳「アウグスティヌス著作集9」教文館，253頁。

24) これはルターによる要約である（WA. 18, 678, 12-13参照）。

25) カント『人倫の形而上学の基礎づけ』野田又夫訳，世界の名著「カント」中央公論

のすべての外的対象や自然必然性も排除され，自己立法的になっているのが自律の立場である。この自律が成立する最終的根拠は感性的表象のすべてから全く自由で自発的な理性に求められた。こうして「理性的自律」において近代的自律は完成するにいたった。

しかし同時にわたしたちが考えなければならないのは，このようなラディカルな自律の主張は，現実には稀であって，どこまでも貫徹しうる性質のものではなかったということである。カントはその『宗教論』の中で根本悪を説かざるをえなかったし，エラスムスも「わたしには多少のものを自由意志に帰し，恩恵に多大のものを帰している人々の見解が好ましいように思われる」[*26]と語って，恩恵を排除するどころか，自由意志を最小限のところにまで後退させている。すでに考察したように自律と他律とは全く排他的な矛盾関係に立っていても，自律と神律の方は相互に深くかかわり合っている。その際，神律は自律との関係を通してわたしたちに開かれてくるといえよう。

このような神律の観点から近代の自由思想の歴史的発展が考察できるのではなかろうか。そこには次のような注目すべきプロセスが見られよう。

(1) 後期スコラ神学の発展とともに自由意志の役割が次第に拡大されてきており，自律性が高められてきた。トマスの場合，自由意志の働きは，目的達成に至る手段の選択に制限されていたが，オッカム主義にいたると自由意志の未決定性や偶然性の強調によってその自律性が高められ，これが神学に適用されたため，恩恵は排除されていないにしても，それ自身の力によって恩恵にいたるように準備しうると説かれるようになった[*27]。

(2) オッカム主義によって教育を受け，求道し続けたルターは，律法によっては自律的に立ちえない自己の無力を神の前に自覚し，「自律が自己を超出」し[*28]，神の恩恵の働きによって信仰にもとづいて義とな

社，278頁。なお「なすべきである，ゆえになしうる」については，カント『実践理性批判』波多野精一・宮本和吉訳，岩波文庫，50頁参照。

26) D.Erasmus, Ausgewaehlte Schriften, Bd.IV, De libero arbitrio ,diatribe sive collatio, IV,16.

27) 金子晴勇『近代自由思想の源流』創文社，72-76頁。

28) これはティリッヒの言葉である。P. Tillich, Thenomie, RGG2Auf.

りうるという信仰義認論を確立する。彼はこの信仰によって神律の立場を確立し，スコラ神学と対決するにいたった。ルターの体験と思想とは自律から神律への方向を明らかに提示している。

（3）　イタリア・ルネサンスの自由意志論の発展も神律と自律との関係から解明することができる。ペトラルカの神律的ヒューマニズムはヴァッラにおいて神律が強まる方向へ発展し，他方ピコ・デラ・ミランドラにおいては自律か強調される。エラスムスにおいては，権威主義化し，儀礼化した他律的信仰が批判され，キリストとの主体的関わりによって自律が認められた。

（4）　こうして神律のうちなる自律の契機を力説するエラスムスと，神律のうちなる信仰による新生の契機を力説するルターとの間に自由意志をめぐって激烈なる対決が16世紀に生じた。この論争は調停不可能な矛盾的対立に終始しているように思われるが，にもかかわらず，そこには一つの合意が成立している。それは恩恵を受容する能力として自由意志を認めることである[*29]。この受容において神律は成立するのであるから，このように両者がとも神律に立っている点で合意に達している。

近代初期における自由思想は中世と同じく神律的であっても，神律における自律の意義が明らかに説かれ，自律と神律との弁証法的関係が追求された。エラスムスは「自由意志が恩恵によって何をなしうるか」とそれを肯定的に問い，ルターの方は「恩恵なしに自由意志は何をなしえないか」と否定的に問うた。前者によって神律の中の自律の契機が，後者において神律の中の非自律の契機が力説されたといえよう。それに反して現代の自由論は神律から分離した単なる自律を説いているにすぎないのではなかろうか。

4　エラスムスの啓蒙主義への影響

　近代ヨーロッパの資本主義の劇的な誕生や思想の革命も16世紀の宗教改革にその起源が求められた。プロテスタントの宗教改革者たちは，

29）　ハイデルベルク討論の際にルターが準備していた草稿の中にこの点が明瞭に認識される。金子晴勇編訳『ルターの神学討論集』教文館，109, 133-136頁を参照。

直接にはその神学によって，間接には彼らが造りだした新しい社会形態によって，17世紀の新しい科学と哲学に至る道を切り拓き，それによってヨーロッパ世界に変革の道を準備した。したがって16世紀の宗教改革なしには18世紀啓蒙主義は語れないといわれる。そのなかでもエラスムスについてギボンは言う。「彼は理性的神学の父とみなすことができる。百年もの深い眠りの後，それはオランダのアルミニウス派，グロティウスやリンボルフやルクレールによってイングランドではチリングワースやケンブリッジの広教会派，ティロトソン，クラーク，ホードゥリー等によって復活させられた」[30]と。彼によるとエラスムス以後「百年もの深い眠り」の後に近代啓蒙思想が誕生することになる。

　エラスムスが活躍した16世紀に続く時代はトレルチによっても古プロテスタントの時代として近代の啓蒙主義とは一線を区切られる[31]。この時代区分は厳密には17世紀の中葉に起こった宗教戦争によって生じたと説かれた[32]。そうすると，17世紀も前半と後半とに分割されるがゆえに，宗教改革以後は三つの時代区分があることになる。第一がエラスムスの前期宗教改革，次が17世紀初頭でエラスムスの信奉者グロティウスが活躍した時代であり，最後が17世紀末と18世紀初頭で，ニュートン，ロック，ライプニッツの時代である。これら三つの時代は相互に明確に区別された「光」の段階であって，ギボンの言う「百年もの深い眠り」の後に第二と第三の時代が分けられることになる。

　ではエラスムスの思想はどのように啓蒙時代に復活したのであろうか。「エラスムスの時代は教会が分裂することなく合理的に改革できるように思われた教会統一最後の時代であった」[33]。彼はルターにはじまる激烈な教会分裂に対処して平和を求めて分裂を阻止すべく尽力した。彼の基本姿勢はコスモポリタン（世界市民）的であった。このようなグ

　　30)　Gibbon, Decline and Fall of the Roman Empire, ed. Bury(1909), VI,128,VII, 296
　　31)　E.Troeltsch, GA.Bd., III, S.16。
　　32)　セオドァ・K・ラブによると17世紀の後半に全ヨーロッパ史の進展における「深い溝」が生じた。ここから人間の態度に根本的に新しい態度が，「宗教的な不寛容の後退」よって生じた。その出来事のなかに人間の根本的に新しい態度と理解が，とりわけ宗教的な非寛容の放棄ということに特徴づけられている態度と理解とが認められる。(Th.K.Rabb,The Struggle for Stability in Early Modern Europe,1975,p81f., ラブの学説についてはパネンベルク『近代世界とキリスト教』深井智朗訳, 52-54, 103-104頁の叙述に依る。
　　33)　トレヴァー＝ローパー『宗教改革と社会変動』小川滉一他訳, 未来社, 1978年, 79頁。

ローバルな精神は続く第二の時代においてはオランダにおける彼の後継者グロティウスによって継承された。彼はエラスムスが確立した土台の上に教会を再統一するように試みた。さらにこの平和の精神は17世紀の中葉に起こった30年戦争をもってはじまり，18世紀啓蒙主義へと続く時代にも継承された。ここには政治や思想において激しい対立はあっても，調和と平和が時代を導いており，和解の精神が支配的であった。たとえばライプニッツは，教会統一のためにすべての国の朋友に提携を呼びかけた。だがこの宥和の精神は，革命の時代にはいると，歴史からその姿を消していった。

しかし，この事態は別の意味をもっていた。それはこの宗教戦争によって人間社会の政治的，法的な生活形態の基盤として宗教が有効であったというような時代が終わったことを意味する。さらに重要なことには，あらゆることが人間の本性に従うという新しい態度が生じたことであった。ここに新しい近代的な人間学の形態が立ち現われ，その背後には18世紀の理神論に繋がる精神が誕生したといえよう。したがって17世紀の中葉に起こった歴史の裂け目は，社会秩序が制度的な宗教，つまり実定的な宗教の影響のもとに規定されていた時代が終わったことを示している。このことは「キリスト教共同体」（corpus christianum）の終焉であって，キリスト教的な中世全体の終わりを意味した。フランス革命はこのような古い共同体の最終的な終焉を宣告したのである[34]。

これら革命にいたる以前の時代的・思想的な特徴は，幸運にもイデオロギー的な冷戦や熱い戦争からまぬがれたがゆえに，コスモポリタン的な知的交流の時代であった。「エラスムスの交際には，地理的なものであれイデオロギー的なものであれ，境界がなく，スコットランドからトランシルヴァニア，ポェフンドからポルトガルにまでも拡がっていた。16世紀末の闘争はこの知的統一をうちこわすが，17世紀初頭の平和はそれを復活させた」[35]。それゆえ文化的な交流は全ヨーロッパ的な規模で浸透し，ヴォルテールが書いているように，「哲学者の間の交流がこれほどまで広がったことはなく，ライプニッツはこれを刺激することに

---

34) この点に関して金子晴勇『近代人の宿命とキリスト教』聖学院大学出版会，2001年，200-204頁参照。
35) トレヴァー＝ローパー前掲訳書，79頁。

奉仕した」[36] のである。ライプニッツ，ロック，ニュートンは確かにこの知的共和国の指導者であった。したがってヨーロッパ啓蒙主義の諸思想がイデオロギー革命や内乱の抗争のさなかに形成されたと一般に言われるけれども，実はこれらの諸思想はイデオロギー的平和と国家間の友好的接近の時代に形成されたのであり，革命の時代はこれを促進したのではなく，妨害し遅延させたに過ぎない[37]。ここにわたしたちはエラスムスの思想が有する意義と影響の跡を解明することができる。

---

36) トレヴァー＝ローパー前掲訳書，同頁。
37) トレヴァー＝ローパー前掲訳書，80頁。

あ と が き

　　　　　―――――

　本書は 30 年余にわたって発表してきたエラスムスの人間学に関する論文を一書にまとめたものである。最初の発表は「初期エラスムスの人間学の特質」(1981 年) という題で大学の研究紀要に掲載された。これは初期の代表作『エンキリディオン』(『キリスト教兵士必携』) の研究であったが，続いてわたしはこの著作を翻訳した (1969 年)。同時にエラスムスとルターとの論争を主題とした研究に移り，それを『近代自由思想の源流――16 世紀自由意志の研究』(1987 年) として完成させた。また翻訳では『対話集』にある「エピクロス派」と「敬虔な午餐会」(「宗教的な饗宴」) に取りかかったが，20 年後 (2002 年と 2009 年) にやっと完成させた。この間にもヨーロッパと北アメリカにおけるエラスムス研究は進展し，多くの新しい研究が発表された。その成果を学びながら最近になってやっとエラスムスの全体像をわたしなりにまとめるべく努めてきた。エラスムスを研究しはじめた頃はとくに彼のヒューマニズムに関心をもっていたが，研究を進めるにしたがって，彼の神学思想の方に関心が次第に移っていった。こうして「キリスト教人文主義者」としてエラスムスの全体像を把握できるとの確信に到達した。元来，ヒューマニズムと人文主義は同一概念の訳語の相違に過ぎないが，その後今日に至るヒューマニズムが余りに変化し，エラスムスの思想から離れてしまったので，人文主義の訳語のほうが適切である場合が多いのではないかと考えるようになった。

　ヨーロッパ文化はギリシア・ローマの古典文化とキリスト教との総合から成り立っているが，この総合をエラスムスはキリスト教を土台にして完成させた。ルターではこの文化総合は意図されず，総合よりもむしろ破壊の契機のほうが強く表明されているが，これら両者の思想を絶えず反省し，研究することによって人間に関する思想はいっそう豊かに進展するとわたしには想われる。それゆえ現在は，どこまで続けられるか

分からないが,『格言集』と『対話集』の翻訳に携わっている。

　わたしの仕事部屋にはもう 30 年もの永きにわたってホルバインの有名なエラスムス像の版画が掛かっている。この版画は学生時代の友人,故中村考氏がその社長宅にあったものをわたしに寄贈してくださった作品で,わたしの仕事をいつも見守っている。ルターについては何冊もの著作を書いたのに,エラスムスについてはまとまった著作を完成させていなかったので,わたしはこの絵に向かってもう少し待ってほしいと絶えず言い続けてきた。このたび責任を負う仕事から全面的に引退し,少し時間の余裕ができたので,やっとこの約束を果たすことができた。細部においては多くの点で未だ研究が不十分であることを痛感しているが,この書の出版を喜びとしたい。

　なお,文献に関しては久米あつみ,竹原創一,菱刈晃,高山裕の諸氏のお世話になったことを記して感謝したい。

　今回も知泉書館を煩わして本書を出版していただいた。社長の小山光夫氏は処女作『ルターの人間学』(1975 年)の出版から今日に至るまで三十数年の永きにわたって,終始一貫してわたしが研究を継続するように叱咤激励してくださった。わたしはその情熱に励まされ,晩年の今日に至るまで研究に励むことができたことを衷心より感謝申し上げたい。

　　　2011 年 5 月 20 日

　　　　　　　　　　　　　　　　　　　　　　金　子　晴　勇

初 出 一 覧

(いずれも本文においては大幅に改作されている)

第1章　エラスムスの思想的境位
　第3節〜第6節（原題）「ルネサンスにおける〈人間の尊厳〉」『ヨーロッパの人間像』（第6章），知泉書館，2002年。
　第7節（原題）「ルフェーヴルとコレット」『近代自由思想の源流』（第5章第5節），創文社，1987年。
第2章　青年時代における精神的発展
　第2節〜第3節（原題）「ヒューマニズムの神学」『近代自由思想の源流』（前出，第6章第1節），同上。
第3章　初期の代表作『エンキリディオン』
　第1節〜第6節（原題）「初期エラスムスの人間学の特質」『国立音楽大学研究紀要』第15集，1981年。
　付論（原題）「〈ウォルツ宛の手紙〉の解説」『宗教改革著作集2　エラスムス』教文館，1989年。
第5章　『対話集』と『キケロ主義者』
　第3節（原題）「〈敬虔な午餐会〉の解説」『聖学院大学総合研究所紀要』2009年，No.45。
　第5節（原題）「〈エピクロス派〉の解説」『エラスムスとルター』聖学院大学出版会，2002年。
第8章　「自由意志」についてルターとの論争
　第1節〜第5節（原題）「エラスムスの自由意志論」と「エラスムスによる再批判」『近代自由思想の源流』（前出，第8章と第9章）。
第10章　エラスムスの人間学における問題点と後代への影響
　第2節と第3節（原題）「エラスムスとルターにおける自律と神律」『エラスムスとルター』（前出，第9章）。

エラスムス略年譜

1469 (66) 年10月27あるいは28日　オランダ・ロッテルダムで司祭ロトゲル・ゲラルドと医師の娘の間に正式の婚姻の外で二人の次男として生まれる。14歳の頃両親を相次いで失う。
1486–88 年　ステインのアウグスティヌス修道会の修道院に入る。
1492 年4月25日　司祭叙階後カンプレイの司教の秘書として仕える。
1495 年秋　パリ大学に学ぶ。
1496 年　この頃より自らデシデリウスと称した。
1499–1500 年　英国に滞在、ジョン・コレット等と知り合いになり、キリスト教人文主義と聖書と教父に基づく神学をはじめて知る。特に重要であったのは、ヴェラの聖書原典に接したことであった。
1500 年　『格言集』(初版)
1503 年　『エンキリディオン』(=『キリスト者兵士提要』)
1506–09年　イタリア滞在(同年9月4日トリーノ大学から神学博士号を授与される。
1509–14 年　英国滞在。(11 年、トマス・モアの館で『痴愚神礼讃』を書く。)
1514 年　バーゼルに移り住み、アウグスト・フローベンを知り、彼の書房を自分の著作の印刷・出版元とする。
1516 年　バーゼルで『パラクレーシス』、『校訂ギリシヤ語新約聖書』(『ギリシア語・ラテン語対照・注解付き新約聖書』)、『キリスト者君主の教育』を刊行。以降、低地方に滞在。
1517 年　『平和の訴え』
1518 年　『対話集』、『真の神学の方法』
1520 年　『反野蛮人論』
1521 年秋　ルーヴァンからバーゼルに帰る。
1524 年　ルターへの反論、『自由意志論』を発表。
1526 年　『マルティン・ルターの奴隷意志に反対する論争・重武装兵士』(第1巻)、1527 年　同 (第2巻)。
1529 年　混乱を避け、ドイツ・フライブルクに避難。
1535 年5月　再びバーゼルに帰る。
1536 年7月12日　バーゼルのフローベンの家で死亡。

参 考 文 献

(本書で扱ったエラスムス関係のみ)

テキストと略記号

Desiderii Erasmi Roterodami Opera Omnia,edidit J. Clericus, 10Bde., Leiden 1703-6.=LD

Erasumi Opera Omnia Desiderii Erasmi Roterodami recognita et adnotatione critica instructa notlisque illustrata, Amsterdam 1969ff.= ASD

Opus Epistolarum Des. Erasmi Roterdami. Ed. P. S. Allen, 1906-47=Allen, EP

The Collected Works of Erasmus, Toronto 1974.=CWE

D. Erasmus, Ausgewählte Schriften, Bde. 10. 1968ff.

The Epistles of Erasmus from his eariest Letters to his fifty-first Year Arranged in Oder of Time,by F. M. Nichols 2vols, 1904.

Briefe, hrsg. von Wather Koehler, 1947.

Erasmus and Cambridge: The Cambridge Letters of Erasmus. transl. by D.F.S. Thomson, 1963.

Vertraute Gespräche, übert. von H. Schiel, 1947.

The Colloquies of Erasmus transl. by Craig R. Thompson,1965.

On Copia of Words and Ideas, transl. D. B. King, 1963.

The Adages of Erasmus, Selected by W. Barker, 2001.

Martin Luthers Werke, Kritische Gesamtausgabe, 1883ff.=WA

Luthers Werke in Auswahl, hrsg. v, Otto Clemen, 1950=CL

伝 記

Preserved Smith, Erasmus. A Study of His Life, Ideals and Place in History, 1817.

P. S. Allen, The Age of Erasmus, 1914.

Johan Huizinga, Erasmus and the Age of Reformation 1927. (邦訳『エラスムス──宗教改革の時代』宮崎信彦訳, 筑摩書房, 1965 年)

Margaret Mann Philips, Erasmus and Northern Renaissance, Revised, 1961, 1981(1949).

Roland H. Bainton, Erasmus of Christendom, NewYork 1969. (邦訳『エラスムス』出村彰訳, 日本基督教団出版局, 1971 年)

R. J. Schoeck, Erasmus Grandescens: The Grouth of a Humanist's Mind and Spirituality, 1988.

R. J. Schoeck, Erasmus of Europe, The Making of Humanist 1467-1500.

G. Faludy, Erasmus, 1970.

Cornelius Augustijn, Erasmus; His Life, Works, Influence, Toronto 1991. (1986)

―――, Erasmus von Rotterdam, in: Gestalten der Kirchengeschichite, 5, Reformationszeit I, 1981.（邦訳「ロッテルダムのエラスムス」金子晴勇訳,『宗教改革者の群像』知泉書館, 2011 年所収）
Leon-E.Halkin, Erasmus: A Critical Biography, Cambridge Mass., 1993.
James McConica, Erasmus 1991.（邦訳『エラスムス』高柳俊一・河口英治訳, 教文館, 1994 年）

研究文献

H. Weinstock, Die Tragödie des Humanismus, Heidelberg, 2Aufl. 1954.（邦訳『ヒューマニズムの悲劇』樫山欽四郎・小西邦雄訳, 創文社, 1976 年）
A. Auer, Die vollkommene Frömmigkeit des Christen: Nach dem Enchiridion militis Christiani des Erasmus von Rotterdam, 1954.
L. W. Spitz, The Religious Renaissance of the German Humanists, 1963.
E. K. Kohls, Die Theologie Erasmus, 2Bde, 1966.
E. von Koerber, Die Staatstheorie des Erasmus von Rotterdam, 1967.
Paul Mestwerdt, Die Anfänge des Erasmus. Humanismus und Devotio Moderna, Leipzig1917 - Studien zur Kultur und Geschichte der Refomation 2.
E. K. Kohls, Luther oder Erasmus, 2 Bde, 1978.
R. R. Post, The Modern Devotion: Confrontation with Reformation and Humanism, 1968.
DeMolen,ed. Essays on the Work of Erasmus, 1978.
DeMolen, The Spirituality of Erasmus: 1987.
J. C. Olin, Six Essays on Erasmus, 1979.
J. S. Weiland and W. Th. M. Frijhoff, Erasmus of Rotterdam. The Man and the Scholar, 1988.

邦語文献
『平和の訴え』箕輪三郎訳, 岩波文庫, 1961 年。
『自由意志について』山内宣訳, ルター著作集 7, 聖文舎, 1966 年。
『エラスムス／トマス・モア』世界の名著 17, 中央公論社, 1969 年（渡辺一夫・二宮敬訳「痴愚神礼讃」, 二宮敬訳「対話集」を収録）。
『エラスムス』宗教改革著作集 2, 教文館, 1989 年（金子晴勇訳「エンキリデイオン」「フオルツ宛の手紙」, 木ノ脇悦郎訳「新約聖書序文」, 片山英男訳「キリスト者の君主の教育」を収録）。
『痴愚礼讃』大出晃訳, 慶應義塾大学出版会, 2004 年。
「エピクロス派」金子晴勇訳, 金子晴勇『エラスムスとルター』聖学院大学出版会, 2002 年, 129-150 頁。
「敬虔な午餐会」金子晴勇訳, 聖学院大学総合研究所紀要 No. 45, 2009 年。
『天国から締め出された法王の話』木ノ脇悦郎訳, 新教出版社, 2010 年。
『エラスムスの教育論』中城進訳, 二瓶社, 1994 年。

J. A. フルード『知性と狂信――エラスムスとルーテルの時代』池田薫訳, 思索社, 1949 年。

S. ツヴァイク『エラスムスの勝利と悲劇』内垣啓一・藤本淳雄他訳, みすず書房 1975 年。(池田薫訳, 創元社, 1941 年；高橋禎二訳, 河出書房, 1943 年)

金子晴勇『宗教改革の精神――ルターとエラスムスとの対決』中公新書, 1977 年, 講談社学術文庫, 2001 年。

斎藤美洲『エラスムス』清水書院, 1981 年。

二宮敬『エラスムス』人類の知的遺産 23, 講談社, 1984 年。

木ノ脇悦郎『エラスムス研究――新約聖書パラフレーズの形成と展開』日本基督教団出版局, 1992 年。

金子晴勇『エラスムスとルター――宗教改革の二つの道』聖学院大学出版部, 2002 年。

人名索引

アヴェロエス　37, 169
アウグスティヌス　25, 55, 58-60, 66, 67, 88, 164, 184, 206, 209, 217, 220, 222, 225, 227, 229-32, 238, 243, 246
アグリコラ　18, 45, 48, 49, 161
アダム　37, 38, 40-43, 210, 212, 229, 274, 275
アリストテレス　25, 31, 40, 87, 126, 149, 164, 166, 168, 182, 189, 253, 254, 284
アレアンドロ　198
アンティステネス　170
イエス　57, 83, 98, 127, 157, 159, 171, 172, 180, 189, 246, 284
ヴァッラ　8, 25, 27-31, 53, 73, 151, 287
ウィクリフ　29, 231
ヴェルギリウス　8
ヴォルテール　289
エックハルト　22, 47
エピクテトス　170
エピクロス　29, 30, 113, 148-52, 154, 155, 168
オーバーマン　79
オッカム　18, 65, 206, 208, 209, 217-19, 226, 228, 231, 233, 234, 237, 238, 240, 246, 279, 286
オリゲネス　91-93, 176
カール5世　205, 244, 246, 255
カールシュタット　205, 213, 230
カント　63, 198, 214, 276, 279, 284-86
キケロ　6, 7, 23, 25, 31, 32, 49, 54, 55, 58, 72, 88, 133, 134, 139-41, 150, 155-60, 163, 183, 222, 254, 279
キプリアヌス　55, 66, 67, 89
キルケゴール　171
グレートゥイゼン　278, 281, 282
グロティウス　288, 289

ゲーレン　259
サルトル　222
シュライアマッハー　279
ジョン・コレット　8, 9, 71, 78
ジルソン　244
シレノス　113-15, 130, 169-71
スコトゥス　66, 114, 125, 169, 222, 225, 226, 228
セネカ　6, 7, 25, 121, 254, 279
ソクラテス　62, 114, 115, 141-45, 148, 168, 170, 244
ディオゲネス　114, 168, 170
ディルタイ　254, 278-83
デューラー　78, 83, 193, 194
トマス・アクィナス　65, 217, 243, 246
トマス・ア・ケンピス　18, 19, 100
トマス・モア　9, 12, 71, 140, 152, 233
トリンカウス　24
ドルピクス　12
トレルチ　280, 288
ニュートン　288, 290
パウロ　88-90, 102, 113, 141, 144, 146, 201, 202, 214, 234-37, 282
ハルナック　104, 280
ビール　18, 20, 65, 218, 219, 226, 234, 237, 240
ヒエロニュムス　53, 55, 59, 60, 62, 66, 67, 69, 72, 73, 89, 159
ピコ・デッラ・ミランドラ　34, 36
ビュデ　4, 69
ブイエ　163
ブーバー　239
ブールダッハ　8
フォルツ　78, 79, 105, 161, 162, 167, 196
フッテン　4
プラトン　45, 62, 68, 86-91, 93, 96-97, 111, 114-15, 126, 129, 131, 149-50, 164,

人名索引

168, 211, 248, 253, 281-82
フランソア1世　244
フランチェスコ　6, 53, 107
フリードリッヒ　193, 194, 197, 198, 246
プルタルコス　72, 163, 254
ブルックハルト　6, 23, 246
フローテ　17, 19, 47, 48
フローベン　79, 105, 109, 114, 134, 135, 140, 155, 161, 246
ベイントン　52, 176, 271
ペトラルカ　15, 18, 25-28, 31, 45, 66, 161, 287
ペトロ　141, 146, 244, 267-70
ペラギウス　205, 206, 209, 213, 220-22, 225, 226, 228, 229, 234, 237, 238, 240, 284, 285
ベルジャーエフ　222, 273
ヘルダー　259
ヘンリ8世　200, 204, 205, 233
ホイジンガ　10, 11, 22, 23, 51, 78, 112, 157-60, 194, 197, 198, 244
ホッブズ　248
ホメロス　109
ホラティウス　25, 109, 111, 139, 265
マーガレット・マン・フィリップス　74

マキャベリ　254
マクシミリアン　256, 263
マックソーレイ　225
メランヒトン　194, 205
ユリウス2世　244, 245, 267-70
ヨブ　83
ライプニッツ　284, 288-90
ランク　195, 196
リュースブルク　18, 19, 47, 58
ル=ソヴァージュ　256
ルードウィッヒ4世　247
ルター　3, 9-11, 13-15, 28, 42, 52, 64, 79, 81, 101, 113, 131, 133-36, 145, 148-49, 153-55, 175, 187, 191, 193-202, 204-25, 227, 228, 230-37, 239-41, 255, 273-82, 284-88
ルノーデ　11, 40, 118, 163
ルフェーブル・デタープル　8
ルフス　279
レオ10世　5, 145, 200, 204, 207, 244, 245, 270
ロイヒリン　8, 199, 201
ロック　288, 290
ワインシュトック　8, 222, 274
渡辺一夫　12

事項索引

ア 行

新しい敬虔　14, 17-19, 22, 42, 45-49, 56, 69, 97, 100, 129, 130, 181
アリストテレス派　87
アルキビアデスのシレノス　113, 114, 130, 169, 170
意志の自律　283, 285
意志の他律　283, 285
自惚れ　114, 115, 119, 121, 123
エピクロス派　29, 148, 149, 151, 152, 154, 155
『エンキリディオン』　9, 13, 26, 45, 54, 69, 75, 77-82, 85, 86, 88, 90, 95, 96, 100, 104-07, 111, 131, 143, 161-63, 167, 173, 190, 196, 201, 202, 208, 209, 248, 279
オッカム主義の契約神学　209, 217, 218, 226, 233
恩恵なしに　207, 210, 225-27, 237, 240, 284, 287

カ 行

我意　276
快楽説　149-52
『格言集』　3, 15, 48, 61, 63, 72, 77, 85, 114, 160, 169, 170, 250, 256, 264
隠れたる神　208, 217
活動的恩恵　220, 231
神
　　──中心のヒューマニズム　278
　　──の像　27, 33, 39, 42, 114, 170, 210, 252, 274
　　──の荘厳　224, 276
　　──の独占活動　196, 208, 214, 215, 221
　　──の似姿　252, 274
　　──の前　94, 206, 208, 223, 224, 286
　　──の霊　26, 83, 101, 130, 143
感性　88, 98, 150, 286
帰結するものの必然性　217
帰結の必然性　217
『キケロ主義者』　133, 134, 155, 156, 157, 158, 159
儀式　50, 81, 83, 98, 101, 103, 104, 107, 123, 171, 195, 276, 280
キリスト　20, 41, 56, 83, 84, 98-103, 113-15, 125, 143, 161, 167, 170, 74, 185, 187-88, 263
　　──像　98, 169
　　──中心主義　57, 94, 95, 99
　　──との一体化　101, 103
　　──の原型　100
　　──の哲学　24, 25, 48, 49, 57, 106, 131, 161-68, 170, 172-74, 176, 279
『キリストにならいて』　18-20
キリスト教
　　──共同体　246, 247, 279, 289
　　──君主　245, 246, 252, 256, 260
　　──神秘主義　279
　　──戦士　77, 80, 104
　　──的人文主義　3, 9, 10, 15, 27, 28, 68, 74, 75, 104, 136, 140, 156, 157, 163, 168, 169, 213, 243-47, 253, 254, 264
　　──的教養　162
　　──的敬虔　22, 104, 106, 107
　　──的自由　224
　　──的哲学　106, 162, 163, 173
　　──ヒューマニズム　219, 220, 221, 223, 240
『キリスト教君主の教育』　245, 256
寄留者　97
95箇条の提題　79
協働説　220, 221

事項索引

協働的恩恵　220, 227, 230, 231
教養　3, 7, 15, 58, 60, 63, 65-71, 73, 77, 116, 122, 134, 137, 147, 161, 162, 168, 222, 278
近代的自由　278, 282, 283
悔い改め　175, 176, 191, 212, 220
君主の公務　253
君主の任務　251, 252
君主論　246, 254
敬虔な午餐会　139, 141, 143, 244
敬虔な人間　128-30
啓蒙主義　23, 278, 287-90
契約神学　209, 217-19, 226, 233
健康な痴愚　110, 117-19, 130
原罪　85, 93, 195, 212, 232, 235, 237, 274, 275
『現世の蔑視』　15, 52, 53, 57, 68, 150
公会議　17, 225
公共の福祉　249-51
公共の利益　249, 262
校訂ギリシア語新約聖書　28, 40, 160, 175-77, 199
古典文学　3, 6, 12, 89, 116

サ　行

最小限度の自由意志　213
再生　4, 8, 9, 24, 26, 38, 101, 164-66, 213, 214, 239, 243, 275
サクラメント　101, 167, 176, 200, 204, 276
三言語，三つの言語　72, 179
恣意　276
字義的解釈　184, 185, 188
自己認識　21, 80, 85, 281, 282
自己破壊　222, 273
シレノス像　114, 115, 169
『自由意志論』　29, 191, 205
自由意志を排除しない必然性　215, 216
自由意志の定義　206-08, 213, 214, 225, 228

自由学科　184
宗教改革　3-6, 17, 79, 145, 175-76, 193, 194, 196, 201, 221, 243, 255, 273, 277-79, 287, 288
宗教的な痴愚狂気　124
宗教的人間　273, 281
宗教的普遍主義の有神論　282
修辞学　27, 37, 49, 60, 61, 68, 72, 113, 165, 170, 178, 183, 184
修道院長　30, 58, 78, 79, 105, 137-39
贖宥状　104, 176, 195, 207
純粋な痴愚　117, 120
信仰義認論　191, 221, 231, 232, 287
神学的合理主義　280, 282
神性　21, 36, 39, 85, 86, 95, 143, 187, 208, 209, 224, 279, 280
神的汝　281
神秘　17-22, 40-44, 47, 55, 58, 65, 67, 69, 73, 113, 122, 129, 130, 176, 179, 181, 183, 184, 186-89, 279
　――思想　58
　――主義　17-22, 42-44, 47, 69, 129, 130, 181, 279
　――神学　186
神律　240, 283, 284, 286, 287
真の神学　165, 175-77, 183, 189
『真の神学の方法』　175, 177
人文学　3, 4, 6, 7, 12, 15, 22, 48, 52, 58, 70, 156, 197, 200, 201, 282
人文主義運動　3, 4, 8, 18
人文主義的人間　281
新プラトン主義　34, 36, 37, 279
『新約聖書序文』　9, 106, 161, 162, 172, 176, 177
スコラ神学　65, 69, 106, 165, 166, 178, 179, 209, 215, 217, 218, 234
ストア派　29, 87, 93, 121, 149, 150, 151, 152, 168, 190, 211, 217
聖書
　――解釈　31, 37, 66, 67, 177-79, 188-90
　――神学　73, 75, 181

——主義の神学　166
　　——人文学　70, 282
聖なるソクラテス　142, 143, 244
セミ・ペラギウス主義　209, 221, 225,
　　226, 228, 229, 234, 237, 238, 240
選挙君主制　247
戦争は体験しない者に快い　245, 264
ソーマ・セーマ学説　86

　　　　　タ　行

『対話集』　9, 58, 82, 109, 133-36, 138,
　　139, 141, 143, 145, 147-49, 154, 155,
　　158, 199, 244
旅する人　97
知恵　18, 20, 21, 29, 35, 49, 61-63, 66-68,
　　75, 84, 85, 102, 109, 110, 113, 115, 125,
　　127, 129, 131, 138, 154, 164, 166, 188,
　　190, 243, 254, 265, 266
『痴愚神礼讃』　9, 12, 82, 109-13, 115-20,
　　123, 126, 128, 130, 131, 136, 139, 156,
　　158, 190, 256, 270
中道の精神　11, 197, 222, 277
哲学的神学　96
独立人　194, 198, 277, 278
奴隷意志　29, 203, 206, 210, 224, 225,
　　231, 233, 239, 276, 284

　　　　　ナ　行

肉　41-42, 85, 88, 92-95, 98, 101-03, 130,
　　180, 203, 211, 229, 236, 248, 266, 275, 276
肉的人間　94, 98
人間学　3, 12-14, 31, 35, 39, 42, 43, 45,
　　63, 80, 85-87, 89-93, 96, 128, 130, 143,
　　155, 161, 181, 187, 211, 215, 220, 221,
　　235, 240, 248, 251, 258, 259, 265, 273,
　　274, 277, 279, 281, 282, 284, 289
　　——的区分法　80, 85, 86, 89, 90
　　——の三分法　13
人間の神性　280
人間の尊厳　3, 7, 8, 17, 22-27, 30, 31,

　　33-40, 57, 101, 206, 213, 221, 224, 275

　　　　　ハ　行

パイデイア　7
『パラクレーシス』　162, 164, 166, 167,
　　172, 173
パラドックス　113
反対の一致　113, 131
『反野蛮人論』　15, 57-61, 62, 67, 68, 69,
　　73, 77
『ヒペラスピステス』　224, 228, 232-34,
　　239
ヒューマニズム　3, 7, 8, 14, 23, 24, 62,
　　72, 116, 117, 208, 211, 219-24, 234, 240,
　　273-76, 278-80, 283, 287
　　——の悲劇　8, 222, 274
普遍的有神論　254
プラトン主義者　34, 35, 89, 95, 126
平和思想　265
『平和の訴え』　256-64
平和の神　257, 264
平和論　243, 244, 256, 258, 263, 264
ペラギウス主義　209, 220, 221, 225,
　　226, 228, 229, 234, 237, 238, 240
ペリパトス学派　190
弁証論　49, 60, 61, 165, 179, 181, 182

　　　　　マ・ヤ　行

物語の神学　185, 186
模範としてのキリスト　100, 172
やましい良心　153
ユーモア　12, 116, 117
『ユリウス天国から締め出される』
良い学問　7, 15, 52, 58, 59, 61, 62, 65-68,
　　156, 157

　　　　　ラ　行

拉致　43, 181
理神論　289

理性　　28, 31, 35, 54, 87-88, 90, 91, 93, 95, 116, 117, 121, 152, 154, 164, 165, 181, 182, 186, 198, 202-03, 205, 210-11, 228-29, 232, 234-37, 254, 257, 265-66, 274-75, 277, 286,
　　──的神学　　288
　　──と情念　　86-88, 237
ルネサンス　　3-10, 17, 22-27, 29-31, 36, 37, 39, 109, 139, 150, 165, 175, 213, 224, 270, 281, 282, 287

ルネサンス思想　　23, 57
励起的恩恵　　227, 229, 230, 231
霊　　21, 26, 39, 41, 64, 65, 85, 90-95, 97, 98, 101-05, 129- 30, 143, 144, 163-65, 179, 182-83, 188, 202, 211, 236, 237, 275
霊性　　14, 18, 19, 131, 143
　　──の論理　　131
霊的解釈　　185
霊的な宗教　　101

金子 晴勇（かねこ・はるお）

昭和7年静岡県に生まれる。昭和37年京都大学大学院文学研究科博士課程修了。聖学院大学総合研究所名誉教授，岡山大学名誉教授，文学博士（京都大学）

〔著訳書〕『愛の思想史』『ヨーロッパの人間像』『人間学講義』『ヨーロッパ人間学の歴史』『現代ヨーロッパの人間学』『アウグスティヌスとその時代』『アウグスティヌスの恩恵論』ルター『生と死の講話』（以上，知泉書館），『ルターの人間学』『アウグスティヌスの人間学』『マックス・シェーラーの人間学』『近代自由思想の源流』『ルターとドイツ神秘主義』『倫理学講義』『人間学─歴史と射程』（編著）（以上，創文社），『宗教改革の精神』（講談社学術文庫），『近代人の宿命とキリスト教』（聖学院大学出版会），アウグスティヌス『ペラギウス派駁論集 I，II，III，IV』『ドナティスト駁論集』『キリスト教神秘主義著作集 2 ベルナール』（以上，教文館）ほか

〔エラスムスの人間学〕　ISBN978-4-86285-113-0

2011年7月20日　第1刷印刷
2011年7月25日　第1刷発行

著者　金子晴勇
発行者　小山光夫
製版　ジャット

発行所　〒113-0033 東京都文京区本郷1-13-2
電話03(3814)6161 振替00120-6-117170
http://www.chisen.co.jp
株式会社 知泉書館

Printed in Japan

印刷・製本／藤原印刷